Zu diesem Buch

Sie hatte höchstens drei oder vier Tage im Schlamm des Schleusenbeckens gelegen; man konnte noch gut erkennen, daß sie dunkelhaarig und hübsch gewesen war. Über letzteren Punkt gab es auch deshalb keinen Zweifel, weil sie nackt in der Baggerschaufel lag.

Nackte tragen keine Papiere bei sich. Niemand kennt die Tote, niemand vermißt sie. Ihr Bild erscheint in der Presse, im Fernsehen – niemand meldet sich. Die Obduktion ergibt, daß sie vergewaltigt und erwürgt wurde – vermutlich in dieser Reihenfolge. Schweden hat seine Sensation.

Aber davon haben die Kriminalbeamten Beck und Ahlberg noch keinen Mörder. Sie haben keinen Hinweis, kein Verdachtsmoment, keine Spur – sie haben nicht einmal den Namen der Toten aus dem Götakanal.

Den liefern dann nach einigen Wochen die Kollegen aus Lincoln im US-Staat Nebraska: Roseanna McGraw ist nicht von ihrem Europatrip zurückgekehrt; Anfragen gehen an die Behörden der in Frage kommenden Länder. Der Polizeiapparat beginnt zu arbeiten. Ja, die Tote ist Roseanna.

Aber der Name hilft auch nicht weiter. Warum mußte Roseanna sterben? Wer ist ihr Mörder? Wo hat er die Tat vollbracht? Fragen über Fragen; Polizeiroutine allein liefert hier keine Antworten.

Da hat Martin Beck eine Idee: Er beschließt, sich von der Toten zu ihrem unbekannten Mörder führen zu lassen.

Per Wahlöö, 1926 in Schweden geboren, machte nach dem Studium der Geschichte als Journalist Karriere, ging in den fünfziger Jahren nach Spanien, wurde 1956 vom Franco-Regime ausgewiesen und ließ sich nach längeren Reisen, die ihn um die halbe Welt führten, in Schweden nieder, um Bücher zu schreiben. Er ist 1975 gestorben. Der vorliegende Band ist der erste Kriminalroman aus dem Zyklus von zehn Bänden, die er in Zusammenarbeit mit seiner Frau Maj Sjöwall schrieb, und der auch als Kassette vorliegt (Nr. 3177).

Von Per Wahlöö liegen vor: «Mord im 31. Stock» (Nr. 2424), «Das Lastauto» (Nr. 2513), «Libertad!» (Nr. 2521), «Unternehmen Stahlsprung» (Nr. 2539), «Die Generale» (Nr. 2569), «Foul Play» (Nr. 2588), «Wind und Regen» (Nr. 2625) und «Von Schiffen und Menschen» (Nr. 2889).

In Zusammenarbeit mit Tomas Ross schrieb Maj Sjöwall «Eine Frau wie Greta Garbo» (Nr. 3018).

Maj Sjöwall / Per Wahlöö
Die Tote im Götakanal

Aus dem Schwedischen
von Johannes Carstensen

Überarbeitet und ergänzt
von Eckehard Schultz

Rowohlt

rororo thriller
Herausgegeben von Bernd Jost

249.–252. Tausend August 1996

Deutsche Erstausgabe
Veröffentlicht im Rowohlt Taschenbuch Verlag GmbH,
Reinbek bei Hamburg, April 1968
Copyright © 1968 by Rowohlt Taschenbuch Verlag GmbH,
Reinbek bei Hamburg
Die Originalausgabe erschien bei P. A. Norstedt & Söners Förlag,
Stockholm, unter dem Titel «Roseanna»
«Roseanna» © Maj Sjöwall und Per Wahlöö, 1965
Umschlagfoto Fred Dott
Umschlaggestaltung Peter Wippermann / Susanne Müller
Gesetzt aus der Linotype-Aldus-Buchschrift
und der Palatino (D. Stempel AG)
Gesamtherstellung Clausen & Bosse, Leck
Printed in Germany
990-ISBN 3 499 42139 9

Die Hauptpersonen

Roseanna McGraw	reist nach Schweden und wird tot aus dem Wasser gezogen.
Detective Lieutenant Kafka	vermißt sie zu Hause in den USA (von Amts wegen).
Karl-Ake Eriksson	ist einschlägig vorbestraft und war am Tatort.
Göta Isaksson	erinnert sich an etwas und sagt es.
Karin Larsson	erinnert sich auch an etwas und hält den Mund.
Folke Bengtsson	ist nicht einschlägig vorbestraft und war gleichfalls am Tatort.
Siv Lindberg	überlebt, weil sie zu schüchtern ist.
Sonja Hansson	soll sterben, weil sie forsch ist.
Gunnar Ahlberg	hat eine Idee.
Martin Beck	läßt die Tote ihren Mörder suchen.

1

Die Leiche wurde am 8. Juli kurz nach 15 Uhr geborgen. Sie war ziemlich intakt und konnte nicht allzulange im Wasser gelegen haben – ein günstiger Zufall, der eigentlich die Ermittlungsarbeit der Polizei hätte fördern müssen. Im Grunde war es ein Zufall, daß man die Leiche überhaupt fand.

Unten vor der Schleusentreppe in Borenshult ist eine Mole, die die Einfahrt gegen See bei östlichen Winden schützt. Als im Frühjahr der Verkehr auf dem Kanal aufgenommen wurde, zeigte es sich, daß die Zufahrt wieder einmal zu verschlicken begonnen hatte. Die Schiffe hatten Schwierigkeiten beim Manövrieren, und ihre Schrauben rissen gelbgraue Modderwolken aus dem Schlamm des Kanalbetts. Es mußte etwas geschen.

Schon im Mai beantragte die Kanalgesellschaft beim Wege- und Wasserbauamt einen Bagger. Das Schreiben ging durch die Hände einer ganzen Reihe von ratlosen Beamten und wurde schließlich dem Seefahrtsamt zugeleitet. Das Seefahrtsamt war der Meinung, die Arbeit müsse vom Greifbagger des Weg- und Wasserbauamtes ausgeführt werden, und bei *Weg und Wasser* fanden sie, das Seefahrtsamt sei – als Verwalter des Greifbaggers – zuständig. Verzweifelt versuchte jemand, die Aufgabe an die Hafenverwaltung in Norrköping abzuschieben, doch die schickte das Schreiben sofort an das Seefahrtsamt zurück, die es unverzüglich an *Weg und Wasser* weiterleitete, woraufhin jemand einen Telefonhörer abnahm und einen Ingenieur anrief, der praktisch alle Angaben über Greifbagger im Kopf hatte. Seine Freunde nannten ihn Schmutzfink. Er wußte beispielsweise, daß von den fünf verfügbaren Greifbaggern nur einer so dimensioniert war, daß er die Schleusen durchfahren konnte. Dieser Bagger hieß Gripen, der Greifer, wurde aber natürlich Grisen (das Schwein) genannt und lag zufällig im Fischereihafen von Gravarne.

Am Morgen des 5. Juli legte dieses Baggerschiff in Borenshult an, begafft von den Kindern der Gegend und von einem vietnamesischen Touristen.

Eine Stunde später kam ein Vertreter der Kanalgesellschaft an Bord, um über den Einsatz zu verhandeln, und das brauchte seine

Zeit. Der nächste Tag war ein Sonnabend, und die Besatzung fuhr übers Wochenende nach Hause. Die Mannschaft bestand, wie auf einem Greifbagger üblich, aus einem Baggermeister, der gleichzeitig der Kapitän und berechtigt war, das Fahrzeug auch auf hoher See zu führen, sowie einem Baggermaschinisten und einem Decksmann. Die beiden letztgenannten stammten aus Göteborg und nahmen den Abendzug von Motala. Der Chef wohnte in Nacka, und seine Frau holte ihn mit dem Auto ab.

Am Montagmorgen um sieben waren alle wieder an Bord. Eine Stunde später begann man zu baggern. Gegen elf war der Laderaum voll, und der Bagger ging zum Löschen in See. Auf dem Rückweg mußte man einem weißen Dampfer ausweichen, der den Borensee in westlicher Richtung passierte. An der Reling drängten sich ausländische Touristen, die mit hysterischer Begeisterung den ernsten Männern auf dem Bagger zuwinkten. Das Passagierschiff kletterte langsam die Schleusentreppe gegen Motala und den Vätternsee hinauf; zur Mittagszeit war der Toppwimpel hinter dem obersten Schleusentor verschwunden. Um halb zwei begann man wieder mit dem Baggern.

So war der Stand der Dinge: Das Wetter war milde und schön, mit leichtem warmen Wind und spielerisch dahintreibenden Sommerwolken am Himmel. Auf der Mole und der Kanalböschung waren ziemlich viele Leute. Die meisten sonnten sich, einige angelten und zwei oder drei beobachteten den Greifbagger. Die Schaufel hatte gerade wieder ein Maul voll Schlamm aufgenommen und begann sich zu heben. In seiner Kabine vollführte der Baggermaschinist mechanisch die gewohnten Handgriffe, der Baggermeister trank in seiner Kajüte eine Tasse Kaffee, der Decksmann stützte die Ellbogen auf die verschmutzte Reling und spuckte ins Wasser. Die Baggerschaufel bewegte sich aufwärts.

Als sie sich über die Wasseroberfläche hob, sprang ein Mann auf der Kaimauer auf und machte ein paar hastige Schritte auf das Schiff zu. Er ruderte mit den Armen und rief etwas. Der Decksmann, der kein Wort verstanden hatte, richtete sich auf.

«Da ist einer in der Schaufel! Anhalten! Da ist einer in der Schaufel!»

Der Decksmann blickte verwirrt zuerst auf den Mann und dann auf die Baggerschaufel, die langsam über den Laderaum einschwenkte, um ihren Inhalt auszuspucken. Schmutziggraues Wasser floß aus der Schaufel, als der Maschinist sie über dem Laderaum zum Halten brachte. Und da sah der Decksmann, was der Mann auf der Mole schon vor ihm gesehen hatte: Über den Rand der Schaufel ragte ein weißer, nackter Arm.

Die nächsten zehn Minuten waren lang und hektisch. Anweisungen wurden herausgebrüllt. Auf der Kaimauer stand ein Mann, der fortwährend wiederholte: «Es darf nichts angerührt werden. Alles muß bleiben, wie es ist, bis die Polizei kommt...»

Der Baggermaschinist kam heraus und starrte umher. Dann ging er in seine Kabine zurück, setzte sich auf den Sitz hinter seinem Schaltbrett und ließ den Kran ausschwingen und die Baggerschaufel sich öffnen; der Baggermeister und der Decksmann und ein eifriger Angler fingen den Körper auf.

Es war eine Frau. Bald darauf lag sie auf einer zusammengelegten Persenning draußen auf der Mole; rund herum stand gaffend eine Gruppe fassungsloser Menschen. Es waren Kinder darunter, doch niemand dachte daran, sie wegzujagen. Alle, die da herumstanden, hatten etwas gemeinsam: niemals würden sie vergessen, wie sie aussah.

Der Decksmann hatte drei Eimer Wasser über sie geschüttet. Lange hinterher, als die polizeiliche Untersuchung sich festgerannt hatte, fanden sich kluge Leute, die ihm das zum Vorwurf machten.

Sie war völlig nackt; sie trug nicht einmal einen Ring oder eine Kette. Die Haut über Brust und Unterleib war heller, offenbar hatte sie sich im Bikini gesonnt. Die Tote hatte breite Hüften, kräftige Schenkel und dichte schwarze, nasse Schamhaare. Die Brüste waren klein und schlaff – mit großen, dunklen Warzen. Vom Nabel hinunter zur Hüfte lief eine rötliche Schramme. Sonst war die Haut glatt und ohne Flecken oder Narben. Sie hatte kleine Hände und kleine Füße; weder Hand- noch Zehennägel waren lackiert. Das Gesicht war gedunsen; schwer zu sagen, wie sie wirklich ausgesehen hatte. Die Augenbrauen waren dunkel und kräftig, der Mund breit. Das Haar war schwarz und halblang und am Hinterkopf angeklatscht. Quer über den Hals ringelte sich eine nasse Haarsträhne.

2

Motala ist eine mittelgroße schwedische Stadt von 27000 Einwohnern und liegt in Östergötland im nördlichen Bereich des Vätternsees. Der Stadsfiskal stellt die oberste polizeiliche Amtsgewalt dar. Er ist gleichzeitig Staatsanwalt. Ihm untersteht ein Kommissar, der exekutiver Chef der Ordnungs- und Kriminalpolizei ist. Weiter hat Motala einen Ersten Kriminalassistenten im 19. Besoldungsgrad, sechs Kriminalpolizisten und eine weibliche Hilfskraft. Einer der Polizisten fungiert gleichzeitig als Fotograf. Anfallende medizinische Untersuchungen werden von einem der niedergelassenen Ärzte übernommen.

Eine Stunde nach dem ersten Alarm hatte die Mehrzahl dieser Personen sich am Pier in Borenshult, dicht bei der Hafenbefeuerung, eingefunden. Alle standen um die Leiche herum, so daß die Männer auf dem Bagger nicht mehr erkennen konnten, was vor sich ging. Sie waren an Bord geblieben, obwohl das Fahrzeug jetzt mit der Backbordseite dicht an der Mole lag.

Hinter der polizeilichen Absperrung am Kai hatte sich das Gedränge verzehnfacht. Auf der anderen Seite des Kanals stand eine Anzahl Autos, darunter vier Polizeiwagen und eine weißlackierte Ambulanz mit rotem Kreuz auf den Hintertüren. Zwei Männer in weißen Overalls standen daneben und rauchten. Offenbar waren sie die einzigen, die sich nicht für die Gruppe am Kai interessierten.

Draußen auf der Mole begann der Arzt seine Instrumente zusammenzupacken. Dabei unterhielt er sich mit dem Kommissar, der groß und grauhaarig war und Larsson hieß.

«Viel kann ich so nicht sagen», meinte der Arzt.

«Muß sie immer noch hier liegenbleiben?»

«Wieso? Darüber haben doch Sie zu entscheiden», entgegnete der Arzt.

«Dies hier ist wohl kaum der Tatort.»

«Okay, sehen Sie zu, daß sie ins Leichenschauhaus geschafft wird. Ich rufe dann an.»

Er knöpfte seine Bereitschaftstasche zu, erhob sich und ging zu seinem Wagen.

«Ahlberg», sagte der Kommissar, «du sorgst dafür, daß die Umgebung abgesperrt bleibt.»

«Selbstverständlich.»

Der Stadsfiskal hatte draußen am Leuchtfeuer nicht viel gesagt. Während der ersten Ermittlungen pflegte er sich nicht in die Untersuchung einzumischen. Aber auf dem Weg zur Stadt sagte er zum Kommissar: «Häßliche blaue Stellen.»

«Hm ... hm.»

«Du hältst mich auf dem laufenden.»

Larsson machte sich nicht einmal die Mühe, mit dem Kopf zu nikken.

«Kannst du Ahlberg die Sache überlassen?»

«Ahlberg ist gut», meinte der Kommissar.

«Ja, sicher.»

Das Gespräch brach ab.

Als sie im Polizeigebäude ankamen, ging jeder in sein Büro.

Der Stadsfiskal rief den Landsfogd in Linköping an.

«Wir müssen abwarten», sagte der Landsfogd.

Der Kommissar besprach sich kurz mit Ahlberg. «Als erstes muß festgestellt werden, wer sie ist.»

Ahlberg nickte, ging in sein Zimmer, rief die Feuerwehr an und bat um zwei Froschmänner. Dann las er ein Protokoll über einen Einbruch im Hafen durch. Die Sache würde bald aufgeklärt sein. Ahlberg stand auf und ging zum Diensthabenden hinüber.

«Ist bei uns jemand als verschwunden gemeldet?»

«Nicht daß ich wüßte.»

«Irgendeine Suchanzeige?»

«Keine, die zu dieser Person paßt.»

Ahlberg ging zurück in sein Zimmer und wartete. Nach einer Viertelstunde klingelte das Telefon.

«Wir müssen die Obduktion beantragen», sagte der Arzt.

«Ist sie erwürgt worden?»

«Sieht so aus.»

«Vergewaltigt?»

«Ich glaube schon.» Der Arzt machte eine kurze Pause und fügte dann hinzu: «Und zwar ziemlich brutal.»

Ahlberg kaute auf dem Nagel seines Zeigefingers herum. Er dachte an seinen Urlaub, der Freitag beginnen sollte, und daran, was seine Frau wohl sagen würde.

Der Arzt mißdeutete sein Schweigen. «Wundert Sie das?»

«Nein», entgegnete Ahlberg. Er legte den Hörer auf und ging zu Larsson hinüber. Gemeinsam gingen sie dann zum Stadsfiskal.

Zehn Minuten später beantragte der Stadsfiskal bei der Bezirksverwaltung die gerichtsmedizinische Untersuchung. Der Antrag wurde an das staatliche Institut für Gerichtsmedizin weitergeleitet.

Obduzent war ein siebzigjähriger Professor. Er kam mit dem Nachtzug von Stockholm und wirkte frisch und vergnügt und machte sich sofort an die Arbeit. Die Obduktion dauerte beinahe acht Stunden.

Danach gab er ein vorläufiges Gutachten folgenden Wortlauts ab:
Tod durch Erwürgen in Zusammenhang mit brutalem sexuellen Mißbrauch. Schwere innere Blutungen.

Auf Ahlbergs Schreibtisch begannen sich die Vernehmungsprotokolle und Berichte zu häufen. Die Fakten, die man bisher zusammengetragen hatte, waren spärlich: Man hatte eine tote Frau im Schleusenbecken in Borenshult gefunden. In der Stadt oder den umliegenden Bezirken war niemand als verschwunden gemeldet. Keine der vorliegenden Suchanzeigen paßte auf die Person.

3

Die Uhr zeigte Viertel nach fünf; es regnete. Martin Beck putzte sich lange und sorgfältig die Zähne, um den schalen Geschmack im Mund loszuwerden. Und es schien so, als ob es ihm glücken würde.

Dann knöpfte er den Kragen zu und knotete den Schlips. Lustlos blickte er auf sein Gesicht im Spiegel, zuckte die Schultern und ging hinaus auf die Diele. Ging weiter durch das Wohnzimmer, sah sehnsüchtig auf das halbfertige Modell des Schulschiffs *Danmark*, an dem er am Abend vorher viel zu lange gebastelt hatte, und trat in die Küche.

Die ganze Zeit bewegte er sich vorsichtig und lautlos, teils aus alter Gewohnheit, teils um die Kinder nicht zu wecken.

Er setzte sich an den Küchentisch. «Ist die Zeitung noch nicht da?» fragte er.

«Die kommt erst gegen sechs», erwiderte seine Frau.

Es war schon hell draußen, aber der Himmel war bezogen. In der Küche herrschte ein graues Halbdunkel, weil seine Frau das Licht nicht angedreht hatte. Sie nannte das sparen.

Der Mann öffnete den Mund, aber er schloß ihn gleich wieder, ohne etwas zu sagen. Es würde doch wieder zu scharfen Worten kommen, und dafür war jetzt der falsche Moment. Statt dessen trommelte er vorsichtig mit den Fingern auf die Resopalplatte und blickte auf die leere Tasse mit dem blauen Rosenmuster. Sie war am Rand etwas abgesprungen und hatte einen braunen Riß von der Kante herunter. Die Tasse hatte ihre ganze Ehe miterlebt; mehr als zehn Jahre. Seine Frau schlug selten etwas entzwei, jedenfalls nicht so, daß es Scherben gab. Es war komisch, daß die Kinder das von ihr geerbt zu haben schienen. Konnten solche Eigenschaften vererbt werden? Er wußte es nicht.

Sie nahm den Kaffeekessel vom Herd und goß ein. Er hörte mit dem Trommeln auf. «Willst du nicht ein Smörgås haben?» fragte sie.

Er trank vorsichtig und in kleinen Schlucken und hockte ziemlich krumm an der Tischkante.

«Du solltest wirklich etwas essen», begann sie wieder.

«Du weißt, daß ich morgens nichts essen kann.»

«Es wäre aber besser für dich, bei deinem empfindlichen Magen.»

Er strich sich mit den Fingerspitzen über die Wange und spürte einige vergessene Bartstoppeln, ziemlich klein und scharf. Er trank einen Schluck.

«Ich kann dir etwas Brot rösten», schlug sie vor.

Fünf Minuten später stellte er die Tasse lautlos auf die Untertasse und hob den Blick zu seiner Frau.

Sie hatte einen roten, flauschigen Morgenmantel über dem Nylonnachthemd an und stützte die Ellbogen auf den Tisch, das Kinn in der Hand. Sie war blond, mit hellem Teint und runden, etwas vorstehenden Augen. Die Augenbrauen pflegte sie färben zu lassen, doch während des Sommers waren sie ausgebleicht und nun fast ebenso hell wie das Haar. Sie war ein paar Jahre älter als er, und obwohl sie in den letzten Jahren etwas zugenommen hatte, begann die Haut am Hals welk zu werden.

Als die Tochter vor zwölf Jahren geboren wurde, hatte sie ihre Anstellung in einem Architekturbüro aufgegeben und seitdem keine Lust mehr verspürt, wieder in den Beruf zurückzukehren. Als der Junge in die Schule kam, hatte Martin Beck vorgeschlagen, ob sie nicht eine Halbtagsstelle annehmen wolle, doch sie hatte ihm ausgerechnet, daß es sich kaum lohnen würde. Außerdem war sie bequem von Natur aus und mit ihrem Hausfrauendasein zufrieden.

Ja, ja, dachte Martin Beck, erhob sich und schob wortlos den blaugemalten Schemel unter den Tisch. Dann stellte er sich ans Fenster und blickte in den Nieselregen hinaus.

Unterhalb des Parkplatzes und des Grasstreifens lag die Autobahn naß und leer. In einigen Fenstern der Hochhäuser auf dem Hügel hinter der U-Bahn-Station gingen die Lichter an. Unter dem niedrigen grauen Himmel kreisten ein paar Möwen; sonst war kein lebendes Wesen zu sehen.

«Wohin mußt du heute?» fragte sie.

«Nach Motala.»

«Wirst du lange wegbleiben?»

«Keine Ahnung.»

«Es handelt sich wohl um dieses Mädchen?»

«Ja.»

«Meinst du denn, daß es lange dauern wird?»

«Ich weiß nicht mehr als du, nur das, was in den Zeitungen gestanden hat.»

«Warum mußt du mit dem Zug fahren?»

«Die anderen sind gestern schon losgefahren. Ich sollte eigentlich nicht mit.»

«Die machen mit dir, was sie wollen – wie üblich.»

Er nickte und starrte vor sich hin. Der Regen schien nachzulassen.

«Wo bringen sie dich denn unter?»

«Im Stadthotel.»

«Nimmst du noch jemand mit?»

«Ja, Kollberg und Melander. Aber die sind gestern schon mit dem Wagen vorgefahren.»

«Mit dem Auto?»

«Ja.»

«Und du darfst dich in der zweiten Klasse durchschütteln lassen.»

«Ja.»

Hinter seinem Rücken hörte er, wie sie die Tasse mit den blauen Rosen und dem Sprung ausspülte.

«Ich muß diese Woche die Stromrechnung und die Reitstunden für Baby bezahlen.»

«Hast du nicht genug Geld bekommen?»

«Ich will nichts abheben, das weißt du ganz genau.»

«Ach ja.»

Er nahm die Brieftasche aus dem Jackett und blickte hinein. Nahm einen Fünfziger-Schein, starrte ihn an, legte ihn zurück und steckte die Brieftasche wieder ein.

«Ich hasse es, Geld abzuheben», nörgelte sie. «Das ist der Anfang vom Ende, wenn man einfach so abhebt.»

Er nahm den Schein wieder heraus, faltete ihn, drehte sich um und legte ihn auf den Küchentisch.

«Ich habe deinen Koffer gepackt», sagte sie.

«Danke.»

«Paß auf deinen Hals auf. Gerade um diese Jahreszeit und besonders nachts kann man sich leicht was holen.»

«Ja.»

«Nimmst du diese gräßliche Pistole mit?»
Nein. Ja. Ene, mene, muh, raus bist du ... dachte Martin Beck.
«Worüber lachst du?» fragte sie.
«Ach nichts.»
Er ging ins Wohnzimmer, schloß das Schubfach des Schreibtischs auf und nahm die Pistole heraus, legte sie in das Deckelfach des Koffers und drückte das Schloß zu. Die Pistole war eine normale 7,65 Millimeter Walther, in Lizenz in Schweden hergestellt. Sie taugte zu fast gar nichts, und außerdem war er ein schlechter Schütze.

Kurz darauf ging er in die Diele und zog den Trenchcoat an. Den schwarzen Hut behielt er in der Hand.

«Willst du Rolf und Baby nicht auf Wiedersehen sagen?»
«Es ist lächerlich, ein zwölfjähriges Mädchen noch Baby zu nennen.»
«Ich finde das aber einfach schön.»
«Es hat keinen Zweck, die Kinder zu wecken, und im übrigen wissen sie ja, daß ich weg muß.» Er setzte den Hut auf. «Also, leb wohl solange. Ich rufe an.»
«Wiedersehen, und sei vorsichtig.»

Er stand auf dem Bahnsteig und wartete auf den Vorortzug. Er hatte nichts dagegen, von zu Hause wegzufahren, trotz der halbfertigen Kiellegung des Schulschiffs *Danmark*.

Martin Beck war nicht Chef der Mordkommission und hatte auch nicht die Absicht, es zu werden. Manchmal zweifelte er sogar daran, ob er jemals Kommissar werden würde, obwohl nur der Tod oder ein ernstliches Dienstvergehen ihn eigentlich daran hindern konnten. Er war Erster Kriminalassistent bei der Stadtpolizei und hatte acht Jahre lang der Reichsmordkommission angehört. Manche Leute waren der Meinung, daß er der geschickteste Vernehmungsleiter von ganz Schweden sei. Die Hälfte seines Lebens hatte er bei der Polizei verbracht. Einundzwanzigjährig hatte er auf der Polizeiwache im Bezirk Jakob angefangen, und nach sechs Jahren als Streifenpolizist in verschiedenen Distrikten der Stockholmer Innenstadt hatte er die Assistentenklasse der staatlichen Polizeischule besucht. Er schnitt als einer der Besten seines Jahrgangs ab und wurde nach Abschluß des Kurses zum Kriminalassistenten befördert. Damals war er genau achtundzwanzig.

Als sein Vater im gleichen Jahr starb, gab er sein möbliertes Zimmer in Klara auf und zog zu seiner Mutter nach Söder, dem südlichen Teil von Stockholm. Im Sommerurlaub desselben Jahres lernte er seine Frau kennen. Sie hatte zusammen mit einer Freundin ein Sommerhaus auf einer Schäreninsel, wo er zufällig mit seinem Segelboot an Land ging.

Er verliebte sich in sie, und im Herbst, als sie ein Kind erwartete, heirateten sie; er zog zu ihr nach Kungsholmen hinaus.

Ein Jahr nach der Geburt der Tochter war nicht mehr viel übrig von dem frohen, lebensbejahenden Mädchen, in das er sich verliebt hatte; ihre Ehe glitt ab in trübe Alltäglichkeit.

Martin Beck saß auf der grünen Polsterbank in der U-Bahn und blickte durch das regenbedeckte Fenster hinaus. Er dachte dumpf an seine Ehe. Aber als er feststellte, daß er da saß und sich selbst bemitleidete, zog er die Zeitung aus der Tasche seines Trenchcoats und versuchte, sich auf den Leitartikel zu konzentrieren. Er sah müde aus; in dem grauen Tageslicht wirkte sein sonnenverbrannter Teint fast gelblich. Sein Gesicht mit der breiten Stirn und den kräftigen Backenknochen war mager, der Mund unter der kurzen, geraden Nase schmal und breit, mit zwei tiefen Falten an den Mundwinkeln. Wenn er lachte, sah man seine kräftigen weißen Zähne. Sein dunkles, zurückgekämmtes Haar machte noch keine Anstalten, sich grau zu färben; der Blick der graublauen Augen war klar und ruhig. Er war mager, nicht sonderlich groß und hielt sich ein wenig krumm. Es gab Frauen, die ihn für schick hielten, aber die meisten hätten sein Aussehen wohl als durchschnittlich bezeichnet. Da er sich niemals auffällig kleidete, wirkte er beinahe etwas unscheinbar.

Die Luft im Wagen war stickig und abgestanden, was ihm – wie oft in der U-Bahn – eine leichte Übelkeit verursachte. Als der Zug in den Bahnhof einfuhr, stand er schon mit der Reisetasche in der Hand an der Tür. Das U-Bahn-Fahren war ihm verhaßt, aber weil er Autos noch weniger mochte und die Traumwohnung in der Innenstadt nach wie vor ein Traum war, blieb er auf dieses Transportmittel angewiesen.

Der Schnellzug nach Göteborg ging um halb acht vom Hauptbahnhof. Martin Beck blätterte seine Zeitung durch, fand aber nicht eine Zeile über den Mord. Er blätterte zum Kulturteil zurück und begann einen Artikel über den Anthroposophen Rudolf Steiner; aber schon in Stuvsta schlief er darüber ein.

Gerade rechtzeitig zum Umsteigen wachte er in Hallsberg auf. Der Bleigeschmack im Mund war wieder da und wollte nicht schwinden, obwohl er drei Becher Wasser getrunken hatte.

Um halb elf kam er in Motala an; es hatte aufgehört zu regnen.

Am Bahnhofskiosk kaufte er sich ein Päckchen Florida-Zigaretten und die *Motala Tidning* und erkundigte sich nach dem Weg zum Stadthotel, denn er war zum erstenmal in dieser Stadt.

Das Hotel lag am Stora Torget, dem Markt, nicht weit vom Bahnhof entfernt. Der kurze Weg munterte ihn etwas auf. Nachdem er sich in seinem Zimmer die Hände gewaschen und ausgepackt hatte, trank er eine Flasche Medevi-Wasser, die er sich beim Portier gekauft hatte. Er stand eine Weile am Fenster und blickte auf den Platz mit dem Denkmal, dessen Statue, wie er riet, Baltzar von Platen vorstellen sollte. Dann verließ er das Zimmer, um sich auf den Weg zum Polizeihaus zu machen. Da er wußte, daß das Gebäude auf der gegenüberliegenden Straßenseite lag, ließ er den Trenchcoat im Hotel.

Er nannte dem Wachhabenden seinen Namen und wurde sofort in ein Zimmer im ersten Stock gewiesen. AHLBERG stand an der Tür.

Der Mann, der hinter dem Schreibtisch saß, war breit und untersetzt und hatte eine beginnende Glatze. Er hatte seine Jacke über die Stuhllehne gehängt und war gerade dabei, Kaffee aus einem Pappbecher zu trinken. Auf dem Rand des Aschenbechers, in dem schon eine Menge Kippen lagen, glimmte eine halb angerauchte Zigarette.

Martin Beck hatte eine Angewohnheit, durch Türen einzutreten, die manche Leute irritierte. Jemand hatte behauptet, er beherrsche die Kunst, im Zimmer zu stehen und die Tür hinter sich geschlossen zu haben, während er gleichzeitig von außen klopfte.

Der Mann hinter dem Schreibtisch schien leicht überrumpelt. Er setzte den Becher ab und erhob sich.

«Ahlberg», sagte er.

Es war etwas Abwartendes in seiner Haltung. Martin Beck kannte das und wußte, worauf es beruhte. Er selber kam als Fachmann aus Stockholm, und der Mann hier war ein Kleinstadtpolizist, der sich mit seinen Untersuchungen festgerannt hatte. Die nächsten zwei Minuten würden für ihre Zusammenarbeit entscheidend sein.

«Wie heißt du mit Vornamen?» erkundigte sich Martin Beck.

«Gunnar.»

«Was machen Kollberg und Melander?»

«Weiß nicht. Irgendwas, was ich vergessen habe, nehme ich an.»

«Haben sie so ausgesehen, als ob sie diesen Fall im Handumdrehen lösen wollten?»

Der andere fuhr sich durch das blonde schüttere Haar. Dann lächelte er gequält und setzte sich auf den Drehstuhl.

«So ungefähr», gab er zu.

Martin Beck ließ sich auf dem Stuhl gegenüber dem Schreibtisch nieder, zog seine Florida-Schachtel hervor und legte sie auf die Tischkante.

«Du siehst nicht sehr begeistert aus», begann er.

«Mein Urlaub ist zum Teufel.» Ahlberg trank den Kaffeebecher leer, knüllte ihn zusammen und warf ihn unter den Tisch in Richtung Papierkorb.

Die Unordnung auf seinem Schreibtisch war verblüffend. Martin Beck dachte an seinen eigenen in Kristineberg, der erheblich anders aussah. «Na», sagte er, «wie läuft die Sache?»

«Gar nicht», erklärte Ahlberg. «Es ist jetzt eine Woche vergangen, und wir wissen nicht mehr, als was der Obduktionsbefund aussagt.» Aus alter Gewohnheit formulierte er den Tatbestand mit anderen Worten. «Umgebracht durch Erwürgen im Zusammenhang mit sexuellem Mißbrauch. Brutal. Möglicherweise hat der Täter perverse Neigungen.»

Martin Beck lächelte. Der andere sah ihn fragend an.

«Du sagst umgebracht. Den Ausdruck benutze ich selbst manchmal. Wir haben schon zu viele Berichte geschrieben.»

«Tja, da magst du recht haben.»

Ahlberg seufzte und strich sich über das Haar.

«Vor acht Tagen haben wir sie aus dem Wasser gefischt», fuhr er fort. «Wir wissen immer noch nicht, wer sie ist. Wir haben keine Ahnung, wo das Verbrechen begangen wurde, geschweige denn, wer es verübt hat. Wir wissen einfach gar nichts.»

4

Tod durch Erwürgen, dachte Martin Beck bei sich.

Er saß und blätterte einen Stapel Fotografien durch, den Ahlberg aus dem Papierwust auf seinem Schreibtisch hervorgekramt hatte. Die Bilder zeigten das Schleusenbecken, den Bagger, den Schaufeleimer in Großaufnahme, die Leiche auf der Persenning und später auf dem Tisch in der Leichenhalle.

Martin Beck reichte Ahlberg ein Foto hinüber. «Diese Aufnahme können wir zurechtschneiden und retuschieren, damit sie etwas hübscher aussieht. Dann können wir sie von Haus zu Haus tragen und Erkundigungen einziehen. Stammt die Frau von hier, müßte jemand sie wiedererkennen. Wieviel Leute kannst du für die Sache ansetzen?»

«Im besten Fall drei», sagte Ahlberg. «Gerade jetzt sind wir knapp mit Personal. Drei Jungen haben Urlaub, einer liegt mit gebrochenem Bein in der Klinik. Außer dem Stadsfiskal, Larsson und mir selbst sind bloß noch acht Mann auf der Station.» Er rechnete an den Fingern nach. «Ja, davon eine Frau. Und jemand muß ja auch für die anderen Aufgaben da sein.»

«Im schlimmsten Fall müssen wir eben selber einspringen. Hm ... Das wird eine ganz schöne Zeit in Anspruch nehmen. Wie steht's denn bei dir mit Sexualverbrechern?»

Ahlberg klopfte nachdenklich mit dem Bleistift an seine Vorderzähne. Dann beugte er sich über ein Schreibtischfach und zog eine Akte heraus.

«Wir haben einen vernommen. Aus Västra Ny. Hat eine vergewaltigt. Er ist vorgestern in Linköping festgenommen worden, hatte aber ein Alibi für die ganze Woche. Steht hier im Protokoll von Blomgren. Der hat das alles überprüft.»

Er legte das Blatt in eine grüne Mappe, die auf dem Tisch lag.

Eine Weile saßen die beiden wortlos da. Martin Beck spürte ein Ziehen im Magen und dachte an seine Frau und an ihr Drängen auf regelmäßiges Einhalten der Mahlzeiten. Seit über zwölf Stunden hatte er nichts mehr gegessen.

Die Luft im Zimmer war dick vom Zigarettenrauch. Ahlberg stand auf und öffnete das Fenster. Von einem Radio irgendwo in der Nähe hörte man die Zeitansage.

«Die Uhr ist eins», sagte er. «Wenn du essen willst, kann ich was kommen lassen. Ich bin hungrig wie ein Wolf.»

Martin Beck nickte, und Ahlberg hob den Hörer ab. Nach einer Weile klopfte es an die Tür, und ein Mädchen in blauem Rock und mit roter Schürze kam mit einem Korb herein.

Martin Beck aß sein Schinkenbrot und trank ein paar Schluck Kaffee. «Wie mag sie da wohl gelandet sein?» fragte er und bewies damit, daß seine Gedanken immer noch beim gleichen Thema waren.

«Ich weiß nicht. Tagsüber sind immer Leute an den Schleusen. Dort kann es also kaum geschehen sein. Aber er kann sie von der Kaimauer oder vom Pier aus hineingeworfen haben, und dann hat der Sog von den Schiffen sie wohl weiter hinausgetrieben. Vielleicht hat er sie auch von irgendeinem Schiff ins Wasser geworfen.»

«Was sind das für Schiffe, die durch die Schleusen gehen? Kleinfahrzeuge oder Amateursegler?»

«Das auch, aber nur zum kleineren Teil. Meistens sind es Frachter.

Und dann natürlich die drei Kanalschiffe: *Diana, Juno* und *Wilhelm Tham*.»

«Können wir hinfahren und es uns mal ansehen?» fragte Martin Beck.

Ahlberg nahm das Bild, das Martin Beck ausgewählt hatte, und stand auf.

«Wir können sofort losfahren. Dann gebe ich dies hier unterwegs im Labor ab.»

Die Uhr war fast drei, als sie von Borenshult zurückkamen. Der Verkehr in den Schleusen war lebhaft. Am liebsten wäre Martin Beck mit den Urlaubsreisenden und Anglern am Kai stehengeblieben, um den Schiffen zuzuschauen.

Er hatte mit der Baggerbesatzung gesprochen, war draußen am Pier gewesen und hatte sich das Schleusenbecken angeschaut. Weit draußen auf dem Borensee hatte er ein Segelboot in der frischen Brise kreuzen sehen und sehnsüchtig an seine eigene Jacht gedacht, die er vor einigen Jahren verkauft hatte. Noch den ganzen Rückweg über dachte er an die vielen Fahrten zwischen den Schären und Inseln, die er immer im Sommer gemacht hatte ...

Auf Ahlbergs Tisch lagen acht frische Abzüge, die das Fotolabor herübergeschickt hatte. Die Leute hatten gute Arbeit geleistet; retuschiert wirkte das Gesicht des Mädchens beinahe lebendig.

Ahlberg sah die Bilder durch, legte vier Kopien in die grüne Mappe und sagte: «Fein, da teile ich diese hier an die Leute aus. Die können jetzt in Umlauf gesetzt werden.»

Als er nach einigen Minuten zurückkam, stand Martin Beck neben dem Schreibtisch und rieb sich die Nasenwurzel. «Ich möchte ein paar Gespräche führen.»

«Geh ins Zimmer hinten am Flur.»

Das Zimmer war größer als Ahlbergs und hatte Fenster an zwei Wänden. Es standen zwei Schreibtische darin, fünf Stühle, ein Aktenschrank und ein Schreibmaschinentisch mit einer abgenutzten alten Remington.

Martin Beck setzte sich, legte Zigaretten und Streichhölzer auf den Tisch, schlug die grüne Mappe auf und begann die Berichte durchzugehen. Sie verrieten ihm nicht viel mehr, als was er schon von Ahlberg erfahren hatte.

Eineinhalb Stunden später war er mit seinen Zigaretten am Ende. Er hatte ein paar ergebnislose Telefongespräche geführt und den Stadsfiskal und Kommissar Larsson angetroffen, die beide einen müden und abgehetzten Eindruck machten. Gerade als er die leere Zigarettenschachtel zusammenknüllte, rief Kollberg an.

Zehn Minuten später trafen sie sich im Hotel.

«Donnerwetter, was siehst du finster aus», sagte Kollberg. «Willst du eine Tasse Kaffee?»

«Nein, danke. Was hast du gemacht?»

«Mit einem von der *Motala Tidning* geredet, einem Lokalredakteur in Borensberg. Er glaubte, er sei auf etwas gestoßen. Ein Mädchen aus Linköping sollte vor zehn Tagen einen Job in Borenshult antreten, aber sie kreuzte nicht auf. Sie soll pünktlich in Linköping abgefahren sein; seitdem hat niemand mehr von ihr gehört. Da sie als unzuverlässig bekannt war, regte sich niemand weiter darüber auf, bis dieser Zeitungsmann dahinterkam und eine Chance witterte. Er forschte auf eigene Faust nach und war schon ganz aufgeregt. Bloß hat dieser Idiot sich nicht einmal die Mühe gemacht, festzustellen, wie das Mädchen aussah. Ich stellte fest, daß es sich nicht um dasselbe Mädchen handeln konnte – die aus Linköping ist dick und blond. Und sie ist weiterhin verschwunden. Die Geschichte hat mich den ganzen Tag gekostet.»

Er lehnte sich im Stuhl zurück und stocherte mit einem Streichholz in seinen Zähnen herum. «Was machen wir jetzt?»

«Ahlberg hat ein paar von seinen Leuten mit Bildern von der Toten losgeschickt. Du mußt ihnen wohl bei dieser Beinarbeit helfen. Wenn Melander erscheint, wollen wir mit dem Stadsfiskal und mit Larsson die Berichte durchgehen. Geh am besten zu Ahlberg. Er wird dir sagen, was du tun sollst.»

Kollberg trank seinen Becher aus und stand auf. «Kommst du mit?» fragte er.

«Nein, jetzt nicht. Sag Ahlberg, ich bin im Hotel, wenn er was will.»

In seinem Zimmer legte Martin Beck Jacke, Schuhe und Schlips ab und setzte sich auf die Bettkante.

Das Wetter hatte sich aufgeklärt. Weiße Wölkchen hingen am Himmel, und sogar die Sonne war zum Vorschein gekommen.

Martin Beck stand auf, öffnete das Fenster einen Spalt und zog die dünnen Tüllgardinen vor. Dann legte er sich aufs Bett, die Hände unter dem Kopf verschränkt.

Er dachte an das Mädchen, das sie aus dem Schlamm des Borensees herausgeholt hatten ...

Wenn er die Augen schloß, hatte er ihr Bild vor sich, das er Dutzende von Malen im Laufe des Tages betrachtet hatte. Nackt und verlassen, mit schmalen Schultern und schwarzem Haar, von dem sich eine Strähne über den Hals ringelte.

Wer war sie, was hat sie gedacht, wie hat sie gelebt? Mit wem war sie zusammen gewesen?

Sie war jung. Martin Beck war überzeugt, daß sie schön gewesen war. Sicher hatte sie jemanden gehabt, der sie liebte. Jemanden, der ihr nahestand und der noch nichts von ihrem Schicksal wußte. Sie mußte Freunde gehabt haben, Kollegen, Eltern, vielleicht Geschwister. Kein Mensch, vor allem nicht eine junge, schöne Frau, ist so einsam, daß nicht jemand ihn vermißt, wenn er verschwindet.

Martin Beck dachte lange darüber nach. Warum fragte niemand nach ihr? Es war traurig, wenn ein Mädchen von niemand vermißt wurde; er konnte es einfach nicht verstehen. Hatte sie gesagt, sie wolle verreisen? Dann konnte es lange dauern, bis jemand anfing, sich Sorgen zu machen. Die Frage war nur: wie lange?

5

Die Uhr war halb zwölf; dies war nun Martin Becks dritter Tag in Motala. Er war zeitig aufgestanden – völlig unnötig, wie er selber feststellen konnte. Er hatte eine Weile an seinem kleinen Schreibtisch gesessen und in seinem Notizbuch geblättert. Ein paarmal hatte er mit dem Gedanken gespielt, zu Hause anzurufen, es aber dann doch unterlassen.

Wie schon so oft.

Er setzte den Hut auf, schloß sein Zimmer ab und ging die Treppe hinunter. In der Halle lungerten einige Journalisten herum, auf dem Fußboden lagen zwei Kamerataschen mit zusammengeschobenem Stativ. Neben dem Eingang stand ein Pressefotograf gegen die Wand gelehnt und rauchte. Ein junger Mann, mit einer Zigarette im Mundwinkel, schaute prüfend in den Sucher seiner Leica.

Als Martin Beck an der Gruppe vorbeiging, zog er den Hut tief in die Stirn, schob ein wenig die Schultern vor und beschleunigte seinen Schritt: Das geschah ganz instinktiv, doch offenbar wirkte es aufreizend, denn einer der Reporter redete ihn überraschend unfreundlich an: «Sagen Sie mal, lädt die Leitung der Fahndungsgruppe heute zum Abendessen ein?»

Martin Beck murmelte etwas, ohne selbst zu wissen was, und ging auf den Ausgang zu. Gerade als er die Tür aufstoßen wollte, hörte er ein leises Klicken, der Fotograf hatte also eine Aufnahme gemacht.

Er ging schnell den Bürgersteig lang, aber nur so weit, bis er aus dem Blickfeld der Reporter gekommen zu sein glaubte. Da blieb er unschlüssig etwa zehn Sekunden stehen, warf die halb aufgerauchte Zigarette in den Rinnstein, zuckte mit den Schultern und ging hinüber zum Taxistand. Auf dem Rücksitz machte er es sich bequem, rieb sich mit dem rechten Zeigefinger die Nasenspitze und schielte zum Hotel hinüber. Unter dem Rand des Hutes hervor sah er den Mann, der ihn in der Hotelhalle angesprochen hatte. Der Reporter stand mitten vor dem Eingang und starrte dem Wagen nach. Aber nur einen Moment lang, dann zuckte er ebenfalls mit den Schultern und ging zurück in das Hotelgebäude.

Die Leute von der Presse und von der Reichsmordkommission wohnten oft im gleichen Hotel. Nach schnellem und positivem Abschluß der Untersuchungen pflegten sie den letzten Abend gemeinsam zu verbringen, sie aßen zusammen, und es wurde auch eine ganze Menge getrunken. Mit der Zeit war dies geradezu Brauch geworden und gipfelte in einem regelrechten Abschiedsessen. Martin Beck hielt nichts davon, doch die Mehrzahl seiner Kollegen fand die Entwicklung sehr begrüßenswert.

Von einem schnellen und positiven Abschluß der Untersuchungen konnte hier nicht die Rede sein. War die Ausbeute im übrigen auch mager gewesen, so hatte er doch während dieser zwei Tage einen Teil von Motala kennengelernt und erinnerte sich an die Namen der Straßen. Prästgatan, Drottniggatan, Östermalmsgatan, Borensvägen, Verkstadsvägen – und dann war er da. Er ließ den Chauffeur an der Brücke halten, bezahlte und stieg aus. Die Hände aufs Brückengeländer gestützt, sah er auf den Kanal hinunter, der schnurgerade durch den langen grünen Abhang geführt war. Dabei fiel ihm ein, daß er vergessen hatte, den Taxifahrer den Fahrtweg auf der Quittung vermerken zu lassen. Es würde wohl allerlei idiotische Auseinandersetzungen an der Kasse geben, wenn er ihn selbst ausfüllte. Da war es wohl das beste, die Angaben mit der Schreibmaschine zu machen, das sah vertrauenerweckender aus. Daran dachte er immer noch, als er den Fußweg an der Nordseite des Kanals entlangging.

Während der Morgenstunden hatte es vorübergehend geregnet; die Luft war leicht und frisch. Mitten auf dem Hügel blieb er stehen und zog die Luft ein. Sie roch nach Wiesenblumen und feuchtem

Grün. Der Geruch erinnerte ihn an seine Kindheit, an eine Zeit, bevor Tabakrauch, Benzindünste und gereizte Schleimhäute Gelegenheit gehabt hatten, die Sinne ihrer Schärfe zu berauben.

Martin Beck hatte die fünf Schleusen passiert und schlenderte die Kaischonung entlang. Einige Kleinboote lagen vertäut im Schleusenbassin und an der Mole, und draußen auf dem Borensee zeigten sich ein paar Segelboote. 50 Meter außerhalb der Molenspitze arbeitete und schnaubte der Bagger, umkreist von einigen Möwen, die ihn im Segelflug in langsamen, weiten Bögen umschwebten. Man konnte sehen, wie sie den Kopf von der einen Seite zur anderen legten und darauf warteten, was die Baggerschaufel aus dem Kanalbett hervorholte. Ihre Wachsamkeit und ihr Beobachtungsvermögen waren bewundernswert, ebenso ihre Ausdauer und ihr Optimismus. Unwillkürlich mußte er an Kollberg und Melander denken.

Weit draußen an der Mole blieb er wieder stehen. Hier hatte sie also gelegen. Oder richtiger gesagt: Hier hatte die namenlose Leiche irgendeiner weiblichen Person auf einer zusammengefalteten Persenning gelegen, den Blicken der Neugierigen ausgesetzt. Nach einigen Stunden war sie von zwei Männern in Arbeitskleidung auf einer Bahre abtransportiert worden, und dann hatte ein alter Herr, dessen Beruf das war, den Körper zerschnitten und auseinandergenommen und später anständigerweise wieder notdürftig zusammengenäht; so war sie in einem Kühlfach des Leichenhauses gelandet. Er selber hatte sie nicht gesehen. Das war immerhin etwas, wofür er dankbar sein konnte.

Martin Beck wurde sich bewußt, daß er die Hände auf dem Rücken gefaltet hielt und auf den Fußspitzen wippte, eine Gewohnheit aus den Streifenjahren, die ebenso unausrottbar wie unleidlich war. Außerdem stand er und starrte auf ein graues, uninteressantes Stückchen Mole, von dem der Regen den Kreidestrich der ersten routinemäßigen Untersuchung längst weggeschwemmt hatte. Offenbar hatte er länger so gestanden, als er selbst gemerkt hatte, denn die Umgebung hatte inzwischen erhebliche Veränderungen erfahren. Am bemerkenswertesten war ein kleines weißes Passagierschiff, das mit guter Fahrt in Richtung auf das Schleusenbecken zusteuerte. Als es um den Bagger herumfuhr, richteten sich an Bord etwa zwanzig Kameraobjektive auf den Schwimmbagger; als Gegenleistung trat der Baggerführer aus seiner Kabine und fotografierte seinerseits das Passagierschiff. Martin Beck folgte dem Boot mit den Augen, während es die Kaispitze passierte, und vermerkte gewisse Einzelheiten. Der

Rumpf war rein in den Linien, aber der Mast war gekappt, und der Schornstein, der einst sicherlich hoch und gerade und schön gewesen war, war durch einen eigentümlich stromlinienförmigen Blechkörper ersetzt. Aus dem Innern des Fahrzeugs hörte er das dumpfe Stampfen der Dieselmotoren. Das Deck war mit Touristen besetzt, fast alle schienen älter oder in mittleren Jahren zu sein, und mehrere trugen Strohhüte mit geblümten Bändern.

Das Schiff hieß *Juno*. Er erinnerte sich, daß Ahlberg diesen Namen schon bei ihrem ersten Zusammentreffen erwähnt hatte.

Es befanden sich auffallend viele Leute auf der Mole und am Rand des Kanals. Einige angelten, andere sonnten sich, doch unverkennbar waren die meisten gekommen, um das Schiff zu sehen.

Zum erstenmal seit mehreren Stunden fühlte sich Martin Beck veranlaßt, eine Frage zu stellen.

«Kommt das Schiff immer um diese Zeit hier vorbei?»

«Wenn es von Stockholm kommt, ja. Halb eins. Genau. Das da, das aus der anderen Richtung kommt, ist später, kurz nach vier, da. Die treffen sich in Vadstena. Legen dort an.»

«Viele Leute hier – an Land, meine ich.»

«Die kommen immer her, um das Schiff zu sehen.»

«Jedesmal so viele?»

«Meistens.»

Der Mann, mit dem er sprach, nahm die Pfeife aus dem Mund und spuckte ins Wasser.

«Auch so ein Vergnügen», meinte er, «stehen da und glotzen die Touristen an.»

Als Martin Beck zum Kanalufer zurückkehrte, kam er noch einmal an dem kleinen Passagierschiff vorbei, das nun mit halber Fahrt friedlich plätschernd in dem dritten Schleusenbecken lag. Verschiedene Passagiere waren an Land gegangen. Ein Teil war dabei, das Schiff zu fotografieren, andere drängten sich vor den Kiosken an Land, wo sie Wimpel, Ansichtskarten und Souvenirs aus Plastik kauften, die zweifellos in Hongkong hergestellt waren.

Es gelang Martin Beck nicht, sich einzureden, daß er es eilig hatte, und der Respekt vor der Sparsamkeit des Staates ließ ihn für den Rückweg den Bus nehmen.

Die Halle war leer, die Leute von der Presse waren verschwunden, und niemand hatte für ihn eine Nachricht an der Rezeption abgegeben. Er ging in sein Zimmer hinauf, setzte sich an den Tisch und blickte hinaus über Stora Torget, den Großen Markt. Eigentlich sollte er auf der Polizeidirektion vorbeigehen, aber er war ja schon zweimal vor dem Lunch dort gewesen.

Nach einer halben Stunde rief er Ahlberg an.

«Hallo! Gut, daß du anrufst. Der Landsfogd ist gerade hier.»

«Und?»

«Er wird um sechs eine Pressekonferenz abhalten. Sehr glücklich scheint er nicht darüber zu sein.»

«Soso.»

«Er will, daß du dabei bist.»

«Gut, ich komme.»

«Bringst du Kollberg mit? Ich hatte keine Zeit gehabt, ihm Bescheid zu sagen.»

«Wo ist Melander?»

«Draußen mit einem meiner Jungens und geht einem Hinweis nach.»

«Erfolgversprechend?»

«Natürlich nicht.»

«Und im übrigen?»

«Nichts. Der Fogd macht sich Sorgen wegen der Presse. Moment ... da klingelt das andere Telefon.»

«Na schön, wir sehen uns dann.»

Er saß noch am Tisch und rauchte lustlos seine Zigarette zu Ende. Dann blickte er auf die Uhr, erhob sich und ging auf den Flur hinaus. Drei Türen weiter blieb er stehen, klopfte an und stand schon, wie es seine Art war, im Zimmer; lautlos und blitzschnell.

Kollberg lag auf dem Bett und las eine Abendzeitung. Er hatte Schuhe und Jacke abgelegt und das Hemd aufgeknöpft. Seine Dienstpistole lag auf dem Nachttisch, eingewickelt in seinen Schlips.

«Heute sind wir nur noch auf Seite zwölf zu finden», sagte er. «Die armen Kerle haben es nicht leicht.»

«Welche?»

«Die Zeitungsschmierer natürlich. ‹Das Geheimnis um den bestialischen Frauenmord in Motala verdichtet sich. Nicht nur die örtliche Polizei, auch die erfahrenen Ermittlungsbeamten der Reichsmordkommission mühen sich in einem undurchdringlichen Dunkel.› Wo nehmen sie das bloß her?»

Kollberg war ein wenig rundlich und pflegte sich freundlich und gepflegt auszudrücken, das hatte bei vielen Menschen bereits zu schicksalhaften Mißverständnissen geführt.

«‹Der Fall schien zu Beginn eine Routinesache zu sein, hat sich aber als immer komplizierter erwiesen. Die Leitung der Fahndung hält sich eher zurück, arbeitet aber in verschiedene Richtungen. Die nackte Schönheit im Boren ...› Ach leck mich doch!»

Er überflog den Rest des Artikels und ließ die Zeitung auf den Boden fallen.

«Na, das war mir aber eine verdammte Schönheit. Eine ganz gewöhnliche O-beinige Frau mit zu großem Hintern und zu kleinen Brüsten.»

Martin Beck hob die Zeitung auf und blätterte unschlüssig darin herum.

«Sie hatte natürlich eine zu große Fotze», sagte Kollberg.

«Und das ist ihr zum Verhängnis geworden», fügte er hinzu.

«Hast du sie gesehen?»

«Na klar, du nicht?»

«Nur auf Bildern.»

«Na, ich hab sie mir jedenfalls angesehen. Schrecklich.»

«Was hast du heute nachmittag getan?»

«Was glaubst du denn? Die Berichte über die Fragerei an den Türen. Alles Abfall. Es ist reiner Wahnsinn, fünfzehn verschiedene Männer in alle Windrichtungen zu schicken. Alle drücken sich unterschiedlich aus und sehen verschiedenste Dinge. Manche schreiben vier Seiten, wenn sie eine einäugige Katze gesehen haben und die Kinder im Haus Schnupfen haben, und andere versuchen, drei Leichen und eine Zeitbombe in einem Relativsatz unterzubringen. Die fragen auch viel zu unterschiedlich.»

Martin sagte gar nichts. Kollberg seufzte.

«Ein Formular müßten die haben. Das würde vier Fünftel der Zeit sparen.»

«Ja.»

Martin Beck suchte in seinen Taschen.

«Ich rauche bekanntlich nicht», bemerkte Kollberg schadenfroh.

«Der Landsfogd hat in einer halben Stunde eine Pressekonferenz angesetzt. Er will, daß wir kommen.»

«Na schön. Dann müssen wir ja wohl.» Er zeigte auf die Zeitung und fuhr fort: «Und wenn wir nun die Zeitungsleute zur Abwechslung mal fragen? Vier Tage hintereinander hat dieser Kerl geschrieben, daß eine Festnahme für den Nachmittag bevorsteht. Und die Frau sieht mal wie Anita Ekberg und mal wie Sophia Loren aus.»

Er hatte sich im Bett aufgerichtet, knöpfte das Hemd zu und begann sich die Schuhe zuzubinden.

Martin Beck trat ans Fenster. «Es wird gleich Regen geben», sagte er.

«Ich glaub's auch», meinte Kollberg und gähnte.

«Bist du müde?»

«Hab zwei Stunden geschlafen in dieser Nacht. Wir waren im Mondschein draußen und haben in den Wäldern nach diesem Typen aus Sankt Sigfrid gesucht.»

«Ach so, ja.»

«Tja, und als wir sieben Stunden lang herumgelatscht waren, bequemte sich jemand und erzählte uns, daß die Kollegen von Klara den Kerl vorgestern abend im Berzelii Park erwischt haben.»

Kollberg war angezogen und steckte die Pistole ein. Er warf Martin Beck einen schnellen Blick zu und fragte:

«Du siehst deprimiert aus. Was ist denn?»

«Nichts Besonderes. Komm, wir müssen gehen; die Weltpresse wartet.»

Es befanden sich ungefähr zwanzig Journalisten im Raum, außerdem der Landsfogd, der Stadsfiskal, Larsson und ein Fernsehmann mit seiner Kamera und zwei Scheinwerfern. Ahlberg war noch nicht da. Der Landsfogd saß hinter dem Tisch und blätterte nachdenklich in seiner Mappe. Die Mehrzahl der übrigen mußte stehen, weil die Stühle nicht ausreichten; alle redeten aufeinander ein. Es herrschte ein fürchterliches Gedränge, und die Luft war schon jetzt verbraucht. Martin Beck, der Versammlungen aller Art verabscheute, lehnte sich mit dem Rücken gegen die Wand, so daß er gerade zwischen Antwortenden und Fragestellern zu stehen kam.

Nach einigen Minuten beugte sich der Landsfogd mit einer Bemerkung zum Polizeichef hinüber. Der Stadsfiskal wandte sich daraufhin zu Larsson, und sein Bühnengeflüster war im ganzen Zimmer zu hören:

«Wo zum Teufel bleibt Ahlberg?»

Larsson griff zum Telefon, und 40 Sekunden später trat Ahlberg ins Zimmer. Seine Augen waren rot umrändert; er war verschwitzt und immer noch damit beschäftigt, seine Jacke zu schließen.

Der Landsfogd erhob sich und klopfte mit seinem Füllfederhalter leicht auf den Tisch. Er war groß und gut gebaut und äußerst korrekt mit leichter Andeutung von Eleganz gekleidet.

«Meine Herren, es freut mich, daß Sie so zahlreich zu dieser improvisierten Zusammenkunft gekommen sind. Wie ich sehe, sind Presse, Rundfunk und Fernsehen hier vertreten.»

Er machte eine leichte Verbeugung zu dem Fernsehmann hin, dem einzigen der Anwesenden, den er mit Sicherheit hatte identifizieren können.

«Es freut mich auch, bestätigen zu können, daß Sie diese betrübliche und ... prekäre Geschichte im großen und ganzen korrekt und verantwortungsbewußt der Öffentlichkeit unterbreitet haben. Leider gibt es auch einige Ausnahmen, Sensationsmacherei und lose Spekulationen gehören nicht zu einem so ... prekären Fall wie ...»

Kollberg gähnte ganz offenherzig und machte sich nicht einmal die Mühe, die Hand vor den Mund zu nehmen.

«Wie Sie alle verstehen, ist diese Untersuchung – ich brauche es wohl nicht besonders hervorzuheben – von besonders ... prekärer Natur und ...»

Ahlberg, der an der gegenüberliegenden Wand lehnte, richtete seine hellen Augen auf Martin Beck. Sie verstanden sich auch ohne Worte ...

«... und gerade diese ... prekären Fragen verlangen verständlicherweise besonders taktvolle Behandlung», fuhr der Landsfogd fort.

Martin Beck blickte dem Journalisten vor ihm über die Schulter und sah einen kunstvollen Stern auf dessen Schreibblock wachsen. Der TV-Mann lehnte sich gegen sein Stativ.

«... und natürlich wollen – weder wollen noch können wir verheimlichen, daß wir dankbar für jede Unterstützung in dieser ... prekären Untersuchung sind, und begrüßen aufrichtig die Mitarbeit des Publikums.»

Kollberg gähnte. Ahlberg sah nun unverkennbar verzweifelt aus.

Martin Beck wagte schließlich, die Umstehenden zu mustern. Drei der älteren Journalisten aus Stockholm waren ihm bekannt. Die meisten schienen noch recht jung.

«Also, meine Herren, alle Beamten, die diese Fahndung leiten, stehen Ihnen zur Verfügung», schloß der Landfogd.

Damit war die Pressekonferenz eröffnet. Die ersten Fragen wurden gestellt und von Larsson beantwortet. Am eifrigsten zeigten sich drei junge Reporter, die einander unaufhörlich ins Wort fielen. Martin Beck bemerkte, daß ein Teil der Zeitungsleute still dasaß, ohne sich irgendwelche Aufzeichnungen zu machen. Ihre Haltung der Fahndungsleitung gegenüber drückte Mitleid und Verständnis aus. Die Fotografen gähnten. Das Zimmer war diesig vom Zigarettenrauch.

Frage: Warum hat man bisher keine Pressekonferenz abgehalten?

Antwort: Die Untersuchungen waren noch nicht abgeschlossen, und eine zu frühe Bekanntgabe hätte die Nachforschungen gefährdet.

F: Ist in Kürze mit einer Verhaftung zu rechnen?

A: Es ist denkbar. Im gegenwärtigen Stadium möchten wir uns aber nicht genauer festlegen.

F: Verfolgen Sie wenigstens eine bedeutsame Spur?

A: Wir können nur sagen, daß unsere Untersuchungen in eine bestimmte Richtung gehen.

Larsson tat sein Bestes, sich nach dieser vertrauenerweckenden Folge von Halbwahrheiten aus der Affäre zu ziehen, ohne direkt dabei zu lügen; aber jetzt warf er einen hilfeflehenden Blick auf den Landsfogd, der aber hartnäckig seine Nagelränder betrachtete.

F: Hier sind einige meiner Kollegen kritisiert worden. Ist die Fahndungsleitung der Meinung, daß diese Kollegen Fakten mehr oder minder absichtlich verdreht haben?

Die Frage wurde von dem ständig fabulierenden Reporter gestellt, dessen Artikel einen so tiefen Eindruck auf Kollberg gemacht hatten.

A: Ja, leider.

F: Ist es nicht vielmehr so, daß die Polizei uns im Stich gelassen hat, wenn es um sachliche Information ging? Und uns vorsätzlich und mit Nachdruck auf unser eigenes Geschick, Neuigkeiten an Ort und Stelle aufzuspüren, verwiesen hat?

A: Hmm.

Einige der weniger redseligen Journalisten wurden langsam unruhig.

F: Haben Sie das Opfer bereits identifiziert?

Eine Handbewegung bedeutete für Ahlberg, daß er jetzt an der Reihe sei; Larsson setzte sich und nahm demonstrativ eine Zigarre aus der Brusttasche.

A: Nein.

F: Glauben Sie, daß sie hier aus der Stadt oder der Umgebung stammt?

A: Das ist nicht anzunehmen.

F: Und warum nicht?

A: Weil wir sie unter diesen Umständen schon identifiziert hätten.

F: Ist das Ihre einzige Begründung für Ihre Annahme, daß sie aus einem anderen Teil des Landes stammt?

Ahlberg blickte düster auf den Kommissar, der sich ganz seiner Zigarre widmete.

A: Ja.

F: Haben die Bodenuntersuchungen an der Mole ein Resultat ergeben?

A: Wir haben einige Gegenstände im Wasser gefunden.

F: Stehen diese Gegenstände Ihrer Meinung nach mit dem Verbrechen in Zusammenhang?

A: Das ist nicht so ohne weiteres zu beantworten.

F: Wie alt war sie?

A: Vermutlich zwischen fünfundzwanzig und dreißig.

F: Haben die Ärzte sich auf den Todestag festlegen können? Ich meine, wie lange nach ihrem Tod mag sie im Wasser gelegen haben?

A: Auch das ist schwer zu sagen. Zwischen drei und fünf Tage.

F: Die Personalbeschreibung, die an die Öffentlichkeit gegeben wurde, ist reichlich ungenau. Können Sie sich nicht etwas konkreter ausdrücken?

A: Wir haben schon eine neue vorbereitet. Bitte, hier ist auch eine Abbildung der Toten, natürlich retuschiert. Wir wären Ihnen dankbar, wenn Sie sie veröffentlichen würden.

Ahlberg griff nach den vor ihm liegenden Fotos und begann sie zu verteilen. Die Luft im Zimmer war schwer und schweißtreibend.

F: Hat sie irgendwelche besonderen körperlichen Merkmale?

A: Leider nein.

F: Was meinen Sie damit?

A: Daß sie ganz einfach keine besonderen Kennzeichen hat.

F: Hat die Zahnuntersuchung irgendwelche Hinweise ergeben?

A: Sie hatte sehr gute Zähne.

Es folgte eine lange, bedrückende Pause. Martin Beck bemerkte, daß der Reporter vor ihm immer noch mit Verbesserungen an seinem Stern beschäftigt war.

F: Was haben Sie durch die Befragung der Bevölkerung herausbekommen?

A: Das Material wird noch bearbeitet.

F: Ist es denkbar, daß der Körper an einer ganz anderen Stelle ins Wasser geworfen und von der Strömung zur Mole getrieben wurde?

A: Das ist nicht wahrscheinlich.

F: In anderen Worten – man kann also sagen, daß die Polizei vor einem Rätsel steht?

Hier übernahm der Landsfogd die Antwort: Anfänglich erscheinen die meisten Verbrechen rätselhaft, wobei ich das anfänglich betonen möchte.

Damit schloß die Pressekonferenz.

Beim Hinausgehen hielt einer der älteren Journalisten Martin Beck an. «Können Sie mir noch ein paar Einzelheiten geben?»

Martin Beck schüttelte den Kopf.

Drinnen in Ahlbergs Zimmer waren zwei Mann dabei, die Ergebnisse der Hausbefragung zu sichten.

Kollberg ging zum Tisch, blickte auf einige Papiere und zuckte die Achseln. Ahlberg kam herein. Er zog die Jacke aus und hängte sie über die Stuhllehne. Dann wandte er sich zu Martin Beck:

«Der Fogd will mit dir sprechen. Er ist noch drin.»

Der Landsfogd und der Stadsfiskal saßen immer noch am Tisch.

«Beck», sagte der Landsfogd, «ich sehe nicht ein, warum Ihre Leute noch länger hier herumhängen sollen. Es ist wirklich die reinste Zeitverschwendung.»

«Ich bin ganz Ihrer Meinung.»

«Wir haben getan, was wir tun konnten, und die reine Routinearbeit können unsere Leute allein machen.»

«Bestimmt.»

«Ich möchte Sie also nicht länger hier festhalten, vor allem, wo Sie in Stockholm bestimmt dringender benötigt werden.»

«Das ist auch meine Auffassung», sagte der Stadsfiskal.

«Meine ebenfalls», sagte Martin Beck.

Sie schüttelten sich die Hände.

Bei Ahlberg drin herrschte immer noch Stille. Martin Beck unterbrach sie nicht.

Nach einer Weile trat Melander ein. Er hängte seinen Hut auf und nickte den anderen ernst zu. Dann ging er auf den Tisch zu, zog sich Ahlbergs Schreibmaschine heran, spannte einen Bogen ein und schrieb einige Zeilen. Unterschrieb und legte das Blatt in eine Mappe auf das Regal.

«Ist was gewesen?» fragte Ahlberg.

«Nein», antwortete Melander.

Seit er eingetreten war, hatte er keine Miene verzogen.

«Morgen fahren wir nach Hause», gab Martin Beck bekannt.

«Schön», gab Kollberg zurück. Er gähnte.

Melander nickte nur.

Martin Beck warf Ahlberg einen fragenden Blick zu. «Kommst du mit ins Hotel?»

Ahlberg legte den Kopf nach hinten und blickte zur Decke. Dann erhob er sich wortlos und begann sich die Jacke anzuziehen.

In der Diele des Hotels trennten sie sich von Melander.

«Ich habe schon gegessen. Gute Nacht.»

Melander war ein Mann von strengem Lebenswandel. Außerdem war er sparsam im Geldausgeben und lebte hauptsächlich von Würstchen und Selterswasser.

Die drei anderen nahmen im Speisesaal Platz. Während sie auf ihr Essen warteten, vertiefte sich Martin Beck in ein Schriftstück. Plötzlich sah er auf und wandte sich an Kollberg: «Du könntest mir eigentlich einen Gefallen tun.»

«Immer zu Diensten», lächelte Kollberg.

«Ich brauche eine neue Personalbeschreibung der Toten, nichts Offizielles, nur für mich persönlich. Nicht das übliche Polizeisignalement einer Leiche, sondern die Beschreibung eines Menschen. Einzelheiten. Wie sie ausgesehen haben kann, als sie noch lebte. Es eilt aber nicht unbedingt.»

Kollberg saß eine Weile nachdenklich da. «Ich verstehe, was du meinst. Im übrigen hat Freund Ahlberg die versammelte Weltpresse heute falsch informiert. Sie hat nämlich ein Muttermal, und zwar auf der Innenseite des linken Schenkels. Es sieht aus wie ein Käfer.»

«Wir haben nichts davon gesehen», sagte Ahlberg.

«Ich aber», entgegnete Kollberg. «Aber ärgere dich nicht darüber, so was kommt vor. Und im übrigen ist es ja jetzt dein Mord. Vergiß, daß du mich kennengelernt hast, das war nur eine Fata Morgana. Tschüs.»

«Tschüs», sagte Ahlberg.

Das Essen wurde gebracht; sie aßen und tranken, ohne ein Wort zu reden. Ahlberg und Martin Beck blieben noch sitzen.

Erst sehr viel später fragte Ahlberg, ohne von seinem Glas aufzusehen: «Willst du diese Sache jetzt aufgeben?»

«Nein», sagte Martin Beck.

«Ich auch nicht», sagte Ahlberg. «Niemals.»

Anderthalb Stunden später trennten sie sich. Als Martin Beck in sein Zimmer hinaufkam, entdeckte er einen zusammengefalteten Bogen, den jemand unter der Tür durchgeschoben hatte. Er erkannte sofort die Schrift. Typisch Kollberg, dachte er; immer zuverlässig, schnell und korrekt.

Er zog sich aus, wusch sich und zog seinen Schlafanzug an. Dann setzte er seine Schuhe vor die Tür, legte die Hose unter die Matratze, drehte die Deckenbeleuchtung aus, knipste die Leselampe an und legte sich ins Bett.

Kollberg schrieb:

Über die betreffende Dame wäre folgendes zu sagen:
1. *Allgemeines:*
Sie war (wie Du schon weißt) 167 cm groß, hatte graublaue Augen und schwarzes Haar. Gesunde Zähne, keine Operationsnarben oder sonstige Merkmale am Körper, mit Ausnahme eines Muttermals hoch oben an der Innenseite des linken Schenkels, vier Finger breit von der Scheide entfernt. Es ist braun und von der Größe eines Zehn-Öre-Stückes, aber oval, etwa von der Form eines Käfers. Sie war (nach der persönlichen Auffassung des Obduzenten, wie ich telefonisch aus ihm herauspreßte) 27 oder 28 Jahre alt. Gewicht 56 Kilo.
2. *Rumpf und Gliedmaßen:*
Schmale Schultern, schmale Taille, breite Hüften und gut entwickeltes Gesäß. Die Maße müssen 82–58–94 gewesen sein. Schenkel kräftig und lang; Beine muskulös. Waden relativ kräftig, schlanke Fesseln. Die Füße gut geformt, mit langen, geraden Zehen. Schuhgröße 37. Keine Hühneraugen, aber Schwielen unter den Fußsohlen. Sie muß viel barfuß oder in Sandalen gelaufen sein. Haare an den Beinen nicht abrasiert, wahrscheinlich ging sie meist ohne Strümpfe. Beinstellung leicht defekt. Figur im allgemeinen etwas füllig, aber keineswegs dick. Schlanke Arme, kleine Hände, aber lange Finger. Nägel an Händen und Füßen kurz geschnitten und nicht lackiert.
3. *Hautfarbe:*
Körper und Gesicht sonnengebräunt. Sie muß sich in einem zweiteiligen Badeanzug und mit Sonnenbrille gesonnt haben. An den Füßen sind die Umrisse von Riemensandalen zu erkennen.
4. *Geschlechtsmerkmale:*
Das Geschlechtsorgan gut entwickelt mit kräftiger Schambehaarung. Die Brust klein und nicht sehr fest; Brustwarzen groß und dunkelbraun.
5. *Kopf:*
Etwas gedrungener Hals, kräftige Gesichtszüge, großer Mund mit vollen Lippen. Gerade, dicke, dunkle Augenbrauen mit helleren, kurzen Augenwimpern. Die Nase ge-

rade und kurz und ziemlich breit. Keine Spur von Kosmetik im Gesicht.
6. *Nachtrag aus dem Obduktionsbericht:*
Die Tote hatte nie ein Kind ausgetragen; auch keine Anzeichen für einen verübten Abort. Der Mord ist nicht in Zusammenhang mit einem konventionellen Beischlaf verübt worden. (Keine Spur von Sperma.)
Die letzte Mahlzeit, drei bis fünf Stunden vor ihrem Tod, hatte aus Fleisch, Kartoffeln, Erdbeeren und Milch bestanden. Es konnten keinerlei Krankheiten oder organische Veränderungen nachgewiesen werden. Sie war Nichtraucherin.
So, das wär's. Ich habe Wecken für sechs Uhr bestellt. Schlaf schön.

Martin Beck las Kollbergs Zusammenfassung zweimal durch, bevor er das Papier zusammenfaltete und auf den Nachttisch legte. Dann knipste er das Licht aus und drehte sich zur Wand.

Es wurde schon hell, als er endlich einschlief.

6

Die Wärme stand schon flimmernd über dem Asphalt, als sie aus Motala abfuhren. Es war noch früh am Morgen; eben und leer lag die Straße vor ihnen. Kollberg und Melander saßen vorn, Martin Beck hatte auf dem Rücksitz Platz genommen. Er hatte das Fenster heruntergedreht und ließ sich den Wind ins Gesicht blasen. Ihm war etwas übel, wahrscheinlich hatte er den Kaffee zu hastig in sich hineingeschüttet.

Kollberg fuhr. Schlecht und wenig zügig, dachte Martin Beck, aber entgegen seiner Gewohnheit redete er nicht. Melander starrte trübe durch das Seitenfenster und kaute auf seinem Pfeifenstil herum. Sie waren ungefähr eine Dreiviertelstunde schweigend gefahren, als Kollberg nach links hin nickte, wo ein See zwischen den Bäumen schimmerte.

«Roxen», sagte er. «Boren, Roxen, Glan. Das ist so ziemlich das einzige, an das ich mich noch aus der Penne erinnere.»

Die anderen sagten kein Wort.

In Linköping hielten sie vor einer Cafeteria. Martin Beck fühlte sich immer noch nicht ganz wohl und blieb im Auto, während die anderen drinnen frühstückten.

Anschließend besserte sich Melanders Stimmung etwas, und auf der Weiterfahrt wechselten die beiden Männer auf dem Vordersitz ein paar gelegentliche Sätze. Martin Beck hatte immer noch keine Lust zu reden.

In Stockholm angekommen, fuhr er direkt nach Hause. Seine Frau saß in Shorts auf dem Balkon und sonnte sich. Als sie die Tür gehen hörte, nahm sie den BH vom Balkongeländer und stand auf.

«Da bist du ja», begrüßte sie ihn. «Na, wie war's?»

«Nicht sehr aufregend. Wo sind die Kinder?»

«Die wollten zum Baden fahren. Du siehst aber blaß aus. Natürlich hast du nicht ordentlich gegessen. Ich werde dir ein Frühstück machen.»

«Ich bin bloß müde», sagte Martin Beck. «Ich will kein Frühstück.»

«Aber das ist im Augenblick gemacht. Setz dich doch.»

«Ich will kein Frühstück. Ich möchte eine Weile schlafen. Weck mich in einer Stunde.»

Die Uhr war Viertel nach neun.

Er ging ins Schlafzimmer. Als sie ihn weckte, war es ihm, als habe er gerade ein paar Minuten geschlafen. Die Uhr zeigte Viertel vor eins.

«Ich sagte doch, eine Stunde.»

«Du sahst so müde aus. Kommissar Hammar ist am Telefon.»

«Ach, verdammt...»

Eine Stunde später saß er im Zimmer seines Chefs.

«Seid ihr keinen Schritt weitergekommen?»

«Keinen. Wir wissen nicht, wer sie ist, nicht, wo die Tat begangen wurde, und schon gar nicht, von wem. Über den Zeitpunkt des Todes haben wir eine gewisse Vorstellung, aber das ist alles.»

Hammar saß vor seinem Schreibtisch und betrachtete mit gefurchten Augenbrauen seine Nägel. Er war fünfzehn Jahre älter als Martin Beck, dicklich, mit üppigem grauen Haar und kräftigen Augenbrauen. Er war ein guter Chef, ruhig, vielleicht etwas zu bedächtig, und sie kamen immer gut mit ihm aus.

Kommissar Hammar faltete die Hände und richtete den Blick auf Martin Beck. «Bleibe mit Motala in Verbindung. Vermutlich hast du recht mit deiner Annahme. Das Mädchen befand sich auf einer Urlaubsreise. Wenn wir damit rechnen, daß sie drei, vier Wochen wegbleiben wollte, kann es mindestens vierzehn Tage dauern, bis jemand sie vermißt. Aber gib mir auf jeden Fall deinen Bericht so bald wie möglich.»

«Du kriegst ihn heute nachmittag.»

Martin Beck ging in sein Dienstzimmer, nahm den Deckel von der Schreibmaschine, blätterte eine Weile in den Durchschlägen, die er von Ahlberg bekommen hatte, und machte sich dann an die Arbeit.

Um halb sechs klingelte das Telefon.

«Kommst du zum Essen nach Hause?»

«Es sieht nicht so aus.»

«Mein Gott, haben sie denn keinen anderen als dich», beschwerte sich seine Frau. «Mußt du denn alles allein tun? Schließlich hast du noch eine Familie. Die Kinder fragen nach dir.»

«Ich werde versuchen, um halb sieben zu Hause zu sein.»

Eineinhalb Stunden später war der Bericht fertig.

«Geh heim und schlaf dich mal richtig aus», sagte Hammar. «Du siehst abgespannt aus.»

Martin Beck war auch abgespannt. Für den Heimweg nahm er ein Taxi, aß zu Abend und ging ins Bett.

Er schlief sofort ein.

Um halb zwei in der Nacht wurde er vom Telefon geweckt.

«Hast du geschlafen? Tut mir leid, daß ich ich dich störe. Wollte nur sagen, daß jetzt alles in Ordnung ist. Er kam von allein.»

«Wer?»

«Holm, der Nachbar. Ihr Mann. Er ist völlig zusammengebrochen. Eifersucht. Komisch, nicht?»

«Wessen Nachbar? Wovon redest du denn?»

«Der Zicke in Storängen natürlich. Ich wollte es dir nur sagen, damit du nicht wachliegen und dir unnötig den Kopf zerbrechen mußt ... um Gottes willen, habe ich mich geirrt?»

«Ja.»

«Verdammt. Du warst ja gar nicht dabei. Das war Stenström. Entschuldige. Wir sehen uns morgen.»

«Nett, daß du angerufen hast», sagte Martin Beck säuerlich.

Er ging ins Bett zurück, konnte aber nicht einschlafen. Lag da und starrte an die Decke und lauschte dem leisen Schnarchen seiner Frau. Fühlte sich leer und verzweifelt.

Als die Sonne in das Zimmer zu scheinen begann, drehte er sich um und überlegte: Morgen rufe ich Ahlberg an.

Am nächsten Tag rief er bei Ahlberg an. Den ganzen nächsten Monat lang telefonierte er täglich mit ihm, aber keiner von ihnen hatte sonderlich viel zu sagen. Die Herkunft des Mädchens blieb nach wie vor ein Geheimnis. Die Zeitungen hörten auf, über den Fall zu schreiben, und Hammar erkundigte sich nicht mehr nach dem Stand der Dinge. Es trafen keine Vermißtenanzeigen ein, die ihm weiterhalfen. Es war beinahe, als ob sie nie existiert habe. Alle außer Martin Beck und Ahlberg schienen vergessen zu haben, daß sie sie jemals gesehen hatten.

Anfang August nahm Martin Beck eine Woche Urlaub und fuhr mit seiner Familie auf die Schäreninsel. Als er zurückkam, arbeitete er den Wust von Papieren auf, der sich auf seinem Schreibtisch gehäuft hatte. Er fühlte sich deprimiert und schlief schlecht.

Eines Nachts gegen Ende August lag er in seinem Bett und starrte in die Dunkelheit.

Ahlberg hatte noch spät am Abend angerufen. Er hatte im Stadthotel gesessen und schien etwas angeheitert. Sie hatten eine Weile über den Mord gesprochen, und bevor Ahlberg auflegte, hatte er gesagt: «Wer er auch ist und wo er sich auch aufhält, wir werden ihn schnappen.»

Martin Beck stand leise auf und ging barfuß ins Wohnzimmer. Er drehte die Lampe über dem Arbeitstisch an und blickte auf das Modell der *Danmark*. Er hatte immer noch die Masten zu setzen.

Er setzte sich an den Tisch und griff in die Schublade. In der Mappe lagen Kollbergs Beschreibung des Mädchens und die Abzüge der Bilder, die der Polizeifotograf von Motala vor zwei Monaten gemacht hatte. Obwohl er die Beschreibung fast auswendig kannte, las er sie langsam, sorgfältig durch und blickte lange auf die Bilder. Als er die Mappe zuschlug und das Licht löschte, dachte er: Wer sie auch ist und woher sie gekommen sein mag – wir werden es noch herausbekommen.

7

«Interpol? Na so was!» Kollberg sah Martin Beck über die Schulter. «Französisch, hm?»

«Ja. Es ist von der Polizei in Toulouse. Denen war ein Mädchen abhanden gekommen.»

«Französische Polizei!» knurrte Kollberg. «Hab ich auch mal mit zu tun gehabt... Vor ein paar Jahren war das: Ein Flittchen aus Djursholm war spurlos verschwunden. Ich hab via Interpol um Amtshilfe gebeten. Ein Vierteljahr lang passierte gar nichts; dann kommt da ein langer Brief von der Polizei in Paris – auf französisch natürlich. Ich geb ihn also zum Übersetzen. Am Tag darauf lese ich zufällig in der Zeitung, daß ein schwedischer Tourist das Mädel gefunden hat. Sie saß also in einem Café – wie heißt es bloß ... Ganz berühmter Laden. Das, wo all die schwedischen Amateurnutten sitzen ...»

«Le Dôme.»

«Genau. Da hockt sie also – mit irgendeinem Araber, mit dem sie zusammenwohnt. Seit -zig Wochen hat sie jeden Tag dort gesessen ... Na, und am Nachmittag krieg ich dann die Übersetzung. Es ist ausgeschlossen, steht da, daß sie sich gegenwärtig in Frankreich aufhält. Jedenfalls nicht lebendig. Normales Verschwinden wird immer innerhalb von zwei Wochen aufgeklärt; im vorliegenden Fall müsse man jedoch wohl leider mit einem Verbrechen rechnen ...»

Martin Beck faltete den Brief zusammen, faßte ihn mit dem Daumen und dem Zeigefinger der rechten Hand und ließ ihn in eine der Schreibtischschubladen segeln.

«Was schreiben Sie denn?» erkundigte sich Kollberg.

«Sie haben ihr Mädchen wieder. Die spanische Polizei hat sie vor einer Woche auf Mallorca gefunden.»

«Du liebe Güte – so viele Stempel und so viele komische Worte, um so wenig zu sagen.»

«Ja», sagte Martin Beck.

«Paß auf, dein Mädchen ist bestimmt eine Schwedin. Wie alle von Anfang an glaubten. Aber komisch ist es doch ...»

«Was?»

«Daß niemand sie vermißt, einerlei, wer sie war. Ich denke nämlich auch manchmal an sie.» Kollbergs Ton wurde härter. «So was kann einem richtig zusetzen. Es kann einen direkt wütend machen. Wie viele Nieten hast du inzwischen gezogen?»

«Mit dieser hier siebenundzwanzig.»

«Und das ist bestimmt nicht die letzte.»

«Sicher nicht.»

«Denk bloß nicht zu oft an diesen Mist.»

«Nein.»

Gutgemeinte Ratschläge zu geben ist ganz bestimmt seeliger, als sie anzunehmen, dachte Martin Beck. Er stand auf und ging ans Fenster.

«Ich muß jetzt wieder zu meinem Totschläger zurück», verkündete Kollberg. «Der frißt nur Stullen und grinst vor sich hin. Was es doch für Leute gibt! Zuerst trinken sie einen Liter Schnaps, dann gehen sie mit der Axt auf ihre Olle und die Kinder los. Danach versuchen sie das Haus anzustecken und sich mit einer Bügelsäge den Hals abzuschneiden und kommen dann heulend bei der Polizei an und beichten und meckern über das Essen. Heute nachmittag schicke ich ihn zum Psychiater. Ach, das ganze Leben ist beschissen.» Er stand auf und knallte die Tür hinter sich zu.

Die Bäume zwischen dem Polizeipräsidium und dem Kristineberg-Hotel hatten sich verfärbt und begannen langsam ihre Blätter zu verlieren. Der Himmel hing niedrig und mit grauen Regenvorhängen und sturmzerrissenen Wolken herunter. Man schrieb den 29. September. Der Herbst hatte endgültig und unwiderruflich seinen Einzug gehalten.

Martin Beck blickte mit Widerwillen auf seine halbgerauchte Florida und dachte an seine empfindlichen Bronchien und an den ersten Schnupfen des Winterhalbjahrs, der ihn nun programmgemäß befallen würde.

«Armes kleines Mädchen, wer bist du wohl», murmelte er vor sich hin.

Er war sich darüber klar, daß sich die Aussichten mit jedem Tag verringerten; vielleicht würde man überhaupt niemals feststellen, wer sie war. Geschweige denn, den Täter zur Strecke bringen. Die Frau, die draußen an der sonnenbeschienenen Mole auf der Persenning gelegen hatte, hatte wenigstens ein Gesicht und einen Körper und ein namenloses Grab. Der Mörder war ein Nichts, im Höchstfall eine schemenhafte Nebelgestalt. Aber Nebelgestalten haben keine Mordgelüste und keine scharfkantigen Werkzeuge. Keine Würgehände.

Martin Beck rief sich zur Ordnung: Wenn er die Hoffnung aufgab, konnte er den ganzen Fall auch gleich in die Schublade legen. Vergiß nicht, daß du drei der wertvollsten Eigenschaften besitzt, die ein Polizist haben kann, dachte er bei sich. Du bist hartnäckig und logisch. Und ruhig. Du läßt dich nicht aus der Fassung bringen, und du engagierst dich nur berufsmäßig, dann aber mit Haut und Haaren. Worte wie Scheußlichkeit und Bestialität gehören in die Zeitungen, nicht in deine Gedankenwelt. Mörder sind ganz gewöhnliche Menschen, nur noch unglücklicher und kontaktärmer.

Ahlberg hatte er seit jenem Abend im Stadthotel in Motala nicht mehr gesehen. Aber die beiden hatten oft miteinander telefoniert. Das letzte Mal in der vorigen Woche; er erinnerte sich noch an den Schlußsatz:

«Urlaub? Nicht bevor die Geschichte geklärt ist. Ich hab jetzt fast alles nachgeprüft, aber ich mach weiter. Und wenn ich den ganzen Borensee durchfiltern müßte.»

Ahlberg schien sich völlig in die Sache verbissen zu haben, dachte Martin Beck.

«Verdammt noch mal», murmelte er und schlug mit der Faust auf die Fensterbank.

Dann ging er zum Tisch zurück und setzte sich, schwenkte den Stuhl mit einer Viertelwendung nach links und starrte gleichgültig auf das Papier in der Schreibmaschine. Was hatte er nur in dem Augenblick schreiben wollen, als Kollberg den Brief anbrachte?

Sechs Stunden später zeigte die Uhr zwei Minuten vor fünf. Er hatte seine Jacke angezogen und dachte mit einem gewissen Grauen an die überfüllte U-Bahn, die er gleich besteigen sollte. Es regnete immer noch, und schon jetzt spürte er den muffigen Geruch nasser Mäntel. Er haßte U-Bahn-Fahren, und wenn er eingekeilt in der Menge stand, überfiel ihn regelmäßig eine Art Platzangst.

Eine Minute vor fünf erschien Stenström. Wie üblich, riß er, ohne anzuklopfen, die Tür auf. Es war irritierend, aber immerhin noch erträglicher als Melanders pickende Klopfsignale und Kollbergs ohrenbetäubendes Bullern.

«Hier ist eine Mitteilung an die Abteilung für entsprungene Mädchen. Bedanke dich dafür bei der amerikanischen Botschaft; die sind die einzigen, die sich noch darum kümmern.» Er studierte den hellroten Telexstreifen. «Lincoln, Nebraska. Woher kam die von neulich?»

«Aus Astoria, New York.»

«War das die, wo sie eine drei Seiten lange Personalbeschreibung durchgaben, aber anzugeben vergaßen, daß es sich um eine Farbige handelte?»

Martin Beck nickte.

Stenström gab ihm den Streifen und fügte hinzu: «Hier steht die Nummer von einem Kerl in der Botschaft. Du sollst ihn anrufen.»

Erfreut, die drohende Fahrt mit der U-Bahn noch etwas aufschieben zu können, nahm Martin Beck den Hörer hoch. Doch er kam zu spät. Das Botschaftspersonal war bereits nach Hause gegangen.

Der nächste Tag war ein Donnerstag, und das Wetter hatte sich noch verschlechtert. Die Morgenpost brachte eine verspätete Nachricht über eine fünfundzwanzigjährige Hausgehilfin von einem Ort, der Räng hieß und in Schonen zu liegen schien. Sie war nicht aus dem Urlaub zurückgekommen.

Während des Vormittags wurden redigierte Abschriften von Kollbergs Beschreibungen und die üblichen retuschierten Fotos losgeschickt, einmal an den Landsfiskal in Vellinge, zum anderen an einen gewissen Detective Lieutenant Elmer B. Kafka, Homicide Squad, Lincoln, Nebraska/USA.

Nach dem Lunch spürte Martin Beck ein Kratzen im Hals, und als er am Abend nach Hause kam, hatte er schon Schwierigkeiten mit dem Schlucken.

«Morgen muß die Kriminal-Staatspolizei eben ohne dich auskommen. Dafür werd ich schon sorgen», verkündete seine Frau.

Er öffnete schon den Mund, warf aber einen Blick auf das Kind und schloß ihn wieder, ohne etwas gesagt zu haben. Sie genoß ihren Triumph und fügte schnell hinzu:

«Die Nase ist ja völlig verstopft. Du schnappst nach Luft wie ein Barsch auf dem Trockenen.»

Er legte Messer und Gabel beiseite, murmelte sein «Mahlzeit» und machte sich daran, die Masten der *Danmark* aufzurichten. Langsam begannen sich seine Nerven zu beruhigen. Die Bastelei nahm seine ganze Aufmerksamkeit gefangen. Den Ton des Fernsehers im Zimmer nebenan hörte er vermutlich gar nicht, jedenfalls registrierte er ihn nicht. Als seine Tochter nach einer Weile ins Zimmer trat, mußte sie ihn zweimal anrufen, bis er überhaupt reagierte.

«Telefon für dich. Daß die Leute auch immer während der Perry Mason-Sendung anrufen müssen. Wirklich rücksichtslos.»

Verdammt, schon lange wollte er das Telefon umlegen lassen.

Höchste Zeit, die Erziehung seiner Kinder in die Hand zu nehmen. Die Frage war nur: Was sagt ein Mann zu einer dreizehnjährigen Tochter, die verrückt auf die Beatles ist und schon anfängt, einen Busen zu kriegen?

Leise ging er ins Wohnzimmer hinüber, warf einen Blick auf das verlebte Hundegesicht des Strafverteidigers, das gerade den ganzen Bildschirm ausfüllte, und zog die Telefonschnur mit hinaus auf den Flur.

«Hallo», sagte Ahlberg. «Du, ich glaube, ich bin auf etwas Wichtiges gestoßen.»

«Ja?»

«Erinnerst du dich daran, daß wir von den Kanalschiffen sprachen? Die im Sommer hier vorbeikommen, um halb eins und um vier?»

«Ja.»

«Ich habe in dieser Woche versucht, den Kleinboot- und den Lastverkehr zu kontrollieren. Es ist nahezu unmöglich, alle zu erfassen, die hier umherschleichen. Aber vor einer Stunde erwähnt da plötzlich einer der Kerle von der Ordnungspolizei, daß er im Sommer mitten in der Nacht ein Passagierschiff in westlicher Richtung an Platens Grab vorbeifahren sah. Wann, weiß er nicht mehr, und es war ihm auch gerade erst wieder eingefallen, weil ich danach fragte. Er hatte in der Gegend einige Nächte lang einen Spezialauftrag zu erfüllen. Das sieht höchst unwahrscheinlich aus, aber er schwört, daß es seine Richtigkeit hat. Er ist am Tag darauf in den Urlaub gegangen, und dann hat er es vergessen.»

«Erinnert er sich an den Namen des Schiffs?»

«Nein. Aber ich habe in Göteborg bei der Reederei angerufen und einer der Angestellten sagte, es könnte stimmen. Es müsse sich um die *Diana* handeln, und er gab mir die Adresse des Kapitäns.»

Martin wartete. Er hörte, wie Ahlberg ein Streichholz anzündete.

«Ich kriegte auch den Kapitän zu fassen. Der bestätigt es, obwohl er sich nur höchst ungern daran erinnert. Zuerst hätten sie drei Stunden wegen Nebels bei Hävringe festgelegen, und dann ist noch ein Dampfrohr im Motor geplatzt...»

«Maschinenschaden.»

«Was sagst du?»

«Maschinenschaden heißt das.»

«Na schön, den haben sie dann mehr als acht Stunden lang in Söderköping reparieren lassen. Das bedeutet, daß sie fast zwölf Stunden Verspätung hatten und Borenshult nach Mitternacht passierten. Sie legten weder in Motala noch in Vadstena an, sondern fuhren direkt nach Göteborg weiter.»

«Und wann war das? Weißt du das Datum?»

«Auf der zweiten Reise nach Mittsommer, sagte der Kapitän. Das heißt, in der Nacht vom 4. auf den 5. Juli.»

Keiner sprach ein Wort während der nächsten zehn Sekunden. Dann fuhr Ahlberg fort: «Vier Tage bevor wir sie fanden. Ich habe sofort noch mal die Reederei angerufen und die Zeiten verglichen. Sie wollten wissen, was das Ganze soll, und ich erkundigte mich, ob alle, die an Bord waren, ordnungsgemäß angekommen waren. ‹Wer sollte denn nicht angekommen sein?› wollten die wissen. ‹Das kann ich Ihnen leider auch nicht verraten›, sagte ich. Die glauben jetzt, ich hätte nicht alle Tassen im Schrank.»

Es wurde wieder still.

«Meinst du, das hat was zu bedeuten?» fragte Ahlberg schließlich.

«Keine Ahnung», entgegnete Martin Beck. «Möglich wär's. Du hast auf jeden Fall etwas Wichtiges herausgefunden.»

«Wenn alle Passagiere heil in Göteborg angekommen sind, sitzen wir wieder fest.» Aus Ahlbergs Stimme klang eine seltsame Mischung von Enttäuschung und bescheidenem Triumph.

«Wir müssen jeden kleinsten Hinweis nachprüfen», stellte Ahlberg fest.

«Das ist klar.»

«Also dann auf Wiedersehn.»

«Auf Wiedersehn. Ich ruf dich wieder an.»

Martin Beck blieb eine Weile mit der Hand auf dem Telefonhörer stehen, dann runzelte er die Stirn und ging wie ein Schlafwandler durch das Wohnzimmer zurück. Er zog die Tür vorsichtig hinter sich zu und setzte sich wieder an sein Schiffsmodell. Aber sein Interesse an der *Danmark* war erloschen. Er saß noch immer regungslos da, als seine Frau eine Stunde später ins Zimmer kam und ihn ins Bett jagte.

8

«Du siehst aber wirklich miserabel aus», sagte Kollberg.

Martin Beck fühlte sich auch miserabel. Er hatte Schnupfen und Halsweh, es schmerzte in den Ohren und rasselte in den Bronchien. Die Erkältung hatte programmäßig ihren Höhepunkt erreicht. Aber zu Hause hielt er es nicht aus – einmal wegen seiner Gedanken und dann auch wegen seiner Frau. Seit die Kinder ihr zu entwachsen begannen, hatte sie sich mit geradezu fanatischem Eifer in die Rolle der Hausmutter hineingelebt. Für sie waren seine regelmäßig wiederkehrenden Grippeanfälle zum Lebensinhalt geworden wie Geburtstage oder die großen Festtage.

Außerdem hatte sein Gewissen ihm aus irgendeinem Grund nicht erlaubt, zu Hause zu bleiben.

«Warum hängst du hier herum, wo du doch nicht gesund bist?»

«Mir fehlt nichts.»

«Denk nicht zuviel an diese Geschichte. Es ist ja nicht das erste Mal, daß wir Pech gehabt haben. Und auch nicht das letzte Mal, das weißt du ebenso gut wie ich. Wir werden dadurch weder besser noch schlechter. Ist das überhaupt ein erstrebenswertes Ziel? Ein guter Polizist zu sein?»

«Daran habe ich eigentlich gar nicht gedacht.»
«Grüble nicht soviel, das schadet nur der Moral.»
«Der Moral?»
«Ja, stell dir doch nur mal vor, an wieviel Scheiß man denkt, wenn man sich nur die Zeit dazu nimmt. Das Grübeln ist die Mutter der Ineffektivität.»

Nach diesem weisen Ausspruch verzog sich Kollberg.

Es wurde ein ereignisloser, trauriger Tag mit vielem Niesen, Spucken und grauer Routine. Zweimal hatte er in Motala angerufen – hauptsächlich, um Ahlberg aufzumuntern, der im Licht des neuen Tages eingesehen hatte, daß seine Erkundungsergebnisse nicht viel wert waren, solange sie sich nicht in Zusammenhang mit der Leiche im Schleusenbecken bringen ließen.

«Wenn man so lange ohne Ergebnis geschuftet hat, ist man geneigt, Dinge überzubewerten.» Ahlberg schien bedrückt und schuldbewußt, als er dies sagte. Es war geradezu herzergreifend.

Das verschwundene Mädchen aus Räng war immer noch verschwunden. Das interessierte ihn nicht. Sie war nämlich nur 1,55 m groß und hatte gebleichte Haare.

Als die Uhr fünf wurde, nahm er ein Taxi und fuhr nach Hause, stieg aber an der U-Bahn-Station aus und ging das letzte Stück zu Fuß. Er wollte der aufreibenden Debatte entgehen, die zweifellos folgen würde, wenn seine Frau ihn mit dem Wagen vorfahren sähe.

Er konnte nichts essen und schlürfte dafür eine Tasse Kamillentee in sich hinein. Nur zur Sicherheit, damit es mir nicht auch noch übel im Magen wird, dachte Martin Beck. Dann legte er sich ins Bett und schlief fast sofort ein.

Am nächsten Morgen fühlte er sich ein wenig besser. Mit stoischer Ruhe trank er einen Becher heißes Honigwasser und aß einen Zwieback. Die Diskussion über seinen Gesundheitszustand und über die unverständlichen Forderungen des Staates an seine Diener zog sich einige Zeit hin, und als er nach Kristineberg kam, war die Uhr schon Viertel nach zehn.

Auf seinem Schreibtisch lag ein Telegramm.

Eine Minute später betrat Martin Beck zum erstenmal während seiner acht Dienstjahre ohne anzuklopfen das Chefzimmer, obwohl die rote Besuchslampe leuchtete.

Kollberg, stets zur Stelle, hockte mit dem halben Hinterteil auf der Schreibtischkante und studierte die Ablichtung eines Wohnungsplans. Hammar saß wie üblich auf seinem Stuhl, den schweren Kopf in die Hände gestützt. Beide blickten erstaunt auf den Eintretenden.

«Ich hab ein Telegramm von Kafka.»

«Heute beginnt der Arbeitstag ja heiter», meinte Kollberg.

«Er heißt wirklich so. Kollege von der Kriminalpolizei in Lincoln in Amerika. Er hat die Frau aus Motala identifiziert.»

«Per Telegramm?» fragte Hammar verwundert.

«Scheint so.»

Er legte das Telegramm auf den Tisch.

Alle drei lasen den Text:

> THAT'S OUR GIRL ALL RIGHT. ROSEANNA MCGRAW,
> 27, LIBRARIAN. EXCHANGE OF FURTHER INFORMATIONS
> NECESSARY AS SOON AS POSSIBLE
> KAFKA, HOMICIDE

«Roseanna McGraw», sagte Hammar. «Bibliothekarin. Das hättet ihr nicht gedacht.»

«Ich hatte eine Theorie», gab Kollberg zu. «Danach kam sie aus Mjölby. Wo liegt denn Lincoln?»

«In Nebraska, irgendwo im Innern des Landes», sagte Martin Beck. «Glaube ich jedenfalls.»

Hammar las die Mitteilung noch einmal durch. «Nun können wir also wieder ganz von vorn anfangen», meinte er. «Aber jetzt sieht es schon etwas besser aus. Wie mag sie nur in Motala gelandet sein?» Er legte das Telegramm zurück.

«Wahrscheinlich werden wir brieflich bald mehr von ihm hören. Dies hier sagt nicht sonderlich viel.»

«Für den Anfang reicht's», sagte Kollberg. «Wir sind nicht verwöhnt.»

«Na, jedenfalls du und ich werden uns erst mal um diese Sache hier kümmern», entschied Hammar.

Martin Beck ging in sein Zimmer zurück und setzte sich an seinen Schreibtisch. Das erste beglückende Gefühl, einen entscheidenden Schritt weitergekommen zu sein, war verflogen. Es hatte drei Monate gedauert, eine Frage zu beantworten, die man sich in neunundneunzig von hundert Fällen gar nicht erst zu stellen brauchte. Die eigentliche Arbeit blieb noch zu tun.

Die Botschaft und der Landsfogd mußten warten. Er griff zum Telefon und wählte Ahlbergs Nummer.

«Ja?» sagte Ahlberg.

«Wir haben sie identifiziert.»

«Positiv?»

«Es scheint so. Eine Amerikanerin aus Lincoln in Nebraska. Schreibst du mit?»

«Natürlich.»

«Name: Roseanna McGraw. Ich buchstabiere: Rudolf – Olof – Sigurd – Erik – Adam – Niklas – Niklas – Adam. Neues Wort: groß: Martin – Cäsar – groß: Gustav – Rudolf – Adam – Wilhelm. Hast du?»

«Na sicher!»

«Sie war 27 Jahre und Bibliothekarin. Das ist alles, was ich im Augenblick weiß.»

«Wie hast du es herausbekommen?»

«Routine. Sie forschten ihr von drüben nach. Nicht über Interpol. Über die Botschaft.»

«Das Schiff», sagte Ahlberg.

«Was sagst du?»

«Das Schiff. Wie kommt eine amerikanische Touristin nach Motala, wenn nicht per Schiff? Vielleicht nicht gerade mit meinem Schiff, aber vielleicht auf irgendeiner Jacht. Es kommen eine ganze Reihe Jachten vorbei.»

«Wir wissen nicht, ob sie Touristin war.»

«Das ist richtig. Ich fange sofort an. Wenn sie jemanden hier am Ort kannte oder in der Stadt gewohnt hat, werde ich das innerhalb von 24 Stunden heraushaben.»

«Schön. Ich ruf an, sobald ich mehr weiß.»

Martin Beck beendete das Gespräch, indem er in den Hörer nieste. Als er sich entschuldigen wollte, hatte der andere schon aufgelegt.

Obwohl die Kopfschmerzen nicht weniger geworden waren und er einen Pfropfen im Ohr hatte, fühlte er sich bedeutend wohler. Er kam sich vor wie ein Langstreckenläufer eine Sekunde vor dem Start. Lediglich zwei Dinge beunruhigten ihn: Der Mörder hatte drei Monate Vorsprung. Und er selbst wußte nicht, in welche Richtung er rennen sollte.

Während sich sein Unterbewußtsein noch nicht ganz von dieser Vorstellung lösen konnte, legte sein Polizistengehirn schon den Arbeitsplan für die nächsten 48 Stunden fest. Er hatte keinerlei Zweifel, daß sich bald gewisse Ergebnisse einstellen würden. Das war ebenso sicher, wie der Sand im Stundenglas verrinnt.

Drei Monate lang hatte er auf diesen Augenblick gewartet, auf den Moment, an dem die Untersuchung endlich einsetzen sollte. Bisher war es, als ob er im Dunkeln mit den Füßen im Moor festsaß. Nun fühlte er den ersten festen Halt unter den Füßen.

Er rechnete nicht mit einem schnellen Ergebnis. Zweifellos würde es ihn mehr wundern, wenn Ahlberg herausfand, daß die Frau aus Lincoln in Motala gearbeitet oder bei Bekannten in der Stadt gewohnt oder sich überhaupt dort aufgehalten hatte, als wenn der Mörder durch die Tür hereintrat und schlüssiges Beweismaterial vor ihn auf den Tisch legte. Dagegen versprach er sich allerlei von den ergänzenden Auskünften aus den USA. Seine Gedanken formulierten schon die Fragen, die man dem Mann in Amerika übermitteln müßte. Er dachte auch an Ahlbergs starres Festhalten an seiner Theorie, daß die Frau per Schiff gekommen sei. Viel wahrscheinlicher war es, daß die Leiche im Auto zum Wasser hinuntergefahren worden war. Das Auto ist der neue Hausgott der Menschen; er muß beinahe alle Funktionen übernehmen. Auch illegale Leichentransporte.

Gleich danach dachte er an Detective Lieutenant Kafka, wie der Mann wohl aussehen mochte und ob seine Dienststelle wirklich so aussah, wie es immer im Fernsehen gezeigt wurde.

Er überlegte sich, wieviel Uhr es jetzt in Lincoln sein könnte, und wo die Frau gewohnt hatte, und ob sie vor ihrer Abreise die Möbel mit weißen Überzügen bedeckt hatte, und ob die Luft in den Zimmern stickig und schwer und voll von feinem Staub wäre.

Betroffen stellte er fest, daß seine geographischen Kenntnisse über Nordamerika recht verschwommen waren. Der Name Nebraska sagte ihm herzlich wenig, und wo Lincoln lag, wußte er schon gar nicht.

Nach dem Lunch ging er in die Bibliothek und warf einen Blick auf die Weltkarte. Bald hatte er Lincoln gefunden; die Stadt lag wirklich im Inland, so mitten in den USA, wie irgend etwas liegen kann. Vermutlich war es eine recht große Stadt, doch er fand keine Bücher mit sachlichen Angaben über nordamerikanische Städte. Mit Hilfe seines Taschenkalenders rechnete er sich die Zeitdifferenz aus. Sieben Stunden. Zu Hause bei dem Kollegen in Amerika war es jetzt also halb acht. Vermutlich lag Kafka noch im Bett und las seine Morgenzeitung.

Er blieb einige Minuten vor der Karte stehen, dann setzte er den Finger auf den stecknadelkopfgroßen schwarzen Punkt in der südostwärtigen Ecke des Staates Nebraska, ganz in der Nähe des 100. Längengrades westlich Greenwich und sagte vor sich hin:

«Roseanna McGraw.»

Er wiederholte den Namen noch ein paarmal, sozusagen um ihn in seinem Bewußtsein festzunageln.

Als er zurückkam, saß Kollberg am Schreibtisch; er war damit beschäftigt, seine Büroklammern zu einer unendlichen Kette aneinanderzuhaken.

Das Telefon klingelte, bevor einer der beiden Zeit fand, etwas zu sagen. Es war die Vermittlung.

«Die Tele-Zentrale meldet ein Gespräch aus den Vereinigten Staaten. Es kommt in etwa 30 Minuten. Können Sie es annehmen?»

Detective Lieutenant Kafka lag also nicht in seinem Bett und las Zeitung. Schon wieder eine übereilte Schlußfolgerung.

«Aus Amerika? Tatsächlich?» Kollberg war sichtlich beeindruckt.

Das Gespräch kam nach etwa einer Dreiviertelstunde. Zuerst ein verwirrendes Brausen, dann das Durcheinander verschiedener Telefonistinnen und endlich eine klare Stimme, überraschend deutlich.

«Yeah, Kafka speaking. That's you, Mr. Beck?»

«Yes.»

«You got my wire?»

«Yes. Thank you.»

«It's all clear, isn't it?»

«Is there not any doubt about that it is the right woman?»

«Du quatschst wie ein richtiger Amerikaner», sagte Kollberg dazwischen.

«Nope, Sir, that's Roseanna all right. I got her identified in less than one hour – thanks to your excellent description. I even doublechecked it. Gave it to her girlfriend and that ex-boyfriend of hers down in Omaha. Both were quite sure. All the same, I've mailed photographs and some other stuff for you.»

«When did she leave home?»

«Beginning of May. Her idea was to spend about two months in Europe. It was her first trip abroad. As far as I know she was travelling alone.»

«Do you know anything about her plans?»

«Not very much. In fact no one here does. I can give you one clue. She wrote a post-card from Norway to her girlfriend, telling that she was to stay one week in Sweden, then proceeding to Copenhagen.»

«Did she not write anything more?»

«*Well, she said something about boarding a Swedish ship. For some sort of a lake cruise through the country or something like that. That point was not very clear.*»

Martin Beck hielt den Atem an.

«*Mr. Beck, are you still there?*»

«*Yes.*»

Die Verbindung wurde schnell schlechter.

«*I understand she was murdered*», schrie Kafka. «*Did you get the guy?*»

«*Not yet.*»

«*I can't hear you ...*»

«*In a short time, I hope, not yet*», sagte Martin Beck.

«*You shot him?*»

«*I did what? No, no, not shot ...*»

«*Yeah, I hear, you shot the bastard*», brüllte der Mann auf der anderen Seite des Atlantiks. «*That's great. I'll give that to the papers here.*»

«*You are misunderstanding*», schrie Martin Beck.

Wie schwaches Flüstern durch das Ätherbrausen hörte er Kafkas letzte Antwort: «*Yeah, I understand perfectly well. I've got your name all right. So long. You'll be hearing from me. Well done, Martin.*»

Martin Beck legte auf. Während des ganzen Gesprächs hatte er gestanden. Er japste nach Luft; der Schweiß stand ihm auf der Stirn.

«Du hast ja mächtig gebrüllt», sagte Kollberg. «Noch ein bißchen lauter und er hätte dich auch ohne Telefon verstanden.»

«Gegen Schluß wurde die Verbindung schlechter. Jetzt glaubt er, ich hätte den Mörder erschossen, und will es gleich an die Presse weitergeben.»

«Großartig. Morgen bist du der Held des Tages dort drüben. Übermorgen wirst du Ehrenbürger, und zu Weihnachten schicken sie dir den Schlüssel der Stadt. Vergoldet. Schießeisen-Martin, der Rächer aus Bagarmossen. Die lieben Kollegen werden sich totlachen.»

Martin Beck schneuzte sich und wischte den Schweiß von der Stirn.

«Was sagte er denn sonst noch, dein Sheriff? Oder hat er sich nur darüber ausgelassen, wie tüchtig du bist?»

«Du bekommst ein ganz dickes Lob wegen deiner Personalbeschreibung. Ganz hervorragend, meinte er.»

«Und es bestehen keine Zweifel, daß sie es ist?»

«Ausgeschlossen. Er hat mit ihrer Freundin gesprochen und mit jemandem, mit dem sie wohl früher mal verlobt war oder so was.»

«Und weiter?»

«Sie ist Anfang Mai auf Urlaub gefahren. Zum erstenmal ins Ausland. Allein. Wollte zwei Monate in Europa verbringen. Aus Norwegen schickte sie eine Karte an die Freundin und schrieb, sie würde noch eine Woche in Schweden bleiben und dann nach Kopenhagen weiterfahren. Er sagte, daß er Bilder von ihr und noch einiges andere mit der Post geschickt hätte.»

«Ist das alles?»

Martin Beck trat ans Fenster und starrte hinaus. Dabei kaute er auf seinem Daumennagel herum. «Auf der Karte erwähnte sie etwas von einer Schiffsreise. Einer Kreuzfahrt auf den Binnenseen von Schweden.» Er wandte sich um und blickte seinen Kollegen an.

Der stets zum Flaxen aufgelegte Kollberg sah ausnahmsweise ernst aus. Nach einer Weile sagte er langsam: «Sie kam also mit dem Kanalschiff. Unser Freund in Motala hatte recht.»

«Es scheint so», stimmte Martin Beck zu.

9

Als Martin Beck auf den Platz vor der U-Bahn-Station Slussen hinaustrat, atmete er erst einmal tief ein. Die Fahrt in dem vollbesetzten Zug war ihm wie üblich schlecht bekommen.

Die Luft war klar, und von der Ostsee her wehte eine frische Brise. Er überquerte die Straße und kaufte sich ein Päckchen Zigaretten im Tabakgeschäft am Fuß von Katarinahissen, dem Aufzug zum Turm. Danach schlenderte er nach Skeppsbron, der Schiffsbrücke, blieb stehen, zündete sich eine Zigarette an und stützte die Ellbogen aufs Geländer. Ein englisches Kreuzfahrtenschiff lag außerhalb von Stadsgårdskajen, der Mole. Auf diese Entfernung konnte er den Namen nicht entziffern, erriet aber, daß es die *Devonia* sein mußte. Ein Schwarm Möwen stritt sich mit gellendem Kreischen um den Küchenabfall im Wasser. Er blickte eine Weile auf das Fahrzeug, dann ging er weiter zum Kai hinunter.

Auf einem Stapel Grubenholz saßen zwei Männer mit düsteren Gesichtern. Einer von ihnen versuchte eine Kippe in ein Holzmundstück hineinzufummeln, da ihm das nicht gelang, half sein Freund, dessen Hände etwas weniger zitterten. Martin Beck blickte auf seine Armbanduhr. Fünf vor neun. Die sind blank, dachte er, sonst würden sie um diese Zeit vor dem noch verschlossenen staatlichen Schnapsladen herumhängen.

Er kam an *Bore II* vorbei, die an der Kaimauer Ladung übernahm, und blieb auf dem Fußsteig gegenüber dem Hotel *Reisen* stehen. Es dauerte einige Minuten, bis es ihm gelang, durch die unendliche Autoschlange auf die andere Straßenseite zu gelangen.

Im Büro der Kanalreederei fragte er nach der Passagierliste der *Diana* für die Fahrt am 3. Juli von Stockholm nach Göteborg. Man bedauerte. Die Unterlagen befanden sich in Göteborg. Aber man würde sie ihm so bald wie möglich zuschicken. Besatzungsliste und Personalverzeichnis konnte er dagegen sofort haben. Als er ging, nahm er ein paar Broschüren mit, die er auf dem Weg nach Kristineberg durchlas.

Melander saß schon im Besuchersessel.

«Tag, der Herr», grüßte Martin Beck.

«Guten Tag», sagte Melander.

«Deine Pfeife stinkt. Bleib aber ruhig sitzen und verpeste mir die Luft. Oder hast du was Besonderes auf dem Herzen?»

«Pfeife rauchen ist gesünder als deine ollen Florida; davon kriegt man keinen Krebs. Hab ich jedenfalls sagen hören. Im übrigen bin ich im Dienst.»

«Dann kannst du dich gleich mal nach unserer Dame erkundigen. Beim American Express, Post, Postscheckamt, Telefon ... du weißt schon.»

«Mach ich. Wie war noch der genaue Name?»

Martin Beck schrieb den Namen auf einen Zettel; ROSÉANNA McGRAW, und schob ihn Melander hin.

«Merkwürdiger Name», sagte Melander. «Wie spricht man den denn aus?»

Als er gegangen war, öffnete Martin Beck das Fenster. Es war kühl. Der Wind riß an den Baumkronen und wirbelte das Laub umher. Nach einer Weile schloß er das Fenster wieder und hängte die Jacke über die Stuhllehne.

Er hob den Telefonhörer ab und wählte die Nummer der Meldestelle für Ausländer. Wenn sie sich im Hotel eingetragen hatte, müßte sie dort im Register zu finden sein. Eigentlich müßte sie sich dort überhaupt finden lassen. Er mußte ziemlich lange warten, bis jemand antwortete, und dann dauerte es weitere zehn Minuten, bis das Mädchen zurückkam. Sie hatte die Karte gefunden. Roseanna McGraw hatte in dem Hotel *Gillet* gewohnt, und zwar vom 30. Juni bis zum 2. Juli.

«Lassen Sie bitte eine Fotokopie machen», sagte Martin Beck.

Er drückte die Telefongabel herunter und wartete mit dem Hörer in der Hand auf das Abläuten. Dann bestellte er ein Taxi und zog sich die Jacke an. Das retuschierte Bild von Roseanna McGraw steckte er ein. Zehn Minuten später stieg er am Brunkebergstorg aus, dem Markt in der Innenstadt, bezahlte und steuerte auf die Glastür des Hotels zu.

In der Halle stand eine Gesellschaft von sechs Herren. Sie hatten Namensschilder am Rockaufschlag und redeten aufeinander ein. Der Portier sah unglücklich aus und fuchtelte unablässig bedauernd mit den Händen. Die Diskussion schien sich hinzuziehen, und Martin Beck setzte sich in einen der Sessel im Foyer. Er wartete, bis es dem Mann gelungen war, die Kongreßteilnehmer zufriedenzustellen und sie schließlich im Aufzug verschwunden waren; dann trat er an den Tisch.

Der Rezeptionschef blätterter mit stoischer Ruhe im Gästebuch. Endlich fand er den Namen. Er drehte das Buch um, so daß Martin Beck die Eintragung selber lesen konnte. Sie hatte den Namen mit deutlichen Großbuchstaben geschrieben. Geburtsort: DENVER COL. US. Heimatort: LINCOLN NEBR., letzter Aufenthaltsort: NEBR. US.

Martin Beck ging sämtliche Gäste durch, die sich um den 30. Juni herum eingetragen hatten. Über Roseanna McGraw standen die Namen von nicht weniger als acht Amerikanern. Alle außer den zwei obersten hatten als letzten Aufenthaltsort einen Ort in den USA angegeben. Die erste in der Reihe hieß Phyllis, der Rest des Namens war unleserlich. Sie hatte Nordkap, Schweden, als letzten Aufenthaltsort angegeben. Der nächstfolgende hatte Nordkap, Norwegen, in derselben Spalte eingetragen.

«War es eine Gesellschaftsreise?» fragte Martin Beck.

«Hm...» Mit schräggestelltem Kopf dachte der Mann nach. «Genau kann ich es nicht sagen, aber es ist sehr wahrscheinlich. Wir haben im Sommer viele amerikanische Gruppen bei uns. Die kommen mit dem Dollar-Zug aus Narvik.»

Martin Beck zeigte ihm das Foto, doch der Mann schüttelte den Kopf.

«Nein, bedaure... bei den vielen Gästen hier...»

Niemand hatte sie wiedererkannt, aber trotzdem war der Besuch in dem Hotel am Brunkebergstorg nicht ganz ergebnislos gewesen. Nun wußte er wenigstens, wo sie gewohnt hatte; er hatte ihren Namen im Hauptbuch gesehen und sogar ihr Hotelzimmer herausgefunden. Am 2. Juli hatte sie das Hotel verlassen.

Und dann? Wohin war sie dann gefahren, fragte er sich. Seine Schläfen klopften, und der Hals tat ihm weh. Wahrscheinlich hatte er auch Fieber.

Sie konnte das Kanalschiff genommen haben und am Abend vor der Abreise aus Stockholm schon an Bord gegangen sein. Das war gestattet, wie er aus der Broschüre der Reederei entnommen hatte. Langsam verstärkte sich seine Überzeugung, daß sie mit der *Diana* gereist war. Obwohl er bisher nichts gefunden hatte, was für diese Annahme sprach.

Wo bleibt Melander, dachte er und griff nach dem Telefon. Gerade als er die Nummer wählen wollte, ertönte das typische Picken an der Tür.

Melander blieb auf der Schwelle stehen.

«Fehlanzeige», berichtete er, «weder American Express noch Post, Postscheckamt oder Telefon. Niemand will von ihr gehört haben. Ich gehe nun essen, wenn du nichts dagegen hast.»

Martin Beck hatte nichts dagegen einzuwenden, und Melander verschwand.

Er rief in Motala an, aber Ahlberg war nicht zu erreichen.

Die Kopfschmerzen wurden immer schlimmer. Er suchte eine Weile nach Tabletten und ging schließlich hinauf zu Kollberg, um sich ein paar von ihm geben zu lassen. In der Tür bekam er einen heftigen Hustenanfall, der ihn eine ganze Weile außerstande setzte, etwas zu sagen.

Kollberg legte den Kopf schräg und blickte ihn bekümmert an. «Letzte Grüße aus Davos. Mann, die Kameliendame ist ja nichts gegen dich. Komm her, der Onkel Doktor wird dich mal anschauen.»

Er betrachtete Martin Beck durch sein Vergrößerungsglas. «Du gehörst ins Bett, und zwar schleunigst. Am besten mit einer Flasche Rum. Rumgrog, das ist das einzige, was hilft. Anschließend schläfst du und wachst frisch auf – wie neugeboren.»

«Was soll das alles? Im übrigen mag ich keinen Rum», sagte Martin Beck.

«Dann nimm Cognac. Laß Kafka ruhig meine Sorge sein. Läßt er von sich hören, werde ich mit ihm reden. Mein Englisch ist vorzüglich.»

«Der wird nicht von sich hören lassen. Hast du irgendein Kopfschmerzpulver?»

«Nein, aber du kannst eine Schokoladenpraline bekommen.»

Martin Beck ging in sein Zimmer zurück. Die Luft war verbraucht und stickig, aber er wagte nicht, das Fenster zu öffnen.

Ahlberg war immer noch nicht zurück, als er eine halbe Stunde später anrief. Er nahm sich die Besatzungsliste der *Diana* vor. Sie enthielt achtzehn Namen und Adressen aus verschiedenen Teilen des Landes. Sechs wohnten in Stockholm, und bei zwei Namen fehlte die Adresse. Zwei stammten aus Motala.

Um halb vier entschloß er sich, Kollbergs Rat zu befolgen. Er räumte seinen Schreibtisch auf und nahm Hut und Mantel.

Auf dem Heimweg ging er in eine Apotheke und kaufte eine Schachtel Magnecyl.

Er fand einen Rest Cognac in der Speisekammer, goß ihn in eine Tasse und nahm die Tasse mit ins Schlafzimmer. Als seine Frau eine Weile später mit der Infrarotlampe hereinkam, schlief er bereits.

Am nächsten Morgen wachte er zeitig auf, blieb aber noch bis Viertel vor acht im Bett. Dann stand er auf und zog sich an. Er fühlte sich bedeutend besser; die Kopfschmerzen waren verschwunden. Schlag neun öffnete er die Tür zu seinem Dienstzimmer. Auf dem Schreibtisch lag ein Briefumschlag mit rotem Eilbriefstreifen. Er riß ihn mit dem Zeigefinger auf, ohne sich erst Zeit zu nehmen, den Mantel abzulegen.

Der Briefumschlag enthielt die Passagierliste.

Sein Blick blieb sofort auf ihrem Namen haften: McGraw, R., Miss, USA. Einzelkabine A 7.

10

«Ich wußte, daß ich recht hatte», sagte Ahlberg. «Ich habe es gefühlt. Wie viele Passagiere waren auf dem Schiff?»

«Achtundsechzig laut Liste», sagte Martin Beck und malte die Zahlen auf dem Papier vor ihm mit dem Kugelschreiber nach.

«Haben wir auch die Adressen?»

«Nein, nur die Nationalität. Das wird eine Teufelsarbeit werden, alle diese Leute aufzuspüren. Einige kann man natürlich streichen. Kinder und alte Tanten beispielsweise. Außerdem müssen wir Personal und Besatzung unter die Lupe nehmen. Das sind zusätzlich achtzehn Personen, aber deren Adressen habe ich hier.»

«Du sagst, Kafka sei der Meinung, sie sei allein gereist. Glaubst du das auch?»

«Es sieht so aus. Im Hotel hatte sie ein Einzelzimmer und an Bord eine Einzelkabine. Dem Decksplan zufolge liegt sie auf dem Mitteldeck ganz am Ende.»

«Ich muß zugeben, daß mir das recht wenig sagt», sagte Ahlberg. «Obwohl ich diese Schiffe in jedem Sommer mehrmals in der Woche sehe, weiß ich wirklich nicht, wie sie genau aussehen. Ich bin noch nie auf einem der Boote gewesen. Alle drei sehen doch fast gleich aus.»

«Ganz genau gleich sind die natürlich nicht. Ich meine, wir sollten versuchen, uns die *Diana* mal anzusehen. Ich werde feststellen, wo sie zur Zeit liegt», sagte Martin Beck.

Er berichtete über den Besuch im Hotel *Gillet*, gab Ahlberg die Adressen des Steuermanns und des Chiefs, die beide in Motala wohnten, und versprach, wieder anzurufen, wenn er festgestellt hatte, wo sich die *Diana* zur Zeit befand.

Anschließend ging er mit der Passagierliste zu seinem Chef.

Hammar beglückwünschte ihn zu dem Fortschritt und riet ihm, sich das Schiff so bald wie möglich anzusehen. Kollberg und Melander konnten sich der Passagierliste annehmen.

Melander schien wenig begeistert von der Aufgabe, Adressen von siebenundsechzig unbekannten Menschen aufzuspüren, die über die ganze Welt verstreut waren. Mit einer Kopie der Liste saß er in Martin Becks Zimmer und stellte eine hastige Rechnung auf: «Fünfzehn Schweden, davon fünf Anderssons, drei Johanssons und drei Peterssons. Sieht ja vielversprechend aus. Einundzwanzig Amerikaner. Minus eins also. Zwölf Deutsche, vier Dänen, vier Engländer, ein Schotte, zwei Franzosen, zwei Südafrikaner – die kann man vielleicht mit Urwaldtrommeln ausfindig machen –, fünf Holländer und zwei Türken.»

Er klopfte seine Pfeife im Papierkorb aus und steckte das Papier in die Tasche. «Türken ... Auf dem Götakanal ...» murmelte er und verließ das Zimmer.

Martin Beck rief die Reederei an. Die *Diana* lag in Bohus, einem Ort am Göta-älv, ungefähr zwei Meilen von Göteborg entfernt. Ein Mann vom Büro in Göteborg werde ihn dort erwarten und ihm das Schiff zeigen.

Er rief Ahlberg an und meldete sich bei ihm an. Dann konnten sie am nächsten Morgen nach Bohus weiterfahren.

Ausnahmsweise fuhr er nicht während des Berufsverkehrs nach Hause, und der U-Bahn-Wagen war beinahe leer.

Seine Frau hatte angefangen einzusehen, wie wichtig dieser Fall für ihn zu sein schien, und protestierte nur schwach, als er ihr erzählte, daß er wieder verreisen müsse. Murrend packte sie seinen Koffer, aber Martin Beck tat so, als ob er ihre demonstrative schlechte Laune gar nicht bemerkte. Er küßte sie flüchtig auf die Wange und verließ die Wohnung eine ganze Stunde vor Abfahrt des Zuges.

Ahlberg stand mit seinem Wagen vor dem Bahnhof, als Martin Beck fünf Stunden später in Motala eintraf.

«Wenn du willst, kannst du bei uns schlafen», sagte Ahlberg. «Die Couch ist ganz bequem.»

Sie unterhielten sich nur über das eine Thema und schlugen sich die halbe Nacht um die Ohren; als der Wecker am anderen Morgen klingelte, war keiner der beiden ausgeschlafen. Ahlberg rief die kriminaltechnische Anstalt in Göteborg an, und man versprach ihm, zwei Mann nach Bohus zu schicken. Dann gingen sie hinunter zum Wagen.

Der Morgen war grau und kalt; als sie eine Weile gefahren waren, setzte ein leichter Nieselregen ein.

«Hast du den Steuermann und den Chief zu fassen gekriegt?» erkundigte sich Martin Beck nach einer Weile.

«Nur den Chief», sagte Ahlberg. «Ein komischer Typ. Jedes Wort mußte ich aus ihm herauspressen. Auf jeden Fall hat er nur wenig mit den Passagieren zu tun gehabt. Er hat nichts gehört oder gesehen, was mit dem Mord in Zusammenhang gebracht werden kann, und gerade auf dieser Reise war er voll und ganz beschäftigt, wegen dieses Motor ... Verzeihung, Maschinenschadens. Seine Laune wurde schlecht, als ich ihn auf die fragliche Reise ansprach. Aber er erwähnte, daß er zwei Burschen als Hilfskräfte hatte, und die beiden hatten gleich nach der letzten Reise der *Diana* auf einem Schiff angeheuert, das nach England und Deutschland fährt.»

«Macht nichts», sagte Martin Beck, «die werden wir schon über die Reederei zu fassen kriegen.»

Der Regen nahm zu, und als sie nach Bohus kamen, goß es in Strömen. Von dem Ort sahen sie nicht viel, da der Regen die Sicht behinderte, aber er wirkte recht unbedeutend, mit einigen Fabriken und einer Bebauung, die sich am Fluß entlang hinzog. Sie fanden einen

Weg zum Flußufer, und nachdem sie langsam ein Stück gefahren waren, entdeckten sie die Schiffe. Sie sahen verlassen und spukhaft aus, und erst als sie ganz dicht am Anleger waren, konnten sie die Namen, die in schwarzen Buchstaben auf den Rumpf gemalt waren, unterscheiden.

Sie blieben im Auto sitzen und sahen sich nach dem Mann von der Reederei um.

Kein Mensch war in Sichtweite. Aber ein Stückchen weiter parkte ein Wagen. Als sie auf ihn zufuhren, sahen sie, daß der Mann hinter dem Steuerrad in ihre Richtung blickte.

Ahlberg lenkte seinen Wagen dicht neben den anderen. Der Mann kurbelte das Seitenfenster herunter und rief etwas.

Durch das Rauschen des Regens konnten sie ihre Namen verstehen. Martin Beck nickte bejahend, während er ebenfalls seine Scheibe herunterdrehte.

Der Herr machte den Vorschlag, trotz des Regens sofort an Bord zu gehen.

Sie stiegen alle aus, und der Mann ging ihnen voraus auf die *Diana* zu. Er war klein und untersetzt und gelangte nicht ohne Schwierigkeiten über die Reling; im Schutz der Brücke wartete er auf Martin Beck und Ahlberg, die hinterherkletterten.

Der kleine Mann schloß eine Tür auf der Steuerbordseite auf und führte sie in eine Art Garderobe. Auf der anderen Seite befand sich eine Tür, die hinaus aufs Backbord-Promenadendeck ging. Rechter Hand waren zwei Glastüren zum Speisesaal und zwischen den Türen ein großer Spiegel. Direkt davor führte eine steile Treppe nach unten. Sie stiegen zwei Treppen tiefer auf das sogenannte Unterdeck. Hier lagen vier große Kabinen und ein Gesellschaftsraum mit buntbezogenen Sofas an der Wand. Der kleine Mann zeigte, wie man die Sofas mit einem Vorhang abschirmen konnte.

«Wenn wir Deckspassagiere haben, dürfen sie hier schlafen», erklärte er.

Sie kletterten eine Treppe hinauf zum nächsten Deck. Dort befanden sich die Kabinen für Passagiere und Besatzung, Toiletten und Badezimmer. Der Speisesaal lag im Zwischendeck. Er hatte sechs runde Tische mit Platz für je sechs Personen, ein Büfett an der Achterluke und einen kleinen Bedienungsraum mit Essenaufzug zur Küche unten.

Auf der anderen Seite der Garderobe lag ein Lese- und Schreibsalon mit großen Fenstern und Aussicht nach vorn.

Als sie aufs Promenadendeck hinauskamen, hatte der Regen fast aufgehört. Sie gingen nach achtern. Auf der Steuerbordseite lagen drei Türen, die erste führte zum Bedienungsraum, die beiden anderen zu Kabinen. Nach achtern war eine Leiter zu Oberdeck und Kommandobrücke. Neben der Leiter lag Roseanna McGraws Kabine.

Die Kabinentür wies genau nach achtern. Der Mann öffnete sie und ließ die beiden eintreten.

Die Kabine war fensterlos und maß etwa 3 mal 1,50 m. Die Rückseiten des Bettes konnten aufgeklappt und in ein Etagenbett verwandelt werden. In einer Ecke befand sich eine Art Waschkommode; der untere Teil mit Wäschefächern, darüber das Becken, das mit einem Mahagonideckel geschlossen werden konnte. Darüber an der Wand ein spiegelverziertes Schränkchen für Glas und Toilettensachen. Unter dem Bett war Platz für die Koffer. Zwischen Fußende und Wand waren einige Kleiderhaken befestigt.

Für drei Personen war eigentlich kein Platz in dem kleinen Raum – das sah der Mann von der Reederei auch schnell ein. Er ging hinaus und setzte sich auf eine Kiste für Schwimmwesten. Mit gerunzelter Stirn blickte er auf seine lehmigen Schuhe, die ein ganzes Stück über dem Deck baumelten.

Martin Beck und Ahlberg nahmen sich die kleine Kabine vor. Es war mehr Routinesache – der Raum war inzwischen unzählige Male gereinigt worden, und sie bildeten sich nicht ein, noch irgendwelche direkten Beweise für Roseannas Anwesenheit zu finden. Ahlberg legte sich vorsichtig aufs Bett und stellte fest, daß es für einen erwachsenen Menschen reichlich schmal war.

Sie ließen die Kabinentür offen, gingen hinaus und setzten sich neben den Mann auf der Schwimmwestenkiste.

Schweigend saßen sie dort und blickten auf das Wasser. Plötzlich sahen sie, wie ein großes schwarzes Auto auf dem Kai neben dem Schiff hielt. Es waren die Leute von Göteborg; sie trugen eine große Tasche und machten sich sofort an die Arbeit.

Ahlberg stieß Martin Beck an und nickte zur Leiter hin. Sie kletterten hinauf zum Oberdeck. Dort waren zwei Rettungsboote auf jeder Seite des Schornsteins, ein paar Schränke für Decksstühle und Wolldecken, aber sonst war das Deck leer. Auf dem Brückendeck lagen zwei Passagierkabinen, eine Vorratskammer und die Kapitänskabine hinter dem Ruderhaus.

Neben der Leiter blieb Martin Beck stehen und nahm den Kabinenplan zur Hand, den er in der Reederei bekommen hatte. Mit diesem

Wegweiser ging er noch einmal durch das ganze Schiff. Als sie zum achterlichen Zwischendeck zurückkamen, saß der kleine Mann immer noch auf seiner Kiste und betrachtete betrübt die beiden Göteborger Kriminalbeamten, die in der Kabine auf Knien lagen und dabei waren, den Fußbodenbelag zu lockern.

Die Uhr war nach zwei, als das große schwarze Polizeiauto, eine spritzende Lehmfontäne hinter sich lassend, in Richtung Göteborg verschwand. Die Kriminaltechniker hatten alles Bewegliche – was herzlich wenig war – aus der Kabine mitgenommen. Es würde wohl nicht lange dauern, bis das Ergebnis der Analyse vorlag.

Martin Beck und Ahlberg dankten dem Mann von der Reederei. Mit übertriebenem Enthusiasmus schüttelte dieser ihnen die Hand; ganz offensichtlich dankbar, endlich davonzukommen. Als sein Auto um die nächste Kurve verschwunden war, sagte Ahlberg: «Ich bin müde und verdammt hungrig. Wir fahren am besten nach Göteborg und bleiben dort über Nacht. Einverstanden?»

Eine halbe Stunde später parkten sie vor einem Hotel auf Postgatan, der Poststraße. Sie gingen jeder in ihr Zimmer, ruhten sich eine Stunde aus und gingen dann zum Abendessen. Dabei erzählte Martin Beck von seinem Segelboot und Ahlberg von einer Reise zu den Färöern.

Keiner von ihnen erwähnte Roseanna McGraw.

11

Um von Göteborg nach Motala zu kommen, nimmt man am besten die Straße 40 – über Borås und Ulricehamn nach Jönköping. Dort biegt man nach Norden auf die Europastraße 4 bis Ödeshög, dann weiter die Straße 50, vorbei an Tåkern und Vadstena, und dann ist man da. Die Entfernung beträgt rund 270 Kilometer, und an diesem Morgen schaffte es Ahlberg in genau drei Stunden.

Sie waren im ersten Morgengrauen gegen halb sechs abgefahren, während Reinigungsmaschinen, Zeitungsfrauen und einsame Polizisten noch das Feld der regenblanken Straßen beherrschten. Beide waren schweigsam und hingen ihren Gedanken nach. Erst hinter Hindås räusperte sich Ahlberg: «Glaubst du wirklich, daß es da drin passiert ist? In dieser engen Koje?»

«Wo denn sonst?»

«Wo die nächsten Mitreisenden nur ein paar Handbreit davon entfernt waren, praktisch Wand an Wand mit ihr?»

«Getrennt durch das Schott.»

«Was sagst du?»

«Das Schott war dazwischen, nicht die Wand.»

«Na wenn schon», meine Ahlberg.

Eine Meile später sagte Martin Beck: «Vielleicht gerade deshalb.»

«Ja, um zu verhindern, daß sie schreit.»

«Eben.»

«Aber wie konnte er sie denn hindern? Er muß ... hat sich viel Zeit genommen.»

«Scheußliche Vorstellung.»

Beide Männer schwiegen.

Beide dachten an die kleine Kabine mit ihrer spartanischen Einrichtung. Beide malten sich in der Phantasie das Nichtgesagte aus, und beide litten unter ihrer Hilflosigkeit. Sie suchten in den Taschen nach Zigaretten und rauchten schweigend.

Martin Beck blickte hinaus auf eine Bucht des Sees Åsunden und dachte an Sten Sture, der dort unten auf seiner Bahre gelegen hatte. Schneeflocken wehten in seine Wunden, aber er schuf unsterbliche Aphorismen über den Tod, wachsbleich, sanft und milde, während er verblutete.

Als sie in Ulricehamn einfuhren, sagte er: «Einige der Verletzungen kann er ihr zugefügt haben, als sie schon tot oder zumindest bewußtlos war. Im Obduktionsbefund steht nichts Gegenteiliges. Eher umgekehrt.»

Ahlberg nickte. Ohne daß sie darüber zu sprechen brauchten, wußten sie, daß dieser Gedankengang für beide etwas Tröstliches hatte.

In Jönköping hielten sie an einer Cafeteria und tranken Kaffee. Martin Beck bekam wie üblich Magenschmerzen davon, aber gleichzeitig fühlte er sich etwas frischer.

Bei Gränna sprach Ahlberg aus, was beide während der letzten Stunden gedacht hatten:

«Wir kennen sie nicht.»

«Nein», stimmte Martin Beck zu, ohne den Blick von dem diesigen und trotzdem hübschen Ausblick auf Per Brahes Visingsö zu lösen.

«Man weiß viel zu wenig über sie. Wer sie war ... Ich meine ...»

Er schwieg.

«Ich weiß, was du meinst.»

«Was hat sie für einen Lebenswandel geführt? Was für Männer bevorzugte sie? All dies.»

«Genau.»

Die Frau auf der Persenning hatte jetzt einen Namen und eine Adresse und einen Beruf bekommen. Aber mehr nicht.

«Glaubst du, die Leute von Göteborg finden etwas?»

«Noch brauchen wir die Hoffnung nicht aufzugeben.»

Ahlberg warf ihm einen kurzen Blick zu. Natürlich, es war eine dumme Frage gewesen. Was konnten sie schon von der technischen Untersuchung erhoffen? Wenn sie Glück hatten, widerlegte sie ihre Annahme nicht, daß der Mord tatsächlich in der Kabine Nr. A 7 begangen wurde. Nach der betreffenden Fahrt war die *Diana* noch vierundzwanzigmal zwischen Stockholm und Göteborg hin und her gefahren. Das bedeutete, daß die Kabine ebenso viele Male gründlich gereinigt worden war, daß die Bettwäsche, die Handtücher und andere Sachen, die sich dort befanden, immer wieder gereinigt und ausgewechselt worden waren. Es bedeutete weiter, daß nach Roseanna McGraw etwa dreißig bis vierzig Personen in der Kabine genächtigt hatten, die alle ihre Spuren hinterlassen hatten.

«Bleibt nur die Zeugenvernehmung», sagte Ahlberg.

«Ja.»

Fünfundachtzig Menschen, von denen einer vermutlich schuldig war und die übrigen vierundachtzig alle kleine Steinchen in dem großen Rätselspiel. Fünfundachtzig Menschen, verteilt über vier verschiedene Erdteile. Schon sie aufzuspüren war eine Sisyphusarbeit. Wie es möglich sein sollte, sie zu verhören und das Berichtmaterial zusammenzustellen, daran wagte er nicht zu denken.

«Und Roseanna McGraw», sagte Ahlberg.

«Ja», sagte Martin Beck. Und nach einer Weile: «Ich sehe nur eine Möglichkeit ...»

«Über den Kerl in Amerika?»

«Ja.»

«Wie heißt er noch?»

«Kafka.»

«Seltsamer Name. Was für einen Eindruck macht er eigentlich?»

Martin Beck dachte an das absurde Telefongespräch vor einigen Tagen, und zum erstenmal an diesem düsteren Tag verzog sich sein Mund zu einem schwachen Lächeln. «Schwer zu sagen», meinte er.

Halbwegs zwischen Vadstena und Motala sagte Martin Beck, mehr zu sich selbst: «Reisetaschen, Kleider, Toilettengegenstände, Zahnbürste, Souvenirs, die sie gekauft hatte. Der Paß, Geld, Reiseschecks.»

Ahlberg preßte die Hände fest um das Steuerrad und starrte wütend auf den Fernlaster, hinter dem sie schon seit 20 Kilometern hingen.

«Ich werde den Kanal absuchen lassen», knurrte Ahlberg. «Zuerst zwischen Borenshult und dem Hafen, dann auf der Ostseite des Borensees. Die Schleusen sind schon klar, aber ...»

«Der Vätternsee?»

«Ja. Und da haben wir fast keine Chance. Wenn nur nicht der Bagger alles draußen im Borensee begraben hätte. Bisweilen träume ich von dieser verteufelten Maschine, und ich wache mitten in der Nacht auf, fahre im Bett hoch und fluche. Meine Frau hält mich schon für übergeschnappt ...»

«Armer Kerl», sagte Ahlberg und hielt vor dem Polizeigebäude.

Martin Beck streifte ihn mit einem Blick, der etwas Neid, Mißtrauen und Respekt verriet.

Zehn Minuten später saß Ahlberg an seinem Schreibtisch, wie üblich in Hemdsärmeln, und sprach mit Göteborg. Zwischendurch kam Larsson ins Zimmer, begrüßte sie und hob fragend die Augenbrauen. Ahlberg legte den Hörer auf.

«Einige Blutspritzer auf der Matratze und dem Fußbodenbelag. Vierzehn im ganzen. Sie analysieren sie gerade.»

Mit dieser Entdeckung bestätigte sich ihre Theorie, daß der Mord in der Kabine Nr. A 7 begangen wurde.

Der Kommissar bemerkte ihre Erleichterung nicht. Die Ebene, auf der ihre wortlose Verständigung vor sich ging, war ihm fremd. Wieder hob er die Augenbrauen und fragte: «War das alles?»

«Einige alte Fingerabdrücke», berichtete Ahlberg. «Nicht sehr viele. Es wird dort gründlich saubergemacht.»

«Der Landsfogd ist auf dem Weg hierher», erklärte Larsson.

«Er ist uns natürlich willkommen», bemerkte Ahlberg.

«Das fehlte ja noch, wenn's anders wäre», sagte Larsson.

Martin Beck fuhr um 17 Uhr 20 nach Hause, über Mjölby. Die Reise dauerte viereinhalb Stunden, und während der Fahrt setzte er den Brief nach Amerika auf. Bei seiner Ankunft in Stockholm hatte er ihn so gut wie fertig. Ein Meisterwerk war es nicht geworden, aber das half nichts. Um Zeit zu sparen, nahm er ein Taxi nach Nikolai, ließ sich ein Vernehmungszimmer geben und schrieb den Brief gleich in die Maschine. Während er ihn durchlas, hörte er, wie aus dem Haftlokal nebenan ein paar Betrunkene grölten und fluchten, und ein Konstabler sagte: «Nur ruhig, Jungs. Nur ruhig.»

Zum erstenmal seit langem mußte er an seine eigene Zeit als Streifenpolizist denken. Wie hatte er damals diese trüben Sonnabende verabscheut.

Um Viertel vor elf stand er vor dem Postamt 1 in Vasagatan. Der Deckel des Briefkastens fiel mit einem Klack herunter.

Er schlenderte südwärts im Nieselregen davon, vorbei am *Continental* und dem neuen Superwarenhaus. Auf der Rolltreppe hinunter zum Bahnhof gingen seine Gedanken zu Kafka. Ob dieser Mann, den er nicht kannte, wohl wirklich begriff, was er meinte?

Martin Beck war müde, und bereits bei der Station Slussen war er eingeschlummert; da er sowieso bis zur Endstation fuhr, konnte er ruhig schlafen.

12

Zehn Tage später am Morgen. Auf Martin Becks Schreibtisch lag der Antwortbrief aus Amerika. Er sah ihn sofort, schon bevor er Zeit gefunden hatte, die Tür hinter sich zu schließen. Während er den Mantel aufhängte, fiel sein Blick auf sein eigenes Gesicht im Spiegel neben dem Türpfosten. Es war ganz farblos mit dunklen Rändern unter den Augen, die nicht mehr von der Grippe herrührten, sondern vom Schlafmangel. Er riß den großen braunen Briefumschlag auf und entnahm ihm zwei Vernehmungsprotokolle, einen maschinengeschriebenen Brief und einen Zettel mit biographischen Daten. Er blätterte neugierig die Bogen durch, widerstand aber dem Impuls, sofort mit dem Lesen zu beginnen. Statt dessen ging er ins Sekretariat und bat um eine Blitzübersetzung mit drei Durchschlägen.

Anschließend ging er die Treppe hinauf und öffnete die Tür zu Kollbergs und Melanders Dienstzimmer. Mit dem Rücken gegeneinander saßen die beiden an ihren Schreibtischen und arbeiteten.

«Habt ihr die Möbel umgestellt?»

«Die einzige Möglichkeit, es noch auszuhalten», sagte Kollberg. Auch er war blaß und hatte rotumränderte Augen. Der unerschütterliche Melander sah aus wie immer.

Vor Kollberg lag ein Bericht auf gelbem Durchschlagpapier. Den

Zeilen mit dem Finger folgend, berichtete er: «Hier teilt also Frau Liselotte Jensen, 61 Jahre, der dänischen Polizei in Vejle mit, daß es eine reizende Reise war, daß das große kalte Büfett ebenfalls reizend war. Es regnete einen ganzen Tag und eine ganze Nacht, und daß das Schiff etwas Verspätung hatte und daß sie in der Nacht, als es regnete, draußen auf einem See seekrank geworden sei. Das war die zweite Nacht. Die Reise war trotzdem bezaubernd, und alle Mitpassagiere waren so nett.

An das niedliche Mädchen auf dem Foto kann sie sich überhaupt nicht erinnern. Auf jeden Fall saß es nicht am selben Tisch, aber der Kapitän war bezaubernd, und ihr Mann bedauerte nur, daß man das viele gute Essen nicht aufessen konnte. Das Wetter war reizend, außer wenn es regnete. Sie wußten nicht, daß Schweden so hübsch sein könne. – Das wußte ich nebenbei auch nicht. – Und die meisten Abende hätten sie mit den bezaubernden Südafrikanern, Herrn und Frau Hoyt aus Durban, Bridge gespielt. Nur waren die Kojen etwas klein, und am zweiten Abend – hier haben wir etwas – saß da ein großer, häßlicher Eddekop im Bett. Ihr Mann hatte alle Mühe, ihn aus der Kajüte herauszukriegen. – Endlich. Bedeutet Eddekop vielleicht Lustmörder?»

«Spinne», sagte Melander, ohne die Pfeife aus dem Mund zu nehmen.

«Ich liebe die Dänen. Diese haben also nichts Ungewöhnliches gemerkt, gesehen oder gehört, und schließlich schreibt der Polizeibeamte Toft in Vejle, der die Vernehmung geleitet hat, in der Zeugenaussage des netten alten Paares finde sich kaum etwas, was uns bei unserem Fall weiterhelfen könne. Die Logik dieser Schlußfolgerung ist geradezu überwältigend.»

«Laß mal sehen», murmelte Melander vor sich hin.

«Es lebe unser Brudervolk», sagte Kollberg.

Martin Beck stand gebeugt an der Schreibmaschine und wühlte in den Papieren. Dabei murmelte er etwas Unverständliches. Nach zehntägiger Arbeit war es ihm gelungen, zwei Drittel der Personen, die sich an Bord der *Diana* befunden hatten, zu lokalisieren. Mit etwa vierzig hatten sie Kontakt aufgenommen, und in dreiundzwanzig Fällen verfügten sie bereits über regelrechte Vernehmungsprotokolle. Im ganzen aber war das Ergebnis mager. Von denen, die man bisher gehört hatte, konnte keiner mehr über Roseanna aussagen, als daß man sich vage erinnerte, sie flüchtig während der Reise an Bord gesehen zu haben.

Melander nahm die Pfeife aus dem Mund: «Karl-Åke Eriksson, einer von der Besatzung. Haben wir den schon gefunden?»

Kollberg suchte in einer seiner Listen.

«Heizer. Nein. Aber hier ist ein Vermerk: Vor drei Wochen musterte er im Seemannshaus in Göteborg ab. Kam von einem finnischen Frachter.»

«Hm...» machte Melander.

«Wieso? Warum fragst du?»

«Sein Name erinnert mich an etwas. Ich werd schon draufkommen. Aber damals nannte er sich nicht so.»

«Woran du dich auch erinnerst, richtig ist es bestimmt», sagte Kollberg resignierend. Und dann zu Martin Beck gewandt: «Dieser Bursche hat ein Gedächtnis wie ein Zirkuselefant. Es ist, als wenn man das Zimmer mit einem Elektronengehirn teilt.»

«Ich weiß.»

«Das den billigsten Tabak der Welt raucht», fügte Kollberg hinzu.

«Mir wird's schon noch einfallen», sagte Melander.

«Bestimmt.»

«Mann, wie bin ich müde!» Kollberg reckte sich.

«Du schläfst einfach zu wenig», stellte Melander fest. «Sieh mich an: Ich schlafe jede Nacht acht Stunden. Ich hab den Kopf noch nicht auf dem Kissen, da bin ich schon weg.»

«Und was sagt deine Frau dazu?»

«Nichts. Die kann's noch fixer; manchmal kommen wir nicht mal dazu, das Licht auszudrehen.»

«Allerhand. Bei mir ist das leider anders.»

«Warum?»

«Weiß selber nicht. Kann einfach nicht schlafen.»

«Was tust du dann?»

«Ich liege und denke daran, wie gräßlich du bist.»

Kollberg griff nach der eingegangenen Post. Melander klopfte seine Pfeife aus und starrte zur Decke. Martin Beck wußte, daß er nun wieder neue Fakten und Daten in seiner nicht mit Gold zu bezahlenden Gedächtniskartothek speicherte; alles, was Melander irgendwie gesehen, gelesen oder gehört hatte, wurde dort registriert.

Eine halbe Stunde nach der Mittagspause brachte ein Mädchen vom Sekretariat die Übersetzung.

Martin Beck zog die Jacke aus, saß nun in Hemdsärmeln da, schloß die Tür ab und begann zu lesen.

Zuerst den Brief. Er lautete:

Lieber Martin,
ich glaube, ich verstehe, was Sie meinen. Das beiliegende Protokoll ist eine wörtliche Abschrift der Tonbandaufzeichnung, die wir von der Vernehmung gemacht haben; ohne jede Änderung oder Kürzung. Sie können das Material also selbst auswerten. Wenn Sie Wert darauf legen, kann ich noch mehr Leute ausgraben, die sie kannten, aber dies sind die zwei besten, glaube ich. Ich hoffe aufrichtig, daß Sie den Kerl kriegen, der es getan hat. Wenn Sie ihn erwischen, verabreichen Sie ihm einen Denkzettel von mir.
Anbei eine Zusammenstellung aller biographischen Daten, die ich auftreiben konnte, und einen Kommentar zum Protokoll.
Viel Erfolg, Elmar

Er legte den Brief beiseite und nahm sich die Schriftstücke vor. Das erste trug die Überschrift:

Vernehmung von Edgar M. Mulvaney im Dienstzimmer des Staatsanwalts, Omaha, Nebraska, den 11. Oktober 1964.

Vernehmungsleiter: Detective Lieutenant Kafka
Vernehmungszeuge: Sergeant Romney

Kafka: Sie sind Edgar Moncure Mulvaney, 33 Jahre, wohnhaft 12th East Street hier in der Stadt. Sie sind Ingenieur und seit einem Jahr als Assistent des Abteilungsleiters bei der Northern Electrical Corporation, Omaha, angestellt. Ist das richtig?
Mulvaney: Ja, das stimmt.
Kafka: Sie werden nicht unter Eid vernommen und haben sich freiwillig zu einer Zeugenaussage bereit erklärt. Ich möchte Sie darauf aufmerksam machen, daß ein Teil der Fragen, die ich stellen muß, intime Einzelheiten Ihres Privatlebens betreffen. Das läßt sich leider nicht vermeiden; ich versichere Ihnen aber, daß kein Wort davon in die Öffentlichkeit dringen wird. Ich kann Sie natürlich nicht zwingen, uns alles wahrheitsgemäß zu beantworten, aber bitte vergessen Sie eines nicht: Durch Ihre Mitarbeit können Sie wirksam dazu beitragen, daß die Person oder die Personen, die für den Mord an Roseanna McGraw verantwortlich sind, ergriffen und bestraft werden.
Mulvaney: Ich werde mein Bestes tun.

Kafka: Das ist schön. Also: Bis vor elf Monaten waren Sie in Lincoln wohnhaft, wo Sie auch gearbeitet haben.

Mulvaney: Ja, als Ingenieur bei der technischen Gemeindeverwaltung, Abteilung für Straßenbeleuchtung.

Kafka: Wo wohnten Sie?

Mulvaney: 83 Greenock Road. Ich teilte die Wohnung mit einem Kollegen. Wir waren damals beide unverheiratet.

Kafka: Wann lernten Sie Roseanna McGraw kennen?

Mulvaney: Vor etwa zwei Jahren.

Kafka: Mit anderen Worten: im Herbst 1962?

Mulvaney: Ja, im November.

Kafka: Unter welchen Umständen trafen Sie mit ihr zusammen?

Mulvaney: Wir lernten uns auf einer Einladung bei einem meiner Kollegen, Johnny Matson, kennen.

Kafka: Auf einer Party?

Mulvaney: Ja.

Kafka: Kannte dieser Matson Roseanna näher?

Mulvaney: Kaum. Johnny kannte sie flüchtig von der Bibliothek her, wo sie arbeitete. Er hatte alle möglichen Leute eingeladen, weiß der Himmel, wo er sie alle aufgetrieben hatte.

Kafka: Wie lernten sie Roseanna McGraw kennen?

Mulvaney: Wie? Na, wir lernten uns ganz einfach kennen.

Kafka: Waren Sie in der bestimmten Absicht hingegangen, weibliche Bekanntschaften zu machen?

Pause.

Wollen Sie so freundlich sein, die Frage zu beantworten.

Mulvaney: Ich überlege gerade ... Es ist möglich, ich hatte damals keine feste Freundin. Aber ich ging wohl eher zu der Party, weil ich gerade nichts anderes vorhatte.

Kafka: Und was passierte da?

Mulvaney: Roseanna und ich lernten uns, wie gesagt, rein zufällig kennen. Wir unterhielten uns eine Weile. Dann tanzten wir.

Kafka: Mehrere Male?

Mulvaney: Die beiden ersten Tänze. Die Party hatte gerade angefangen.

Kafka: Sie sind sich also gleich zu Beginn begegnet?

Mulvaney: Ja, so muß es gewesen sein.

Kafka: Und?

Mulvaney: Ich machte ihr den Vorschlag, wegzugehen.

Kafka: Schon nach zwei Tänzen?

Mulvaney: Genau gesagt, mitten während des zweiten Tanzes.
Kafka: Und was antwortete Miss McGraw?
Mulvaney: Sie sagte: «Gute Idee, verdrücken wir uns.»
Kafka: So ohne weiteres?
Mulvaney: Ja.
Kafka: Was veranlaßte sie, einen derartigen Vorschlag zu machen?
Mulvaney: Muß ich das beantworten?
Kafka: Andernfalls ist diese Unterredung sinnlos.
Mulvaney: Okay ... ich merkte, daß sie scharf wurde, während wir tanzten.
Kafka: Scharf? Wie meinen Sie das? In sexueller Hinsicht?
Mulvaney: Ja, natürlich.
Kafka: Wie merkten Sie das?
Mulvaney: Das kann ich nicht ... so genau erklären. Man spürte es jedenfalls recht deutlich. An ihrem Verhalten. Ich kann es wirklich nicht näher präzisieren.
Kafka: Und Sie selbst? Waren Sie ebenfalls sexuell erregt?
Mulvaney: Ja.
Kafka: Hatten Sie etwas getrunken?
Mulvaney: Höchstens einen Martini.
Kafka: Und Miss McGraw?
Mulvaney: Roseanna trank niemals Alkohol.
Kafka: Sie verließen die Party also zusammen. Was geschah dann?
Mulvaney: Wir waren beide ohne Wagen da. So nahmen wir ein Taxi und fuhren in ihre Wohnung, 2nd South Street 116. Sie wohnt immer noch dort. Wohnte, meine ich.
Kafka: Sie hat Ihnen also so ohne weiteres erlaubt, sie nach Hause zu begleiten?
Mulvaney: Klar, daß wir vorher darüber gesprochen haben, 'n paar dumme Redensarten. Was man so redet, wissen Sie doch. Wörtlich weiß ich es nicht mehr. Das schien sie übrigens bloß zu langweilen.
Kafka: Kam es im Taxi schon zu einem Austausch von Zärtlichkeiten?
Mulvaney: Wir küßten uns.
Kafka: Setzte sie sich zur Wehr?
Mulvaney: Keineswegs. *Wir* küßten *uns*, sagte ich ja im übrigen.
Kafka: Wer bezahlte den Chauffeur?
Mulvaney: Roseanna. Ich kam gar nicht so schnell dazu.
Kafka: Und dann?
Mulvaney: Dann gingen wir in ihre Wohnung. Es war wirklich nett

dort. Ich erinnere mich, daß ich erstaunt war. Sie hatte eine Menge Bücher.

Kafka: Und was geschah dann?
Mulvaney: Tjaa ...
Kafka: Hatten Sie intimen Verkehr?
Mulvaney: Ja.
Kafka: Wann?
Mulvaney: So gut wie sofort.
Kafka: Wollen Sie so freundlich sein, so genau wie möglich darzulegen, was geschah.
Mulvaney: Sagen Sie mal, worauf wollen Sie eigentlich hinaus? Soll das so eine Art von privatem Kinsey-Report sein?
Kafka: Tut mir leid. Ich muß Sie an das erinnern, was ich zu Beginn der Unterredung sagte. Dies kann wichtig sein.

Pause.

Wird es Ihnen schwer, sich zu erinnern?
Mulvaney: Nein, das ganz bestimmt nicht ... aber es widerstrebt mir, hier zu sitzen und einen Menschen bloßzustellen, der nichts Böses getan hat und außerdem tot ist.
Kafka: Ich verstehe Ihre Gefühle. Aber bitte glauben Sie mir, daß Ihre Aussage von eminenter Wichtigkeit für uns ist.
Mulvaney: Na schön, also fragen Sie.
Kafka: Sie kamen also in die Wohnung hinein. Was geschah dann?
Mulvaney: Sie zog die Schuhe aus.
Kafka: Und dann?
Mulvaney: Wir küßten uns.
Kafka: Weiter.
Mulvaney: Sie ging ins Schlafzimmer.
Kafka: Und Sie?
Mulvaney: Ich ging hinterher. Wollen Sie wirklich alle Einzelheiten?
Kafka: Ja.
Mulvaney: Na bitte ... Sie zog sich aus und legte sich hin.
Kafka: Aufs Bett?
Mulvaney: Nein, ins Bett. Unter die Bettdecke.
Kafka: Sie hatte sich ganz ausgezogen?
Mulvaney: Ja.
Kafka: Machte sie einen schüchternen Eindruck?
Mulvaney: Keineswegs.

Kafka: Drehte sie das Licht aus?
Mulvaney: Nein.
Kafka: Und Sie?
Mulvaney: Was glauben Sie wohl?
Kafka: Dann hatten Sie also sexuellen Verkehr?
Mulvaney: Na hören Sie ... was denn sonst? Vielleicht Nüsse geknackt? Verzeihen Sie, aber ...
Kafka: Wie lange blieben Sie bei ihr?
Mulvaney: Warten Sie mal ... so bis eins oder zwei, würde ich sagen.
Kafka: Dies war also Ihre erste Begegnung mit Miss McGraw?
Mulvaney: Ja.
Kafka: Was dachten Sie von ihr, als Sie weggingen? Und am Tag darauf?
Mulvaney: Ich dachte ... zuerst dachte ich, sie wäre eine gewöhnliche, billige Schlampe, obwohl sie durchaus nicht den Eindruck gemacht hatte. Dann dachte ich, sie sei mannstoll. Das eine war ebenso falsch wie das andere. Jetzt, hier, besonders wo sie nun tot ist, ja, da wirkt es absurd, daß ich jemals so habe denken können.
Kafka: Hören Sie, mein Freund, ich versichere Ihnen, es ist für mich ebenso peinlich, diese Fragen zu stellen, wie für Sie, sie zu beantworten. Ich hätte das auch niemals getan, wenn dahinter nicht eine bestimmte Absicht steckte. Leider sind wir noch nicht fertig, noch lange nicht.
Mulvaney: Schon gut ... Sie müssen aber auch meine Lage verstehen. Da sitze ich nun hier in diesem Glaskäfig und erzähle Ihnen Sachen über Roseanna, die ich bisher noch keinem Menschen gegenüber erwähnt habe, während draußen lauter Polizisten umherrennen und das Tonbandgerät läuft und läuft, und der Sergeant neben mir sitzt und glotzt vor sich hin. Ich bin nicht gerade ein Zyniker, besonders nicht, wenn es sich um ...
Kafka: Jack, laß mal die Vorhänge an der Glaswand herunter. Und dann kannst du draußen warten.
Mulvaney: Entschuldigen Sie bitte.
Kafka: Sie brauchen sich nicht zu entschuldigen. Was geschah weiter zwischen Ihnen und Miss McGraw? Nach Ihrer ersten Begegnung?
Mulvaney: Ich rief sie zwei Tage später an. Sie hatte jedoch keine Lust, sich mit mir zu treffen; das sagte sie offen heraus; doch ich könnte wieder von mir hören lassen, wenn ich wolle. Als ich das näch-

ste Mal anrief – nach etwa einer Woche –, da bat sie mich, heraufzukommen.

Kafka: Und Sie ...

Mulvaney: Ich ging hin und ... na ja, die Dinge wiederholten sich. Manchmal einmal pro Woche, manchmal auch zweimal. Wir trafen uns immer in Roseannas Wohnung. Meistens am Sonnabend, dann blieben wir den ganzen Sonntag zusammen, wenn wir beide frei hatten.

Kafka: Wie lange dauerte Ihre Verbindung?

Mulvaney: Acht Monate.

Kafka: Warum trennten Sie sich?

Mulvaney: Weil ich mich in sie verliebte.

Kafka: Wie bitte?

Mulvaney: Das ist an sich eine ganz einfache Sache. Um die Wahrheit zu sagen, ich hatte mich schon eine ganze Weile vorher in sie verliebt. Ich habe sie wirklich geliebt. Aber wir haben nie von Liebe gesprochen, und ich habe nichts gesagt.

Kafka: Warum nicht?

Mulvaney: Weil ich sie behalten wollte. Denn als ich es ihr sagte ... ja, da war es dann sofort vorbei.

Kafka: Wie kam denn das?

Mulvaney: Das werden Sie wohl kaum verstehen, weil Sie Roseanna nicht gekannt haben. Roseanna war der anständigste Mensch, dem ich je begegnet bin. Sie hielt sehr viel von mir, und sie hielt besonders viel davon, mit mir zu schlafen. Aber zum Heiraten reichte es nicht. Daraus machte sie niemals ein Geheimnis. Sie wie ich, wir wußten verdammt genau, warum wir zusammenkamen.

Kafka: Wie reagierte sie, als Sie ihr sagten, daß Sie sie liebten?

Mulvaney: Sie wurde traurig. Dann sagte sie: «Wir schlafen noch einmal zusammen – und dann ist Schluß. Wir wollen uns doch keinen Kummer machen.»

Kafka: Akzeptierten Sie das ohne weiteres?

Mulvaney: Was blieb mir anderes übrig?

Kafka: Und wann war das?

Mulvaney: Am 3. Juli vorigen Jahres.

Kafka: Und damit hörte jede Verbindung zwischen Ihnen auf?

Mulvaney: Ja.

Kafka: War sie in der Zeit, als Sie mit ihr befreundet waren, auch mit anderen Männern zusammen?

Mulvaney: Eigentlich nicht.

Kafka: Was heißt – eigentlich nicht?

Mulvaney: Im März vorigen Jahres wurde ich von der Stadt für vier Wochen nach Philadelphia geschickt, zu einem Fortbildungskursus. Vor meiner Abreise sagte sie, daß sie nicht dafür garantieren könne, mir die ganze Zeit treu zu bleiben. Als ich zurückkam und sie fragte, sagte sie, sie habe es einmal getan, nach drei Wochen.

Kafka: Geschlechtsverkehr gehabt?

Mulvaney: Ja. Ein gräßlicher Ausdruck übrigens. Blöderweise fragte ich, mit wem.

Kafka: Und was sagte sie?

Mulvaney: Daß mich das nichts angehe. Das tat es natürlich auch nicht, jedenfalls nicht von ihrem Standpunkt aus.

Kafka: Während der acht Monate, in denen Sie mit ihr befreundet waren, hatten Sie regelmäßig ... intimen Verkehr, wenn ich Sie recht verstehe?

Mulvaney: Ja.

Kafka: Und was tat sie, wenn sie allein war? Sie haben sich, wie Sie vorhin selber sagten, doch nur ein- bis zweimal in der Woche getroffen.

Mulvaney: Da war sie zu Hause. Allein. Sie mochte gern allein sein. Las unerhört viel, außerdem arbeitete sie abends. Schrieb etwas, ich weiß aber nicht was. Mit mir sprach sie nicht darüber. Im Grunde genommen hatten wir wenig gemeinsame Interessen – bis auf den einen Punkt. Doch wir fühlten uns wohl zusammen. Das ist wirklich wahr.

Kafka: Wie können Sie so sicher sein, daß sie allein war, wenn Sie nicht da waren?

Mulvaney: Ich ... ich war anfangs eifersüchtig. Einige Male, wenn sie mich nicht treffen wollte, ging ich hin und beobachtete ihr Haus. Zweimal stand ich da, als sie nach Hause kam, und ich blieb die ganze Nacht, bis sie am Morgen zum Dienst ging.

Kafka: Gaben Sie ihr Geld?

Mulvaney: Nein. Nie.

Kafka: Warum nicht?

Mulvaney: Sie verdiente selbst genug und hatte es nicht nötig. Wenn wir mal ausgingen, bezahlte sie für sich selbst.

Kafka: Und als Sie Ihre Beziehungen abbrachen, was tat sie da?

Mulvaney: Das weiß ich nicht. Ich habe sie nie wieder gesehen. Kurz darauf bekam ich einen neuen Job und zog hierher.

Kafka: Wie würden Sie ihren Charakter beurteilen?

Mulvaney: Sie war sehr selbständig, wie ich schon sagte. Ehrlich.

Ganz natürlich, in jeder Weise. Sie verwendete zum Beispiel kein Make-up und trug niemals Schmuck. Meist wirkte sie ruhig und entspannt, aber einmal sagte sie, wir sollten uns nicht zu häufig treffen, weil wir uns dann nur auf die Nerven gehen würden. Das täten alle Menschen, sagte sie, und in unserem Fall sei das doch nicht nötig.

Kafka: Jetzt habe ich ein paar Fragen, die Ihnen indiskret vorkommen werden.

Mulvaney: Fragen Sie schon. Allmählich bin ich auf alles gefaßt.

Kafka: Wissen Sie ungefähr, wie oft Sie mit ihr zusammen waren?

Mulvaney: Ja. Achtundvierzigmal.

Kafka: Wie? So genau wissen Sie das?

Mulvaney: Das ist reiner Zufall. Jedesmal, wenn wir uns trafen und zusammen schliefen, machte ich ein Kreuzchen in mein Notizbuch. Und bevor ich es wegwarf, rechnete ich mal spaßeshalber die Tage zusammen.

Kafka: Können Sie sagen, ob sie – sexuell gesehen – als normal zu bezeichnen war?

Mulvaney: Sie war ausgesprochen scharf, wenn Sie verstehen, was ich meine.

Kafka: Besaßen Sie selber genügend Erfahrung, um das zu beurteilen?

Mulvaney: Nun, ich war immerhin einunddreißig, als wir uns kennenlernten. Da hat man schon einiges erlebt.

Kafka: Pflegte sie einen Orgasmus zu bekommen, wenn Sie intimen Verkehr hatten?

Mulvaney: Ja, immer.

Kafka: Benutzten Sie Präventivmittel?

Mulvaney: Roseanna hatte irgendwelche Pillen. Sie nahm jeden Morgen eine.

Kafka: Pflegten Sie über sexuelle Fragen zu diskutieren?

Mulvaney: Niemals. Wir wußten, was wir wissen mußten.

Kafka: Sprach sie oft von ihren früheren Erfahrungen?

Mulvaney: Auch nicht.

Kafka: Und Sie?

Mulvaney: Ein einziges Mal. Sie zeigte sich absolut uninteressiert; da tat ich's nie wieder.

Kafka: Worüber unterhielten Sie sich so?

Mulvaney: Über alles mögliche. Meist alltägliche Dinge.

Kafka: Hatte sie außer Ihnen noch viele Freunde und Bekannte?

Mulvaney: Eigentlich kaum. Sie hatte eine Freundin, eine Kollegin aus der Bibliothek, privat haben sie sich aber selten getroffen. Roseanna war, wie gesagt, ein Einzelgänger.

Kafka: Trotzdem ging sie zu der Einladung, wo Sie sich kennengelernt haben.

Mulvaney: Ja, um jemanden zu treffen, mit dem sie schlafen wollte. Sie war damals lange ... enthaltsam gewesen.

Kafka: Wie lange?

Mulvaney: Mehr als sechs Wochen.

Kafka: Woher wissen Sie das?

Mulvaney: Weil sie's mir erzählt hat.

Kafka: War sie schwer zu befriedigen?

Mulvaney: Jedenfalls nicht für mich.

Kafka: War sie sehr anspruchsvoll im Bett?

Mulvaney: Nicht anspruchsvoller als normale Frauen. Sie wollte, daß man sie rannahm, bis sie nicht mehr japsen konnte. Entschuldigen sie den Ausdruck.

Kafka: Hatte sie irgendwelche besonderen Eigenheiten?

Mulvaney: Im Bett?

Kafka: Ja.

Mulvaney: Harrisons Gesetz gilt hier in Nebraska nicht, oder?

Kafka: Nein, das brauchen Sie nicht zu befürchten.

Mulvaney: Es spielt im übrigen keine Rolle. Sie hatte nur eine Eigenheit, die möglicherweise besonders zu nennen wäre. Sie kratzte.

Kafka: Wann?

Mulvaney: Genaugenommen, die ganze Zeit. Besonders während des Orgasmus.

Kafka: Wie?

Mulvaney: Wie?

Kafka: Ja, wie kratzte sie?

Mulvaney: Ach so. Mit beiden Händen und allen Fingern. Wie Klauen. Von den Hüften über den Rücken hinauf zum Nacken. Ich habe immer noch Flecke. Die gehen vermutlich niemals weg.

Kafka: Variierte sie häufig in ihrer sexuellen Betätigung?

Mulvaney: Wenn man Sie so reden hört ... Schon gut ... Nein, überhaupt nicht. Sie kannte eigentlich nur eine Position: Auf dem Rücken mit einem Kissen unter dem Hinterteil ... Sie war ganz natürlich bei der Sache und hochanständig, hier wie bei allem anderen. Sie wollte genommen werden, ausgiebig und lange und nachdrücklich, ohne Abweichungen und auf die einzige Art, die für sie natürlich war.

Kafka: Ich verstehe.

Mulvaney: Kein Wunder ...

Kafka: Nur noch eine Frage. Nach Ihren Worten habe ich den Eindruck gewonnen, daß während Ihres Zusammenseins immer nur Sie die Verbindung mit ihr aufnahmen. Sie riefen an, und sie willigte entweder ein oder sagte, daß sie keine Lust habe und daß Sie ein andermal anrufen sollten. Die ganze Zeit bestimmte also sie, ob und wann Sie sich mit ihr trafen?

Mulvaney: Ja, das mag wohl sein.

Kafka: Geschah es auch, daß sie bei Ihnen anrief und Sie bat, zu kommen?

Mulvaney: Ja, vier- oder fünfmal.

Kafka: Ist Ihnen die Trennung von ihr schwergefallen?

Mulvaney: Ja.

Kafka: Ja, das war's wohl. Sie waren uns eine große Hilfe. Vor allem vielen Dank für Ihre Offenheit. Wirklich, es war uns eine große Hilfe.

Mulvaney: Na ja, ich hab ja verstanden, wie wichtig es für Sie war. Übrigens – auf Ihre Diskretion kann ich mich doch wohl verlassen, nicht wahr? Ich habe hier Weihnachten eine Frau kennengelernt, und wir haben im Februar geheiratet.

Kafka: Selbstverständlich. Ich sagte es ja zu Beginn.

Mulvaney: Okay. Dann können Sie jetzt vielleicht das Tonbandgerät abstellen.

Kafka: Natürlich.

Martin Beck legte den zusammengehefteten Bericht weg, wischte sich nachdenklich den Schweiß von der Stirn und trocknete die Handflächen mit seinem Taschentuch. Bevor er die Lektüre wiederaufnahm, ging er auf die Toilette, wusch sich das Gesicht und trank ein Glas Wasser.

13

Das zweite Protokoll war nicht so lang wie das erste. Außerdem war der Ton ganz anders.

Vernehmung von Mary Jane Peterson im Polizeipräsidium,
Lincoln, Nebraska, 10. Oktober 1964

Vernehmungsleiter: Detective Lieutenant Kafka
Vernehmungszeuge: Sergeant Romney

Romney: Dies ist Mary Jane Peterson. Sie ist unverheiratet, 28 Jahre alt und wohnhaft 2nd South Street 62. Arbeitet in der Kommunal-Bibliothek hier in Lincoln.

Kafka: Bitte, nehmen Sie doch Platz, Miss Peterson.

Peterson: Danke. Um was handelt es sich denn?

Kafka: Wir hätten einige Fragen an Sie.

Peterson: Wegen Roseanna McGraw?

Kafka: Ganz recht.

Peterson: Aber ich hab doch schon alles gesagt, was ich weiß. Ich bekam eine Ansichtskarte von ihr. Das ist alles. Haben Sie mich deshalb von meiner Arbeit weggeholt, um mich das noch einmal bestätigen zu lassen?

Kafka: Waren Sie und Miss McGraw befreundet?

Peterson: Ja, sicher.

Kafka: Wohnten Sie zusammen, bevor Miss McGraw sich eine eigene Wohnung anschaffte?

Peterson: Ja, vierzehn Monate lang. Sie kam von Denver hierher und hatte noch keine Bleibe. Da ließ ich sie bei mir wohnen.

Kafka: Die Kosten für den Haushalt haben Sie gemeinsam bestritten?

Peterson: Natürlich.

Kafka: Wann trennten Sie sich?

Peterson: Vor mehr als zwei Jahren. Irgendwann im Frühling 1962.

Kafka: Aber Sie verkehrten weiterhin miteinander?

Peterson: Wir trafen uns ja jeden Tag in der Bibliothek.

Kafka: Waren Sie auch abends öfter zusammen?

Peterson: Eigentlich nicht. Wir sahen uns ja den ganzen Tag über bei der Arbeit.

Kafka: Wie würden Sie den Charakter von Miss McGraw beurteilen?

Peterson: De mortuis nihil nisi bene.

Kafka: Jack, mach du mal weiter. Ich bin gleich zurück.

Romney: Lieutenant Kafka fragte Sie, wie Sie den Charakter von Miss McGraw beurteilen würden?

Peterson: Das habe ich gehört und darauf geantwortet: De mortuis nihil nisi bene. Das ist lateinisch und bedeutet: «Über die Toten nichts als das Gute.»

Romney: Die Frage lautete so: Wie war ihr Charakter?

Peterson: Das können Sie jemand anderen fragen. Kann ich jetzt gehen?

Romney: Versuchen Sie's doch mal.

Peterson: Sie sind ein Flegel, hat Ihnen das noch niemand gesagt?

Romney: Wenn ich an Ihrer Stelle wäre, was Gott verhüten möge, würde ich mich mit solchen Redensarten vorsehen.

Peterson: Warum denn?

Romney: Vielleicht höre ich so was nicht gern.

Peterson: Hahaha!

Romney: Was für einen Charakter hatte Miss McGraw?

Peterson: Ich finde, das sollten Sie jemand anderen Fragen, Sie Idiot Sie!

Kafka: Danke, Jack. Miss Peterson?

Peterson: Ja, was ist denn?

Kafka: Warum trennten Sie sich von Miss McGraw?

Peterson: Es wurde uns zu eng. Im übrigen kann ich nicht einsehen, was Sie das angeht.

Kafka: Sie waren doch gute Freunde, oder wie?

Peterson: Ja, sicher.

Kafka: Ich habe hier einen Bericht der Polizei vom dritten Bezirk unter der Tagebuch-Nummer des 8. April 1962. Um zehn Minuten vor eins in der Nacht meldeten Mieter in dem Haus 2nd South Street Schreie, lauten Wortwechsel und anhaltendes Gepolter aus einer Wohnung im vierten Stock. Als die Polizisten Flynn und Richardson zehn Minuten später hinkamen, wurden sie nicht eingelassen, worauf sie die Tür durch den Hausmeister mit einem Hauptschlüssel öffnen ließen. Sie und Miss McGraw befanden sich in der Wohnung. Miss McGraw hatte einen Morgenrock an, während Sie Schuhe mit hohen Hacken und ein Cocktailkleid trugen. Miss McGraw blutete aus einer Wunde an der Stirn. Das Zimmer sah wie ein Schlachtfeld aus. Keine von Ihnen wollte eine Meldung machen, und als die Ruhe wiederhergestellt war – so steht hier –, verließen die Polizisten die Wohnung.

Peterson: Was soll das, daß Sie dies hier hervorkramen?

Kafka: Am nächsten Tag zog Miss McGraw in ein Hotel, und eine Woche später beschaffte sie sich eine eigene Wohnung, einige Blocks weiter in derselben Straße.

Peterson: Ich frage noch mal, was soll das, daß Sie diese alte Skandalgeschichte wieder aufwärmen? Als hätte ich damit nicht Ärger genug gehabt!

Kafka: Ich versuche, Sie von der Notwendigkeit zu überzeugen, auf unsere Fragen zu antworten. Und zwar wahrheitsgemäß.

Peterson: Okay, ich schmiß sie raus. Es war schließlich meine Wohnung.

Kafka: Warum schmissen Sie sie hinaus, wie Sie sagen?

Peterson: Was spielt das schon für eine Rolle? Wer interessiert sich für einen drei Jahre alten Streit zwischen zwei Freundinnen?

Kafka: Alles was Roseanna McGraw betrifft, stößt jetzt offenbar auf allgemeines Interesse. Es scheint – wie Sie in der Presse lesen können – kaum etwas Berichtenswertes über sie bekannt zu sein.

Peterson: Wollen Sie damit sagen, daß Sie diese alte Geschichte den Zeitungen ausposaunen könnten, wenn Sie Lust dazu hätten?

Kafka: Dieses Protokoll ist ein allgemein zugängliches Aktenstück.

Peterson: Dann wundert es mich aber, daß die davon noch keinen Wind bekommen haben.

Kafka: Liegt vielleicht daran, daß Sergeant Romney es zuerst gefunden hat. In dem Moment, wo er es an das Zentralarchiv zurückschickt, kann jedermann davon Kenntnis nehmen und Gebrauch davon machen.

Peterson: Und wenn er das nicht tut?

Kafka: Dann sieht die Sache natürlich anders aus.

Peterson: Wird aus dem Protokoll über dieses Verhör auch ein allgemein zugängliches Aktenstück?

Kafka: Nein.

Peterson: Kann man sich darauf verlassen?

Kafka: Ja.

Peterson: Okay. Was wollen Sie wissen? Beeilen Sie sich, damit ich hier rauskomme, bevor ich einen hysterischen Anfall kriege.

Kafka: Warum zwangen Sie Miss McGraw, auszuziehen?

Peterson: Weil sie es zu toll getrieben hat.

Kafka: In welcher Weise?

Peterson: Roseanna war kein übles Mädchen. Aber eine läufige Hündin war nichts im Vergleich mit ihr ... und das habe ich ihr gesagt.

Kafka: Was antwortete sie darauf?

Peterson: Mein bester Lieutenant, Roseanna würde auf so eine ordinäre Anschuldigung nie geantwortet haben. Darüber war sie erhaben. Sie lag nur nackt in ihrem Bett und las irgendeinen Philosophen. Und dann blickte sie einen an. Mit großen Augen, etwas verständnislos und nachsichtig.

Kafka: War sie hitzig und temperamentvoll?

Peterson: Sie hatte überhaupt kein Temperament.

Kafka: Und was war der direkte Anlaß zu diesem Streit?

Peterson: Das dürfen Sie sich selber ausrechnen. Sogar Sie dürften soviel Phantasie haben.

Kafka: Ein Mann?

Peterson: Ein Mann natürlich. Sie hatte die Unverfrorenheit, sich mit ihm ins Bett zu legen, während ich in einem Dorf, 30 Meilen entfernt, auf ihn wartete. Er hatte mich mißverstanden – dumm war er auch – und glaubte, er sollte mich zu Hause abholen. Als er kam, war ich schon weg. Roseanna war natürlich zu Hause. Sie war immer zu Hause. Und so ging es, wie es gehen mußte. Gott sei Dank war der Kerl weg, als ich zurückkam. Sonst würde ich jetzt wohl in Sioux City Säcke nähen.

Kafka: Und woher erfuhren Sie von dem Geschehenen?

Peterson: Von Roseanna. Ehrlich war sie immer. «Warum hast du das getan?» – «Weil ich Lust hatte, meine gute Mary Jane.» Und dann noch ganz ruhig und logisch: «Sei froh, daß du ihn los bist. Besser jetzt als später.»

Kafka: Trotzdem behaupten Sie weiterhin, daß Sie und Miss McGraw Freundinnen waren?

Peterson: Ja, eigentlich seltsam. Wenn Roseanna überhaupt eine Freundin hatte, dann war ich es. Es ging besser, seit sie weggezogen war und wir uns nicht mehr tagaus, tagein sahen. Als sie hierherkam – von der Universität –, war sie immer allein. Ihre Eltern waren schon früh gestorben, und Geschwister hatte sie nicht, auch keinen Freund. Außerdem ging es ihr damals geldlich schlecht. Es gab Schwierigkeiten mit ihrer Erbschaft, und es dauerte eine ganze Weile, bis sie etwas ausbezahlt bekam. Das war, nachdem wir uns getrennt hatten, gleich nachdem sie sich diese Wohnung angeschafft hatte.

Kafka: Können Sie uns etwas über ihren Charakter erzählen?

Peterson: Ich glaube, sie litt an einer Art Selbständigkeitskomplex, der ganz seltsame Formen annahm. So setzte sie zum Beispiel eine Ehre darein, salopp zu wirken. Am liebsten ging sie in Slacks und großen, weiten Pullovern. Nur mit Mühe ließ sie sich dazu bringen, ein Kleid anzuziehen, wenn sie zum Dienst ging. Sie hatte eine Menge seltsamer Ideen. Einen BH trug sie fast nie, und gerade den benötigte sie mehr als andere. Sie verabscheute es, Schuhe zu tragen. Überhaupt machte sie sich nichts aus Kleidungsstücken, sagte sie. Im Haus lief sie oft genug splitternackt herum. Sie trug nie ein Nachthemd oder einen Schlafanzug. Das irritierte mich ganz ungemein.

Kafka: War sie, was man schlampig nennt?

Peterson: Wenn Sie damit unordentlich meinen, das nicht. Nur auf ihr Äußeres legte sie keinen Wert. Sie tat, als hätte sie noch nie bemerkt, daß es solche Dinge gibt wie Kosmetika, Damenfriseure oder Nylonstrümpfe. Aber mit anderen Dingen war sie fast pedantisch, besonders mit ihren Büchern.

Kafka: Was hatte sie für Interessen?

Peterson: Sie las viel und schrieb auch einiges. Fragen Sie mich nicht was, denn das weiß ich nicht. Im Sommer war sie oft stundenlang im Freien. Sie wanderte gerne. Ja, und dann natürlich Männer. Mehr Interessen hatte sie nicht.

Kafka: War Miss McGraw eine attraktive Frau?

Peterson: Bestimmt nicht. Aber sie war mannstoll, und damit kam sie ganz schön weit.

Kafka: Hatte sie denn nie einen festen Freund?

Peterson: Als sie von mir wegzog, hatte sie mal einen vom Straßenbauamt. Etwa für ein halbes Jahr, ich traf ihn ab und zu. Der Himmel weiß, wie oft sie ihn betrogen hat. Dutzende von Malen, würde ich annehmen.

Kafka: Hat sie in der Zeit, als Sie noch zusammenwohnten, oft Männer in die Wohnung mitgebracht?

Peterson: Das kann man wohl sagen.

Kafka: Wie oft?

Peterson: Was nennen Sie oft?

Kafka: Sagen wir, mehrmals in der Woche.

Peterson: Das nun wieder nicht. Irgendwo mußte das ja eine Grenze haben.

Kafka: Wie oft passierte das? Antworten Sie!

Peterson: Bitte nicht diesen Ton.

Kafka: Den Ton lassen Sie meine Sorge sein. Wie oft brachte sie Männer mit in die Wohnung?

Peterson: Ein- oder zweimal im Monat.

Kafka: Immer verschiedene?

Peterson: Das kann ich nicht sagen. Es geschah hauptsächlich, wenn ich selbst aus war oder tanzen ging oder so.

Kafka: Pflegte Miss McGraw nicht mit Ihnen auszugehen?

Peterson: Niemals. Ich weiß nicht einmal, ob sie tanzen konnte.

Kafka: Können Sie jemanden namhaft machen von den Männern, mit denen sie Umgang hatte?

Peterson: Da war ein deutscher Student, den wir in der Bibliothek kennenlernten. Ich selber habe die beiden zusammengeführt. Mildenberger hieß er. Uli Mildenberger. Den hat sie drei- oder viermal mit nach Hause genommen.

Kafka: Innerhalb welcher Zeitspanne?

Peterson: Einen Monat oder fünf Wochen. Aber er rief sie jeden Tag an, und in der Zwischenzeit trafen sie sich wohl auch irgendwo. Er wohnte mehrere Jahre lang hier in Lincoln. Im letzten Frühjahr ist er nach Europa zurückgefahren.

Kafka: Wie sah er aus?

Peterson: Hübsch, blond und breitschultrig.

Kafka: Hatten Sie selber intimen Verkehr mit diesem Mildenberger?

Peterson: Erlauben Sie mal, das geht ja wohl zu weit!

Kafka: Wie viele verschiedene Männer hat sie nach Ihrer Meinung während der Zeit, wo Sie zusammenwohnten, mit nach Hause gebracht?

Peterson: Tja ... sechs oder sieben, würde ich sagen.

Kafka: Fühlte sich Miss McGraw zu irgendeinem bestimmten Männertyp hingezogen?

Peterson: Darin war sie völlig normal. Sie mochte gutaussehende Männer. Zumindest solche, die wie Männer aussahen.

Kafka: Was wissen Sie von ihrer Reise?

Peterson: Nur, daß sie sie schon lange geplant hatte. Einen Monat lang wollte sie herumreisen und soviel wie möglich sehen, und die restliche Zeit wollte sie dann in Paris oder Rom verbringen. Warum fragen Sie das alles eigentlich? Die Polizei da drüben hat den Kerl, der sie ermordet hat, doch erschossen.

Kafka: Die Meldung war leider falsch. Beruhte auf einem Mißverständnis.

Peterson: Kann ich jetzt endlich gehen? Ich habe schließlich auch noch was zu tun.

Kafka: Nur noch eine Frage. Wie reagierten Sie, als Sie Kenntnis von Miss McGraws Ermordung bekamen?

Peterson: Ich war natürlich zuerst schockiert. Aber nicht besonders erstaunt.

Kafka: Warum nicht?

Peterson: Das fragen Sie noch? Bei dem Lebenswandel?

Kafka: Das war's dann wohl, Miss Peterson. Auf Wiedersehen!

Peterson: Und Sie vergessen nicht, was Sie mir versprochen haben?

Kafka: Ich habe nichts versprochen. Du kannst das Tonband jetzt abstellen, Jack.

Martin Beck lehnte sich im Drehstuhl zurück, führte die linke Hand zum Mund und biß sich auf das mittlere Zeigefingerglied. Dann nahm er den letzten Bogen auf und las zerstreut Kafkas Kommentar durch:

Roseanna Beatrice McGraw, geb. 18. Mai 1937 in Denver / Col., Vater: kleiner Farmer. Farm 20 Meilen von Denver entfernt. Ausbildung: College in Denver, anschließend drei Jahre an der University of Colorado. Beide Eltern Herbst 1960 verstorben.

Erbschaft: ca. 20 000 Dollar, im Juli 1962 ausgezahlt. Miss McGraw hat kein Testament hinterlassen und hat, soweit man weiß, keine Erben.

Betreffend Zuverlässigkeit der Zeugen:

Mein Eindruck war, daß sich Mary Jane Peterson in einigen Punkten nicht strikt an die Wahrheit gehalten hat, vermutlich, um ihren eigenen Ruf nicht zu gefährden. – Mulvaneys Zeugenaussage habe ich in einigen Punkten nachprüfen lassen. Die Angabe, daß R. McG. den Zeugen Mulvaney während der Zeit November 1962 bis Juli 1963 nur einmal betrogen hat, scheint zutreffend zu sein. Es geht aus einer Art Tagebuch hervor, das ich in ihrer Wohnung fand. Unter dem Datum des 22. März fanden sich die Anfangsbuchstaben U. M. (Uli Mildenberger?). Sie notierte ihre Verabredungen immer in derselben Weise: eine Art Code mit Datum und Anfangsbuchstaben. Irgendwelche Unwahrheiten oder direkten Irrtümer habe ich in Mulvaneys Aussage nicht nachweisen können.

Über die Zeugen: Mulvaney ist ungefähr 1,85 m groß, recht kräftig, blaue Augen, mittelblondes Haar, wirkt aufrichtig, aber etwas naiv. Mary Jane Peterson ist ein hübsches, frisches Mädchen, flott gekleidet. Auffallend schlank, gut gewachsen. Keiner der Zeugen erscheint in unseren Polizeiakten, abgesehen von dem lächerlichen Wohnungskrach 1962.

(Unterschrift)

Martin Beck zog seine Jacke an und schloß die Tür wieder auf. Dann ging er zu seinem Arbeitsplatz zurück und breitete Kafkas Papiere vor sich aus. Mit den Ellbogen auf dem Tisch und die Wange in die Hand gestützt, saß er regungslos da.

14

Martin Beck blickte vom Vernehmungsprotokoll auf, als Melander ohne anzuklopfen ins Zimmer trat. So etwas geschah äußerst selten.

«Karl-Åke Eriksson-Stolt», sagte Melander. «Erinnerst du dich an ihn?»

Martin Beck dachte einen Augenblick nach. «Den Heizer auf der *Diana*, meinst du. Hieß er so?»

«Er nennt sich jetzt Eriksson. Als er vor zweieinhalb Jahren für zwölf Monate ins Gefängnis wanderte, weil er sich an einer Minderjährigen vergangen hatte, hieß er noch Eriksson-Stolt. Entsinnst du dich nicht? Ein unerfreulicher Bursche, frech, mit langer Mähne...»

«Doch, ja, ich erinnere mich. Bist du sicher, daß es derselbe ist?»

«Positiv. Ich habe mit der Heuerstelle gesprochen.»

«Ich erinnere mich ganz dunkel. Wohnte er nicht in Sundbyberg?»

«In Hagalund, bei seiner Mutter. Es geschah eines Tages, als die Mutter auf der Arbeit war, er selber hatte keinen Job. Da nahm er die Kleine vom Hausmeister in die Wohnung rauf. Noch nicht dreizehn und geistig etwas zurückgeblieben. Er gab ihr Saft zu trinken. Mischte, ohne daß sie es merkte, Klaren hinein, und als sie einen kleinen sitzen hatte, nahm er sie ins Bett.»

«Die Eltern erstatteten Anzeige, war's nicht so?»

«Richtig. Ich war damals draußen und holte ihn ab. Während des Verhörs versuchte er den Dummen zu markieren und behauptete, nicht gewußt zu haben, wie alt sie war. Sie sah aber so aus, als ob sie elf Jahre und keinen Tag älter war, und außerdem war sie noch recht kindlich für ihr Alter. Der untersuchende Arzt äußerte die Befürchtung, daß sie einen dauerhaften Schock nachbehalten würde, aber ich weiß nicht. Er wurde jedenfalls zu einem Jahr Zwangsarbeit verurteilt.»

Martin Beck fühlte sich ganz benommen bei dem Gedanken, daß dieser Mann sich mit Roseanna auf der *Diana* befunden hatte. «Wo ist er nun?» fragte er.

«Auf einem finnischen Dampfer, der *Kalajoki*. Ich kümmere mich drum, wo sie zur Zeit ist. Du hast hoffentlich gemerkt, daß ich ‹sie› gesagt habe!»

Im gleichen Augenblick, als Melander die Tür hinter sich schloß, nahm Martin Beck den Hörer ab und rief in Motala an.

«Wir müssen ihn fassen», sagte Ahlberg. «Ruf so schnell wie möglich an, wenn ihr mit der Reederei gesprochen habt. Ich schaff ihn her, und wenn ich persönlich rüberschwimmen und ihn holen müßte. Der andere Heizer hat auch auf einem neuen Schiff angemustert, aber den haben wir bald. Außerdem muß ich wohl noch einmal mit dem Chief sprechen. Er hat abgemustert und hat jetzt einen Job bei Elektrolux.»

Sie legten auf.

Martin Beck saß eine Weile tatenlos da und überlegte, was er jetzt tun sollte. Plötzlich wurde er nervös und ging ins nächsthöhere Stockwerk.

Melander beendete gerade ein Telefongespräch, als er ins Zimmer trat. Kollberg war nicht da.

«Dieses Schiff, *Kalajoki*, das ist gerade aus dem Holmsund gelaufen, soll über Nacht in Söderhamn liegen. Die Reederei bestätigt, daß er sich an Bord befindet.»

Martin Beck kehrte in sein Zimmer zurück und rief wieder Motala an.

«Ich nehme einen meiner Leute mit, fahre rauf und hole ihn», entschloß sich Ahlberg. «Ich rufe wieder an, wenn wir ihn hier haben.»

Einen Moment schwiegen sie. Dann fragte Ahlberg:

«Meinst du, daß er es ist?»

«Ich weiß nicht. Kann natürlich ein Zufall sein. Ich hab ihn nur ein einziges Mal gesehen. Vor zwei Jahren. Kurz bevor er verurteilt wurde. Ziemlich unangenehmer Typ.»

Den Rest des Nachmittags verbrachte Martin Beck in seinem Dienstzimmer. Er fühlte sich nicht recht aufgelegt, aber es gelang ihm, einige Routinesachen wegzuarbeiten, die liegengeblieben waren. Die ganze Zeit dachte er an das finnische Fahrzeug, das jetzt auf Söderhamn zulief. Und an Roseanna McGraw.

Als er nach Hause kam, versuchte er, an seinem Schiffsmodell zu basteln, aber nach einer Weile saß er mit den gefalteten Händen und den Ellbogen auf der Tischplatte einfach nur so da. Von Ahlberg würde er nicht vor dem nächsten Morgen etwas hören und schließlich ging er zu Bett. Er schlief unruhig und wachte schon gegen fünf Uhr auf.

Als die Morgenzeitung durch den Türschlitz auf den Boden des Flurs polterte, war er schon auf und angezogen. Er war gerade bis zur Sportseite gekommen, als Ahlberg anrief.

«Wir haben ihn hier. Spielt den Hartgesottenen. Sagt nichts. Ich kann nicht behaupten, daß ich ihn mag. Ich habe übrigens mit dem Fogd gesprochen. Er sagte, wenn ein Vernehmungsexperte benötigt wird, so sollten wir dich anfordern. Ich finde, es wird einer benötigt.»

Martin Beck sah auf seine Uhr. Den Fahrplan kannte er jetzt auswendig.

«Okay. Ich nehme den Halb-acht-Uhr-Zug. Also bis gleich.»

Er ließ das Taxi über Kristineberg fahren und holte die Mappe mit dem Vernehmungsprotokoll und den Personalakten unterwegs ab. Fünf vor halb acht saß er im Zug.

Karl-Åke Eriksson-Stolt war vor zweiundzwanzig Jahren in der Gemeinde Katarina geboren. Sein Vater starb, als er sechs Jahre alt war, und im Jahr darauf zog seine Mutter mit ihm nach Hagalund, wo sie als Näherin in einem Konfektionshaus arbeitete. Er war ein Einzelkind, und die Mutter hatte für ihn gesorgt, bis er mit der Schule fertig war. Der einzige Lehrer, der sich an ihn erinnerte, beschrieb ihn als netten und gerade eben begabten Jungen, etwas streitsüchtig und aufsässig. Nach der Schule arbeitete er als Fahrradbote oder in verschiedenen Werkstätten. Mit achtzehn Jahren ging er zur See, die erste Reise als Jungmann und dann als Heizer. Das Logbuch hatte nichts Besonderes über ihn auszusagen. Ein Jahr darauf zog er wieder zur Mutter nach Hause und ließ sich von ihr unterhalten, bis sich der Staat wegen der besonderen Einzelheit für ihn interessierte. Im April vorigen Jahres wurde er aus dem Zuchthaus Långholmen entlassen.

Martin Beck hatte die Vernehmungsprotokolle am vorhergehenden Tag durchgesehen, jetzt las er sie nochmals genau. Er suchte sich aus der Mappe mit den Unterlagen über Eriksson-Stolt das Gutachten des Gerichtspsychiaters heraus. Viel stand nicht drin. Dem Angeklagten wurde Labilität, Lethargie und Gefühlskälte bescheinigt, dazu eine gewisse psychopathische Veranlagung, gepaart mit einem stark entwickelten Geschlechtstrieb, eine Kombination, die zu verbrecherischen Handlungen führen könne.

Vom Bahnhof ging Martin Beck direkt zum Polizeipräsidium. Zehn Minuten vor elf klopfte er an Ahlbergs Tür. Kommissar Larsson war gerade bei Ahlberg. Beide wirkten abgespannt und sorgenvoll und schienen erleichtert über Martin Becks Eintreffen. Keinem der beiden war es geglückt, ein Wort aus Eriksson herauszubekommen – außer verschiedenen Flüchen.

Ahlberg sah die Personalakten durch. Als er die Mappe wieder zuschlug, erkundigte sich Martin Beck:

«Hast du den anderen Heizer schon aufgetrieben?»

«Ja, hab ich. Er arbeitet auf einem deutschen Schiff, das gerade in Hoek van Holland liegt. Heute morgen rief ich Amsterdam an und sprach mit einem Kommissar, der etwas Deutsch konnte. Du hättest sein Deutsch hören sollen! Wenn ich ihn recht verstanden habe, haben sie einen dänischsprechenden Beamten in Den Haag, der die Vernehmung durchführen könnte. Wenn er mich auch richtig verstanden hat, dürften wir morgen etwas hören.»

Dann ließ Ahlberg Kaffee kommen. Martin Beck trank 2 Tassen.

«Okay, dann fangen wir am besten gleich an», sagte er. «Wo sollen wir es machen?»

«Im Raum hier nebenan. Da ist ein Tonbandgerät und was du sonst noch brauchst.»

Eriksson sah ungefähr so aus, wie Martin Beck ihn in Erinnerung hatte. Einsachtzig groß, mager, schmales Gesicht mit engstehenden blauen Augen unter kräftigen, geraden Augenbrauen. Lange, gerade Nase, kleiner, schmallippiger Mund, fliehendes Kinn. Das Haar war schwarz, lang im Nacken und in hohem Schwung über die Stirn gekämmt; ein ungepflegter Bart. Martin Beck konnte sich nicht erinnern, ob er ihn das letzte Mal auch schon gehabt hatte. Seine Haltung war schlecht. Er stand leicht vornübergebeugt mit hochgezogenen Schultern und krummem Rücken da. Er trug zerschlissene Jeans, einen marineblauen Pullover, schwarze Lederweste und schwarze Schuhe mit spitzen Kappen.

«Setzen Sie sich», sagte Martin Beck und deutete auf den Stuhl auf der anderen Schreibtischseite. «Zigarette?»

Eriksson nahm eine Zigarette, bekam Feuer und setzte sich. Die Zigarette im Mundwinkel, den rechten Fuß auf das linke Knie gelegt, starrte er über Martin Becks Kopf an die Wand. Die Daumen hatte er in den Gürtel gesteckt und wippte lässig mit dem Fuß.

Martin Beck sah ihn eine Weile an, schaltete das Tonbandgerät ein, das neben ihm auf einem Tischchen stand, und begann in der Mappe zu blättern.

«Eriksson, Karl-Åke, geboren am 23. November 1941. Seemann,

zur Zeit auf dem finnischen Frachter *Kalajoki*. Heimatort Hagalund/ Solna. Stimmt das?»

Eriksson machte eine vage Kopfbewegung.

«Ich fragte: Stimmt das? Sind die Angaben korrekt? Antworten Sie. Ja oder nein.»

Eriksson: «Ja, zum Teufel.»

Beck: «Wann musterten Sie auf der *Kalajoki* an?»

Eriksson: «Vor drei, vier Wochen.»

Beck: «Und was machten Sie vorher?»

Eriksson: «Nichts Besonderes.»

Beck: «Wo haben Sie ‹nichts Besonderes› gemacht?»

Eriksson: «Was?»

Beck: «Wo haben Sie gewohnt, bevor Sie auf dem finnischen Boot anheuerten?»

Eriksson: «Bei einem Freund in Göteborg.»

Beck: «Wie lange haben Sie in Göteborg gewohnt?»

Eriksson: «'n paar Tage, vielleicht eine Woche.»

Beck: «Und davor?»

Eriksson: «Bei meiner Mutter.»

Beck: «Haben Sie während der Zeit gearbeitet?»

Eriksson: «Nö, ich war krank.»

Beck: «Was für eine Krankheit war das?»

Eriksson: «Ich war einfach so krank. Hab mich schlecht gefühlt und hatte Fieber und so.»

Beck: «Und davor, wo haben Sie da gearbeitet?»

Eriksson: «Auf einem Boot.»

Beck: «Name?»

Eriksson: «*Diana.*»

Beck: «Was für einen Job hatten Sie auf der *Diana*?»

Eriksson: «Ich war Heizer.»

Beck: «Wie lange sind Sie auf der *Diana* gefahren?»

Eriksson: «Den ganzen Sommer über.»

Beck: «Bitte die genauen Daten.»

Eriksson: «Vom 1. Juli bis Mitte September. Dann machen sie fest. Also das Boot wird stillgelegt. Die fahren nur im Sommer. Hin und her mit einer Masse Touristen. Todlangweilig. Ich wollte eigentlich schon früher abhauen, aber mein Kumpel wollte bleiben, und man braucht ja schließlich den Zaster.»

Nach dieser rednerischen Kraftanstrengung sank Eriksson ganz erschöpft auf seinem Stuhl zusammen.

Beck: «Wer ist dieser Kumpel? Was hatte er für einen Job auf der *Diana*?»

Eriksson: «Auch Heizer. Wir waren zu dritt an der Maschine. Ich und der Kumpel und der Chief.»

Beck: «Kannten Sie noch andere von der Besatzung?»

Eriksson beugte sich vor und drückte seine Zigarette im Aschenbecher aus. «He, was wollen Sie eigentlich von mir? Das ist ja das reinste Kreuzverhör», knurrte er und warf sich in den Stuhl zurück. «Ich hab nichts getan. Da hat man sich Arbeit verschafft und alles, und dann kommen so ein paar blöde Bullen und ...»

Beck: «Sie sollen meine Fragen beantworten. Kannten Sie noch andere von der Besatzung?»

Eriksson: «Nicht zu Anfang. Da kannte ich nur meinen Kumpel. Aber mit der Zeit lernt man ja mehr kennen. Da war noch ein ganz netter Kerl, der an Deck arbeitete.»

Beck: «Lernten Sie auf der Reise irgendwelche Mädchen kennen?»

Eriksson: «Es gab nur eine, die halbwegs anständig aussah, die hatte sich der Koch aber schon an Land gezogen. Der Rest waren nur alte Weiber.»

Beck: «Aber unter den Passagieren gab's doch welche.»

Eriksson: «Von denen bekam man aber nicht viel zu sehen. Mädchen habe ich überhaupt nicht kennengelernt.»

Beck: «Wenn Sie zu dritt an der Maschine waren, haben Sie doch sicher schichtweise gearbeitet, oder?»

Eriksson: «Ja.»

Beck: «Können Sie sich entsinnen, ob auf einer Reise etwas Ungewöhnliches an Bord geschehen ist?»

Eriksson: «Ich verstehe nicht, was Sie meinen ...»

Beck: «Daß eine Reise nicht wie alle anderen war. Hatten Sie nicht einmal Maschinenschaden?»

Eriksson: «Ach so, das meinen Sie. Ja, das stimmt. Es war ein Dampfrohr geplatzt. Wir haben das in Söderköping reparieren lassen. Hat furchtbar lange gedauert. Aber wenn Sie glauben, daß ich etwas dafür konnte ...»

Beck: «Erinnern Sie sich noch, wann das war?»

Eriksson: «Kurz hinter Stegeborg, glaub ich.»

Beck: «Soso. Und wann? Wissen Sie das Datum noch?»

Eriksson: «Mann, woher soll ich das jetzt noch wissen? Es war bestimmt nicht meine Schuld, daß die Maschine stoppen mußte. Außerdem hatte ich gar keine Schicht. Ich schlief, als es passierte.»

Beck: «Aber als Sie von Söderköping ablegten, haben Sie gearbeitet?»

Eriksson: «Ja, und vorher auch. Wir mußten alle drei hart ran, um den Pott wieder flott zu bekommen. Wir haben die ganze Nacht geschuftet und noch den folgenden Tag. Ich und der Chief.»

Beck: «Wann gingen Sie an dem Tag von der Schicht?»

Eriksson: «An dem Tag nach Söderköping? Am späten Nachmittag, glaub ich.»

Beck: «Und was taten Sie dann, als Sie frei hatten?»

Eriksson starrte Martin Beck an und antwortete nicht.

Beck: «Was taten Sie, als Sie an diesem Tag Schluß machten?»

Eriksson: «Nichts.»

Beck: «Irgendwas müssen Sie ja wohl gemacht haben.»

Dasselbe leere Vorsichthinstarren.

Beck: «Wo befand sich das Schiff, als Sie Feierabend hatten?»

Eriksson: «Weiß ich nicht mehr. Auf dem Roxensee, glaub ich.»

Beck: «Was machten Sie, als Ihre Schicht zu Ende war?»

Eriksson: «Nichts. Sagte ich ja schon.»

Beck: «Trafen Sie sich mit irgend jemand?»

Eriksson machte ein gelangweiltes Gesicht und strich sich über den schmierigen Nacken.

Beck: «Denken Sie nach – was machten Sie?»

Eriksson: «Was für ein blödes Gequatsche. Was glauben Sie wohl, was man auf so einem Pott machen kann? Fußball spielen? Mitten auf dem Wasser? Nein, du Idiot, außer Fressen und Pennen ist da nichts.»

Beck: «Haben Sie sich an diesem Tag mit jemand getroffen?»

Eriksson: «Natürlich. Mit Brigitte Bardot. Verdammt noch mal, woher soll ich wissen, ob ich mich mit jemand getroffen habe? Das ist ja schon Ewigkeiten her.»

Beck: «Okay, dann werde ich meine Frage anders formulieren: Haben Sie während der Monate, als Sie auf der *Diana* fuhren, irgendwelche Passagiere kennengelernt?»

Eriksson: «Hab ich nicht. Das war auch verboten. Außerdem – was hätte ich mit denen gesollt? Lauter aufgeblasene Touristen. Dämliches Volk.»

Beck: «Wie heißt Ihr Kumpel, mit dem Sie auf der *Diana* zusammengearbeitet haben?»

Eriksson: «Wieso? Was wollen Sie eigentlich? Wir haben wirklich nichts getan.»

Beck: «Wie heißt er?»

Eriksson: «Roffe.»
Beck: «Vor- und Nachname!»
Eriksson: «Roffe Sjöberg.»
Beck: «Und wo ist er jetzt?»
Eriksson: «Auf irgendeinem deutschen Kahn. Verdammt, ich weiß nicht, wo er ist. Vielleicht in Kuala Lumpur. Ich hab keine Ahnung.»

Martin Beck gab auf. Er stellte das Tonbandgerät ab und erhob sich. Eriksson begann sich mühsam vom Stuhl hochzurappeln.

«Sie bleiben sitzen!» brüllte Martin Beck ihn an. «Sitzenbleiben, bis ich sage, daß Sie aufstehen dürfen.»

Er rief Ahlberg an, der fünf Sekunden später in der Tür erschien.

«Aufstehen!» sagte Martin Beck und ging vor Eriksson aus dem Zimmer.

Als Ahlberg in sein Büro zurückkam, saß Martin Beck an seinem Schreibtisch. Er blickte auf und zuckte mit den Schultern.

«Gehen wir essen», sagte er. «Nach Tisch mache ich weiter.»

15

Am nächsten Morgen um halb neun nahm Martin Beck sich den Mann zum drittenmal vor. Die Vernehmung dauerte zwei Stunden und verlief ebenso ergebnislos wie die beiden vorangegangenen.

Nachdem Eriksson von einem jungen Polizisten abgeführt worden war, stellte Martin Beck das Tonbandgerät auf Wiedergabe und holte Ahlberg. Schweigend hörten sie das Band ab, das hier und da von Martin Becks kurzen Kommentaren unterbrochen wurde.

Einige Stunden später saßen sie wieder in Ahlbergs Zimmer.

«Na, was glaubst du?»

«Er war es nicht», sagte Martin Beck. «Darauf würde ich jeden Eid schwören. Um sich so zu verstellen, dazu ist er nicht smart genug. Nein, er begreift nicht mal, um was es geht.»

«Vielleicht hast du recht», meinte Ahlberg.

«Und dann kommt noch etwas hinzu. Wir haben versucht, uns ein gewisses Bild von Roseanna McGraws Charakter zu machen...»

Ahlberg nickte.

«Ich kann mir einfach nicht vorstellen, daß sie sich freiwillig mit einem Mann wie Karl-Åke Eriksson eingelassen haben sollte.»

«Hm ... ja, das stimmt schon. Sie wollte sicher gern, aber nicht wahllos mit jedem. Doch wer sagt, daß es freiwillig gewesen ist?»

«Anders kann es nicht gewesen sein. Sie lernte jemand kennen, von dem sie sich wohl beschlafen lassen wollte; als es dann soweit war und sie ihren Fehlgriff erkannte, war es zu spät. Aber der Mann war nicht Karl-Åke Eriksson.»

«Also, ich weiß nicht ...» meinte Ahlberg. «Es kann auch anders vor sich gegangen sein.»

«Wie denn? In dieser kleinen Kabine? Jemand sollte die Tür aufgerissen und sich über sie geworfen haben? Dann hätte sie gellend geschrien, und die Leute an Bord hätten sie gehört.»

«Vielleicht hat er sie bedroht. Mit einem Messer oder einer Pistole.»

Martin Beck nickte nachdenklich vor sich hin. Dann stand er heftig auf und ging zum Fenster. Der andere folgte ihm mit den Augen.

«Was machen wir mit ihm?» fragte Ahlberg. «Ich kann ihn nicht länger festhalten.»

«Ich werde noch einmal mit ihm reden. Er weiß, glaub ich, gar nicht, warum er hier ist. Jetzt soll er es zu wissen bekommen.»

Ahlberg stand auf und zog sich die Jacke an. Dann ging er hinaus.

Martin Beck blieb noch eine Weile sitzen und überlegte, dann ließ er Eriksson holen, nahm seine Aktentasche und ging ins Nebenzimmer.

«Verdammt noch mal, was stellen Sie sich eigentlich vor?» empfing ihn Eriksson. «Ich habe nichts getan. Sie können mich hier nicht festhalten, wenn ich nichts getan habe ... Zum Teufel ...»

«Halten Sie den Mund, bis Sie aufgefordert werden zu reden. Sie haben hier nur auf meine Fragen zu antworten», sagte Martin Beck.

Er nahm das retuschierte Foto von Roseanna McGraw und hielt es Eriksson vor. «Erkennen Sie diese Frau wieder?»

«Nein», sagte Eriksson. «Was ist das für eine?»

«Sehen Sie sich das Bild genau an und antworten Sie dann. Haben Sie die Frau auf dem Foto schon einmal gesehen?»

«Nein.»

«Sind Sie ganz sicher?»

Eriksson legte den einen Ellbogen auf die Stuhllehne und rieb sich mit dem Zeigefinger die Nase. «Ja. Ich hab sie noch nie gesehen.»

«Roseanna McGraw. Sagt Ihnen dieser Name etwas?»

«Was für ein blöder Name ... Wohl 'ne Filmschauspielerin, was?»

«Haben Sie den Namen Roseanna McGraw schon einmal gehört?»

«Nein.»

«Dann will ich Ihnen sagen, wer sie ist. Die Frau auf dem Bild hier ist Roseanna McGraw. Sie war Amerikanerin und befand sich am 3. Juli dieses Jahres an Bord der *Diana*. Auf dieser Reise kam die *Diana* mit einem halben Tag Verspätung in Göteborg an. Zuerst war sie südlich von Oxelösund in den Nebel geraten, und dann kam noch ein Maschinendefekt hinzu. Sie haben bereits bestätigt, daß Sie auf dieser Reise dabei waren. Als das Schiff mit zehnstündiger Verspätung in Göteborg anlegte, war Roseanna McGraw nicht mehr dabei. Sie wurde in der Nacht zwischen dem 4. und 5. Juli ermordet; drei Tage später fand man sie im Schleusenbecken in Borenshult.»

Eriksson fuhr aus seinem Sessel hoch. Er packte die Lehne. In seinem linken Mundwinkel zuckte es wild. «Jetzt geht mir ein Licht auf. Sie glauben, daß ich ...»

Er preßte die Handflächen gegeneinander, klemmte die Hände fest zwischen die Knie und beugte sich vornüber, so daß sein Kinn fast auf der Schreibtischkante lag. Martin Beck sah, wie sich die Haut über dem Nasenrücken spannte.

«Ich habe niemand ermordet! Ich hab dieses Mädchen überhaupt noch nie gesehen! Ich schwör's!»

Martin Beck blieb stumm. Er hielt den Blick auf das Gesicht des Mannes gerichtet und sah, wie sich die etwas dümmlichen Augen vor Entsetzen weiteten.

Als er sprach, war seine Stimme trocken und tonlos. «Wo befanden Sie sich und was machten Sie am Abend des 4. Juli und in der Nacht zwischen dem 4. und 5. Juli?»

«In der Kabine, ich schwöre! Ich war in der Kabine und schlief! Ich habe nichts getan! Ich habe diese Frau hier nie gesehen! Das ist wahr!»

Seine Stimme überschlug sich, und er warf sich nach hinten gegen die Lehne. Die rechte Hand fuhr zum Mund hinauf. Voller Erregung kaute er auf dem Daumen, während er auf das Foto starrte. Auf einmal verengten sich seine Augen, und die Stimme wurde gespannt und hysterisch.

«Jetzt weiß ich, was Sie vorhaben. Sie wollen mich in eine Falle locken. Dies mit der Frau stimmt alles gar nicht. Sie haben mit Roffe gesprochen, und das Schwein hat mich verpfiffen. Dabei hat er es selber getan. Ich war's nicht, das kann ich beschwören. Roffe hat gesagt, ich war's, nicht? Hat er das gesagt?»

Martin Beck ließ den Blick nicht von seinem Gesicht.

«Dieser verdammte Hund! Er hat das Schloß aufgebrochen, und er hat den Zaster geklaut.» Er beugte sich vor und seine Worte überstürzten sich beinahe. «Alles war ganz allein seine Idee. Ich wollte gar nicht mitmachen – das hab ich ihm auch gesagt. Ich wollte nicht. Mit Einbrüchen will ich nichts zu tun haben, aber er hat mich überredet. Jetzt hat er gesungen, das Schwein...»

«Okay», sagte Martin Beck. «Roffe hat tatsächlich gesungen. Und jetzt möchte ich die ganze Sache einmal von dir hören.»

Eine Stunde später spielte er vor Larsson und Ahlberg das Band ab. Es enthielt das vollständige Bekenntnis eines Einbruchs, den Karl-Åke Eriksson und Roffe Sjöberg vor einem Monat in einer Autowerkstatt in Göteborg begangen hatten.

Als Larsson in sein Dienstzimmer gegangen war, um die Göteborger Polizei anzurufen, sagte Ahlberg:

«Jetzt wissen wir wenigstens, wo er in der nächsten Zeit im Bedarfsfall aufzutreiben ist.» Er trommelte mit den Fingern auf die Tischplatte.

«Bleiben uns also ungefähr fünfzig mögliche Täter», stellte Ahlberg fest. «Wenn man von der Theorie ausgeht, daß der Mörder unter den Passagieren zu suchen ist.»

«Einige kann man von vornherein ausschließen. Kollberg und Melander sind damit beschäftigt. Die haben Unmengen von Material. Die Ausschlußmethode nennt Melander das und verdächtigt erst mal alle, einschließlich der Kinder und der alten Handarbeitslehrerinnen.»

Martin Beck schwieg und blickte Ahlberg an, der mit gesenktem Kopf dasaß und seine Daumennägel anzustarren schien. Er konnte Ahlbergs Enttäuschung verstehen. Es war ihm selber genauso gegangen, als er vor einer Stunde einsehen mußte, daß Karl-Åke Eriksson nicht der Gesuchte war.

«Bist du enttäuscht?» fragte er.

«Ja, das muß ich zugeben. Ich dachte schon, wir hätten's geschafft, und jetzt zeigt es sich, daß wir noch genauso weit zurückliegen.»

«Na, ein Stück weiter sind wir jedenfalls. Mit Kafkas Hilfe.»

Das Klingeln des Telefons riß beide aus ihren trüben Gedanken. Ahlberg griff nach dem Hörer, lauschte ein paar Sekunden und sagte dann auf deutsch:

«Ja, ja, ich bin am Apparat. Ahlberg hier.» Und mit einer schnellen Kopfbewegung zu Martin Beck: «Das Gespräch aus Amsterdam.»

Der verließ diskret das Zimmer, und während er sich die Hände wusch, dachte er *an, auf, hinter, neben, in, über, unter, vor und zwischen*, und er erinnerte sich an den süßlichen Duft in einem Zimmer vor langer Zeit und an einen runden Tisch mit grüner Decke und eine alte Lehrerin mit einer zerfledderten deutschen Grammatik in den dicklichen Händen. Nach drei Minuten legte Ahlberg den Hörer wieder auf.

«Was für eine verrückte Sprache», sagte er. «Sjöberg war nicht auf dem Schiff. Er hatte in Göteborg angemustert, ist aber niemals an Bord gekommen. Sollen sich die Kollegen in Göteborg darum kümmern.»

Im Zug nickte Martin Beck ein. Er wachte erst auf, als der Zug im Hauptbahnhof hielt. Richtig wach wurde er erst, als er in seinem Bett in Bagarmossen lag.

16

Zehn Minuten nach fünf schlug Melander seinen üblichen Trommelwirbel an die Tür, wartete fünf Sekunden und steckte sein düsteres, schmales Gesicht in die Türspalte.

«Ich gehe jetzt. Alles in Ordnung?»

Er war nicht verpflichtet, sich abzumelden; trotzdem wiederholte sich die Prozedur jeden Tag. Sein morgendliches Eintreffen kündete er dagegen niemals an.

«Ja, sicher», sagte Martin Beck. «Also, dann bis morgen.»

Martin Beck saß unlustig an seinem Schreibtisch und hörte, wie sich der Arbeitstag langsam seinem Ende entgegenneigte. Zuerst verstummten die Telefone, dann die Schreibmaschinen, dann allmählich die Stimmen und zum Schluß die letzten Schritte auf den Korridoren.

Um halb sechs rief er zu Hause an. «Ihr braucht nicht mit dem Essen auf mich zu warten.»

«Kommst du spät?»

«Ich weiß noch nicht. Es ist möglich.»

«Du hast die Kinder seit Ewigkeiten nicht gesehen.»

Er hatte sie zwar vor weniger als neun Stunden gesehen und gehört, und das wußte sie ebenso gut wie er.

«Martin?»

«Ja?»

«Du bist so seltsam. Hast du Ärger?»

«Nein, keine Spur. Nur viel Arbeit.»
«Ist das alles?»
«Ja, natürlich.»

Es war der gewohnte Dialog. Der Augenblick war vorbei. Einige nichtssagende Fragen, und dann war das Gespräch zu Ende. Zerstreut behielt er den Hörer am Ohr und hörte weiter hin. Klick und dann gar nichts mehr, und es kam ihm so vor, als ob sie sich Tausende von Meilen entfernt hatte. Jahre waren vergangen, seit sie das letzte Mal wirklich miteinander geredet hatten ...

Seufzend runzelte er die Stirn und betrachtete den Berg von Akten auf seinem Tisch.

Jedes einzelne Blatt hatte etwas über Roseanna McGraw und über den letzten Tag in ihrem Leben auszusagen. Davon war er überzeugt. Trotzdem sagten sie ihm nichts.

Sie alle noch einmal durchzulesen erschien sinnlos, aber er sollte es doch auf jeden Fall tun. Und zwar jetzt, sofort. Vielleicht kam ihm ja eine Erleuchtung.

Er wollte nach einer Zigarette greifen, aber die Schachtel war leer. Er warf sie in den Papierkorb und suchte in der Jacke nach einer neuen. In den letzten Wochen hatte er doppelt soviel wie sonst geraucht, und das spürte er im Portemonnaie wie auch im Hals. Offenbar hatte er schon seine Reserven verbraucht, denn das einzige, was sich in der Innentasche fand, war etwas, was er nicht sofort wiedererkannte.

Etwas befremdet starrte er auf die Ansichtskarte, die er neulich in einem Tabakgeschäft in Motala gekauft hatte. Es war eine Fotografie der Schleusentreppe in Borenshult. Im Hintergrund der See mit der Mole und vorne zwei Männer, die gerade dabei waren, die Schleusentore für ein Passagierschiff zu öffnen. Das Bild mußte vor mehreren Jahren aufgenommen worden sein, denn die *Astrea* war schon vor längerer Zeit verschrottet worden. Aber damals, als die Ansichtskartenfotografen von Almquist und Cöster nach Motala kamen, war es Sommer gewesen, und plötzlich erinnerte er sich an den frischen säuerlichen Duft der Blumen und des feuchten Grases. Mechanisch holte er ein Vergrößerungsglas aus der Schublade. Das hatte die Form einer Schöpfkelle, und im Schaft befand sich eine elektrische Batterie. Wenn man auf einen Knopf drückte, wurde das Studienobjekt von einer 2,5 Watt starken Glühbirne beleuchtet. Das Foto war gut. Der Kapitän auf der Backbordbrücke und einige Passagiere, die sich über die Reling lehnten, waren deutlich zu erkennen. Das Vorderdeck des Fahrzeugs war mit Kisten und Körben beladen, ein weiterer Beweis dafür, daß das Bild alles andere als neueren Datums war.

Er hatte die Lupe gerade einige Zentimeter nach rechts verschoben, als Kollberg mit der Faust gegen die Tür schlug und eine Sekunde später im Zimmer stand.

«Na, Schreck gekriegt?»

«Einen Todesschreck», sagte Martin Beck, und er spürte, wie sein Herz nicht wieder anspringen wollte.

«Bist du noch nicht gegangen?»

«Doch, schon längst. Ich esse gerade mit meiner Familie zu Abend.»

«Weißt du, wie die Kollegen von der Sitte den Apparat da nennen?» fragte Kollberg und zeigte auf das Vergrößerungsglas.

«Nein.»

«Den Läusesucher Marie-Louise.»

«Aha.»

«Also, warum auch nicht. Ist dasselbe wie der Tortenheber Johanna und wie die anderen Dinger heutzutage heißen. Hast du schon das Neuste von den Rabattangeboten gehört?»

«Nein.»

«Wenn man den Geldscheinrechner Marcus kauft, bekommt man gratis einen Pomeranzenkuchen Ajax dazu.»

«Na, dann kauf den doch!»

«Dann kann ich meine Zehner-Scheine rechnen, meinst du? Wann bekommen wir übrigens Gehalt?»

«Ich hoffe morgen.»

Kollberg sank in den Besuchersessel.

«Immer dieses sinnlose Quatschen.»

«Kommt ganz unwillkürlich und führt zu nichts», bestätigte Martin Beck.

Beide schwiegen. Der Wortwechsel war ganz automatisch gewesen. Keiner war in besonders fröhlicher Stimmung. Schließlich sagte Kollberg: «Also wieder mal Fehlanzeige mit diesem Halbstarken in Motala.»

«Leider. Er war's nicht.»

«Und daran gibt's keinen Zweifel?»

«Ausgeschlossen.»

«Wenn du es sagst ... Na ja, es ist ja auch ein gewisser Unterschied, ob man sich an einer Minderjährigen vergreift oder an erwachsenen Frauen einen Lustmord begeht.»

«Finde ich auch.»

«Im übrigen hätte sie sich niemals mit einem solchen Kerl eingelassen. Jedenfalls nicht, wenn ich meinen Kafka richtig gelesen habe.»

«Ganz meine Meinung», stimmte ihm Martin Beck voller Überzeugung bei. «Das paßt einfach nicht ins Bild.»

«Wie trägt's unser Freund in Motala denn? Sehr enttäuscht?»

«Ahlberg? Ja, natürlich. Aber der läßt nicht locker. Was sagt übrigens Melander dazu?»

«Nichts. Ich kenne den Kerl seit dem Bereitschaftsdienst während des Krieges. Das einzige, was den wirklich aus der Fassung gebracht hat, war die Tabakrationierung.»

Kollberg nahm sein Notizbuch mit dem schwarzen Schutzumschlag heraus und blätterte darin herum. «Während du unterwegs warst, bin ich alles nochmals durchgegangen. Dann habe ich versucht, eine Zusammenfassung zu machen. Die Besprechung morgen bei Hammar liegt mir etwas im Magen. Ich hab hier eine Liste von Fragen zusammengestellt, mit denen er uns totsicher kommen wird...»

«Lies mal vor.»

«Gut, und du gibst die Antworten.»

«Na schön.»

«Also: Was wissen wir über Roseanna McGraw?» begann Kollberg.

«Verschiedenes. Das haben wir Kafka zu danken.»

«Richtig. Ich wage sogar zu behaupten, daß wir sie sehr genau kennen... Weiter: Was wissen wir über den Mord selbst?»

«Wir kennen den Tatort. Wir wissen auch ungefähr, wie und wann der Mord begangen wurde.»

«Steht der Tatort wirklich fest?»

Martin Beck trommelte mit den Fingern gegen die Tischkante. «Ja. Die Kabine Nr. A 7 an Bord der *Diana*.»

«Die Blutspritzer stimmten mit der Blutgruppe der Toten überein, aber reicht das für einen Beweis?»

«Offiziell vielleicht nicht, aber für uns reicht es», entgegnete Martin Beck fest.

«Okay. Setzen wir es also als gegeben voraus. Jetzt der Zeitpunkt.»

«Der Abend des 4. Juli. Nach Einbruch der Dunkelheit. Auf jeden Fall nach dem Abendessen, vermutlich irgendwann zwischen neun und Mitternacht.»

«Richtig. Das geht aus dem Obduktionsbefund hervor. Wir können auch annehmen, daß sie sich selbst auszog. Ob freiwillig oder gezwungenermaßen, wissen wir nicht.»

«Nein.»

«Und dann wären wir bei der Kardinalfrage: Was wissen wir über den Täter?» Nach einigen Sekunden beantwortete Kollberg selbst seine Frage: «Daß der Betreffende ein Sadist oder sonstwie pervers ist.»

«Daß es sich um einen Mann handeln muß», fügte Martin Beck hinzu.

«Mit ziemlichen Kräften. Roseanna McGraw war selber ein ganz kräftiges Mädchen.»

«Wir wissen, daß er sich an Bord der *Diana* befunden haben muß.»

«Ja, wenn wir davon ausgehen, daß unsere früheren Annahmen zutreffend sind.»

«Daß er zu einer der zwei gegebenen Kategorien gehören muß: zu den Passagieren oder zur Besatzung.»

«Wissen wir das wirklich?»

Es wurde still im Zimmer. Martin Beck massierte seinen Haaransatz mit den Fingerspitzen. Schließlich sagte er: «Es gibt keine andere Alternative.»

«Glaubst du?»

«Ja.»

«Na schön. Dagegen wissen wir nichts über sein Aussehen und nichts über seine Nationalität. Wir haben keine Fingerabdrücke und nichts, was ihn mit dem Verbrechen in Verbindung bringt. Wir wissen nicht, ob er Roseanna McGraw schon vorher kannte, wir wissen natürlich auch nicht, woher er kam, wohin er reiste oder wo er sich augenblicklich befindet.» Kollberg wurde auf einmal sehr ernst. «Wir wissen verdammt wenig, Martin», sagte er. «Wir wissen nicht mal ganz sicher, daß Roseanna McGraw nicht in Göteborg das Boot frisch und gesund verlassen hat. Hast du darüber nachgedacht, daß das tatsächlich der Fall sein könnte. Daß sie später von jemandem umgebracht worden sein kann? Jemandem, der wußte, wo sie herkam, und der ihren Leichnam nach Motala brachte und ihn in den See warf?»

«Ich habe daran gedacht, aber das ist zu absurd, das geht einfach nicht.»

«Bis wir die Speisekarten für die Tage hierhaben, ist es jedenfalls theoretisch denkbar. Auch wenn es sich gegen alle Vernunft anhört. Und selbst wenn uns der Beweis, der tatsächliche Beweis, glückt, daß sie niemals in Göteborg angekommen ist, selbst dann gibt es immer noch eine Möglichkeit: daß sie während des Durchschleusens in Borenshult an Land gegangen ist und einem Verrückten in die Hände fiel, der sich dort in dem Gebüsch herumtrieb.»

«Wenn da was dran wäre, hätten wir irgendwas finden müssen.»

«Ja, aber hätten ist ein vager Begriff. Bei diesem Fall gibt es ein paar Dinge, die mich halb verrückt machen. Mir will es einfach nicht in den Kopf, daß sie auf halber Strecke verschwunden sein soll, ohne daß jemand es merkte. Weder die Aufwartefrau noch die, die im Eßsaal servierte.»

«Der Mörder muß an Bord geblieben sein. Er brachte die Kabine wieder in Ordnung, daß sie aussah, als wäre sie normal gebraucht worden. Es handelte sich ja nur um eine Nacht.»

«Aber das Bettlaken und die Bettdecke? Es muß doch alles voll Blut gewesen sein. Er konnte sich ja wohl nicht hinstellen und waschen. Und wenn er die Sachen über Bord geworfen hat, dann hätten sie doch in der Kabine gefehlt.»

«So viel Blut war das gar nicht, glaubt jedenfalls der Obduzent. Er muß sich eben frisches Bettzeug besorgt haben», meinte Martin Beck.

«Wenn er zur Besatzung gehörte, lasse ich das gelten. Aber ein Passagier? Und ohne daß jemand es merkte?»

«Das ist nicht so schwer. Bist du einmal nachts an Bord eines Passagierschiffs gewesen?»

«Nein.»

«Das ganze Schiff schläft. Alles ist still und menschenleer. So gut wie alle Schränke und Schubladen sind unverschlossen. Während unser Schiff den Vätternsee passierte, waren mit Gewißheit nur drei Personen wach; zwei auf der Brücke und einer an der Maschine.»

«Und niemand sollte bemerkt haben, daß sie in Göteborg nicht an Land ging?»

«Es gibt keine besondere Formalität bei der Ankunft. Das Schiff legt bei Lilla Bommen an, und jeder nimmt seinen Trödelkram und rauscht über die Gangway. In unserem Fall hatten es die meisten wegen der Verspätung eilig. Außerdem war es ausnahmsweise dunkel, als man ankam.» Martin Beck seufzte und starrte auf die Wand. «Das einzige, was mich wirklich irritiert, ist, warum die Passagiere in der Kabine Nr. A 3 nichts gehört haben ...»

«Die Frage kann ich dir beantworten», entgegnete Kollberg und blätterte in seinem Notizbuch. «Heute nachmittag bekam ich Auskunft über die Leute. Kabine Nr. A 3 wurde von einem holländischen Ehepaar bewohnt, beide über Siebzig und so gut wie stocktaub.»

Kollberg schlug sein Büchlein zu und fuhr sich durchs Haar. «Unsere sämtlichen Theorien über das Verbrechen beruhen also hauptsächlich auf Wahrscheinlichkeitsprinzipien, logischen Annahmen und verschiedenen psychologischen Rückschlüssen. Mit handfesten Beweisen steht es schlecht. Wo wir uns aber sowieso schon auf diesen schwankenden Boden begeben haben, können wir unser statistisches Material ruhig einmal auf ähnliche Art beleuchten.»

Martin Beck wippte den Stuhl nach hinten und kreuzte die Arme über der Brust. «Laß mal hören», sagte er.

«Wir haben die Namen von sechsundachtzig Personen, die an Bord waren. Achtundsechzig Passagiere und achtzehn Besatzungsmitglieder. Elf fehlen uns noch; den Rest haben wir lokalisiert und angeschrieben. Und von diesen elf kennen wir sogar Nationalität, Geschlecht und – mit drei Ausnahmen – Alter. Jetzt gehen wir nach dem Ausschließungsprinzip vor. Als erstes schließen wir Roseanna McGraw aus. Bleiben fünfundachtzig. Danach alle Frauen, acht von der Besatzung und siebenunddreißig unter den Passagieren. Bleiben vierzig. Unter diesen sind vier Jungen unter zehn Jahren und sieben Männer, die über Siebzig sind. Bleiben neunundzwanzig. Der Kapitän und der Rudergänger hatten Wache zwischen acht und Mitternacht, geben sich gegenseitig ein Alibi. Die hatten kaum Zeit, irgendeinen Lustmord zu begehen. Beim Maschinenpersonal ist es nicht ganz so klar. So ergibt sich also die Schlußsumme von siebenundzwanzig. Wir haben also die Namen von siebenundzwanzig männlichen Personen im Alter von vierzehn bis achtundsechzig Jahren. Zwölf Schweden, davon sieben aus der Besatzung, fünf Amerikaner, drei Deutsche, ein Däne, ein Südafrikaner, ein Franzose, ein Engländer, ein Schotte, ein Türke und ein Holländer. Die geographische Streuung ist immer noch erschreckend. Von den Amerikanern wohnt einer in Oregon und einer in Texas, der Engländer in Nassau auf den Bahamas, der Südafrikaner in Durban und der Türke in Ankara. Es wird eine Teufelsreise für die, die das Verhör durchzuführen haben. Außerdem haben wir von diesen siebenundzwanzig immer noch vier Personen nicht lokalisieren können, einen Dänen und drei Schweden. Keiner der Passagiere ist früher schon einmal mit den Kanalschiffen gefahren; Melander hat die Passagierlisten der letzten fünfundzwanzig Jahre überprüft. Meiner Theorie nach kann keiner der Passagiere es getan haben. Nur vier reisten in Einzelkabinen. Die anderen müssen mehr oder weniger von ihren Kabinengenossen überwacht gewesen sein. Keiner hatte hinreichend Kenntnis des Schiffs, der Bordroutine und der

Fahrstrecke, um das Verbrechen so erfolgreich zu planen und durchzuführen. Bleiben die acht der Besatzung: der Steuermann, die beiden Heizer, der Koch und drei Burschen an Deck – den Chief haben wir schon ausrangiert, er fiel wegen Altersgrenze weg. Meiner Theorie nach kann es auch keiner von ihnen getan haben. Sie hatten sich gegenseitig ziemlich unter Kontrolle, und die Möglichkeiten, mit den Passagieren zu fraternisieren, scheinen begrenzt gewesen zu sein. Meine Theorie ist also, daß niemand Roseanna McGraw ermordet hat. Und die ist offensichtlich falsch. Meine Theorien gehen immer in die Binsen. Das ist die Gefahr, wenn man zu scharf nachdenkt.»

Es blieb eine halbe Minute still zwischen den beiden. Schließlich fuhr Kollberg wieder fort: «Ob dieser Kerl, dieser Eriksson ... Mann, das war Dusel, daß du den festnehmen konntest. He ... Hörst du gar nicht zu?»

«Aber sicher», entgegnete Martin Beck geistesabwesend. «Sicher höre ich zu.»

Es stimmte. Er hatte zugehört. Aber während der letzten paar Minuten hatte er Kollbergs Stimme nur wie aus weiter Ferne vernommen. Zwei Ideen waren ihm plötzlich durch den Kopf geschossen ... Die eine noch vage, auf einer Assoziation zu etwas, das er jemanden hatte sagen hören, aufgebaut, und sie war auch sofort zurück in den Bodenschlamm von unfertigen und vergessenen Gedanken herabgesunken. Die andere handgreiflicher, ein neuer und – soweit er es überschauen konnte – durchführbarer Angriffsplan.

«Sie muß jemanden an Bord getroffen haben», murmelte er vor sich hin.

«Soweit nicht Selbstmord vorliegt», bestätigte Kollberg mit matter Ironie.

«Jemand, der nicht vorhatte, sie zu töten ... Jedenfalls nicht von Anfang an. Der also keine Veranlassung hatte, sich versteckt zu halten ...»

«Ja, sicher, das nehmen wir an, aber was hilft es, wenn ...»

Eine Szene aus den letzten Julitagen in Motala stand ganz deutlich vor Martin Becks Augen: die vollbesetzte *Juno*, die um den Bagger herumfuhr und ins Hafenbecken hineinsteuerte.

Er richtete sich auf, griff nach der alten Ansichtskarte und betrachtete sie nachdenklich.

«Lennart», sagte er, «was meinst du, wieviel Fotoapparate auf dieser Reise benutzt wurden? Mindestens fünfundzwanzig oder dreißig, vielleicht vierzig. Bei jeder Schleuse sprangen Leute an Land, um das

Boot und sich selbst gegenseitig aufzunehmen. Heute kleben diese Bilder in zwanzig, dreißig Familienalben. Bilder von der ganzen Fahrt. Die ersten am Kai bei Riddarholmen aufgenommen und die letzten bei Lilla Bommen. Nehmen wir an, daß zwanzig Leute je dreißig Aufnahmen während der drei Tage gemacht haben. Das wäre, niedrig gerechnet, nur ein Film pro Person. Und einige haben bestimmt noch eine Schmalfilmkamera bei sich gehabt. Lennart, es müssen mindestens sechshundert Aufnahmen vorliegen ... Verstehst du ... sechshundert Bilder, vielleicht tausend.»

«Ja», sagte Kollberg langsam. «Ich verstehe, was du meinst.»

17

«Das wird eine wahnsinnige Arbeit», sagte Martin Beck.

«Nicht schlimmer als das, was wir schon hinter uns gebracht haben», meinte Kollberg.

«Vielleicht ist es auch nur eine fixe Idee. Ich kann mich ja irren.»

Dies war ein Spiel, das sie früher schon viele Male durchgespielt hatten. Martin Beck wurde von Zweifeln geplagt und benötigte Unterstützung. Er wußte im voraus, welche Antwort er darauf zu hören bekam. Trotzdem hielt er sich an die vertrauten Spielregeln.

«Ich finde die Idee großartig», beharrte Kollberg; und nach einigen Sekunden fügte er hinzu: «Außerdem wird es jetzt viel schneller gehen. Wir wissen, wo wir die Leute finden können, und mit den allermeisten haben wir Kontakt aufgenommen.»

Für Kollberg war es leicht, überzeugt zu tun. Das gehörte beinahe schon zu seinen Aufgaben.

Nach einer Weile fragte Martin Beck: «Wieviel Uhr ist es eigentlich?»

«Zehn nach sieben.»

«Wohnt einer der Passagiere hier in der Nähe?»

Kollberg sah in seinem Notizbuch nach. «Du hast Glück. Näher, als du ahnst. Norr Mälarstrand. Ein pensionierter Oberst und Frau.»

«Wer hat denn mit ihnen gesprochen?»

«Melander. Nette Menschen, sagte er.»

«War das alles?»

«Ja.»

Der Asphalt war naß und blank und glitschig, und Kollberg fluchte, als der Wagen im Rondell bei Lindhagens Plan ins Rutschen kam. Drei Minuten später waren sie da.

Die Frau Oberst öffnete.

«Axel, hier sind zwei Herren von der Polizei», schrie sie in die Wohnung hinein.

«Laß sie eintreten», brüllte der Oberst. «Oder glaubst du, ich soll mich draußen auf die Treppe stellen?»

Martin Beck schlug den Regen vom Hut und trat näher. Kollberg putzte sich die Füße auf der Matte ab.

«Das reinste Manöverwetter», trompetete der Oberst. «Die Herren müssen entschuldigen, daß ich nicht aufstehe.»

Auf dem niedrigen Tisch vor ihm stand eine angefangene Dominopartie, eine Wasserkaraffe und eine Flasche Rémy Martin. Zwei Meter davon entfernt brachte der auf höchste Lautstärke eingestellte Fernsehapparat eine Episode aus dem Alltag der Familie Jetsons, der schon unter normalen Verhältnissen ohrenbetäubend war.

«Manöverwetter, wie gesagt. Wollen die Herren einen Cognac? Das ist das einzige, was hilft.»

«Ich fahre», schrie Kollberg mit einem resignierten Blick auf die Flasche.

Es dauerte zehn Sekunden, bis Martin Becks Solidaritätsgefühl die Oberhand gewann. Ihn fror, aber auch er schüttelte den Kopf.

«Frag du ihn», flüsterte er Kollberg zu.

«Wie bitte?» schrie der Mann im Lehnstuhl.

Martin Beck brachte ein Lächeln und eine abwehrende Geste zustande. Der geringste Versuch, sich an dem Gespräch zu beteiligen, würde seine Stimme für die ganze nächste Woche unbrauchbar machen, davon war er überzeugt. Mochte Kollberg seine Stimmbänder strapazieren...

«Fotos? Nein, wir fotografieren nicht mehr. Ich sehe so schlecht, und Axel vergißt immer, den Film weiterzudrehen. Danach fragte im übrigen auch der nette junge Mann, der vor vierzehn Tagen hier war. Ein wirklich netter Kerl.»

Martin Beck und Kollberg wechselten einen schnellen Blick. Nicht nur vor Erstaunen über die schmeichelhafte Beschreibung Melanders.

«Na, so ein Zufall», donnerte der Oberst, «Major Jentsch... Ach, den kennen Sie natürlich nicht. Während der Reise haben wir mit ihm und seiner Frau an einem Tisch gesessen. Intendantur-Offizier, ein prächtiger Mensch. Wir sind sogar vom gleichen Jahrgang, obwohl der unglückliche Ausgang des Feldzuges gegen die Bolschewisten seiner Laufbahn ein frühes Ende setzte. Sie wissen, Beförderungen kommen schnell, solange der Krieg dauert. Aber nach 1945 war Schluß damit für die armen Kerle. Na, für Jentsch war das offensichtlich nicht so schlimm. Er war ja Intendantur-Offizier, die waren beim Wiederaufbau nicht mit Gold zu bezahlen. Er kriegte einen Direktorposten in einer Lebensmittelfirma in Osnabrück, glaube ich mich zu erinnern. Nun, wir hatten verschiedenes gemeinsam, viel Unterhaltungsstoff. Die Zeit verging wie im Fluge. Major Jentsch hatte im Kriege einiges mitgemacht. Einiges, wie gesagt. Neun Monate lang, vielleicht sind's auch elf gewesen, na, jedenfalls war er Verbindungsoffizier zur Blauen Division gewesen. Sie erinnern sich an die Blaue Division? Die spanischen Elitetruppen, die Franco gegen die Bolschewisten eingesetzt hatte. Und eins muß ich sagen ... hier zu Hause scheren wir oftmals Italiener und Griechen und Spanier und andere ... ja, also, wir scheren die über einen Kamm, aber ich muß, wie gesagt, sagen, diese Burschen in der Blauen Division, die konnten wirklich ...»

Martin Beck wandte den Kopf und starrte verzweifelt auf den Fernsehschirm, der jetzt einen Filmbericht über die Rübenernte in Schonen brachte. Die Frau Oberst lauschte hingerissen den Worten des Sprechers und schien ihre Umwelt völlig vergessen zu haben.

«Ich verstehe», brüllte Kollberg. Dann holte er Luft und fuhr mit bewundernswerter Lautstärke und Zielrichtung fort: «Wir sprachen über das Fotografieren, und Sie, Herr Oberst, wollten gerade etwas dazu sagen. Von einem Zufall ...»

Mehr als eine Minute lang war der Rüben-Anpflanzungsexperte alleinherrschend im Raum. Es erschien geradezu wie eine Wohltat.

«Was? Ach so, ja ... Was für ein Zufall. Major Jentsch war ein geradezu begeisterter Fotograf. Und dabei sah und hörte er nicht besser als wir. Er fotografierte pausenlos. Und erst vor wenigen Tagen schickte er uns einen ganzen Packen Bilder von der Reise. Sehr liebenswürdig, finden Sie nicht? Muß ihn eine Menge gekostet haben. Ausgezeichnete Bilder. Prächtige Erinnerungen auf jeden Fall.»

Martin Beck stand auf und verringerte das Lautsprechervolumen ein wenig. Das geschah instinktiv in Selbstverteidigung, ohne daß er eigentlich wußte, was er tat. Die Frau Oberst starrte ihn verständnislos an.

«Wie? Ja, natürlich ... Missan, willst du mal die Bilder holen, die wir aus Deutschland bekommen haben? Ich möchte sie den Herren hier zeigen.»

Martin betrachtete die Frau, die Missan genannt wurde und sich jetzt mühsam aus dem Fernsehstuhl erhob, mit zusammengezogenen Augenbrauen.

Es waren etwa fünfzehn Farbabzüge im Format 12 mal 12 cm, die der Herr Oberst zwischen Daumen und Zeigefinger der linken Hand hielt. Martin Beck und Kollberg standen vornübergebeugt, jeder an einer Seite von ihm.

«Hier sind also wir ... und dort sehen Sie Frau Major Jentsch, ja, ja, und hier sehen Sie meine Frau ... und hier bin ich selber. Dies Bild wurde auf der Kommandobrücke aufgenommen. Es ist der erste Tag, und ich plaudere gerade mit dem Kapitän, wie Sie vielleicht sehen. Und hier ... meine Augen lassen leider ziemlich nach ... Willst du mir das Vergrößerungsglas geben, Liebling ...»

Der Oberst putzte das Vergrößerungsglas lange und sorgfältig, bevor er die Untersuchung fortsetzte.

«Ja, genau, hier sehen Sie Major Jentsch selber und dann mich und meine Frau ... Die Frau Major muß das Bild geknipst haben. Das sieht auch etwas verschwommener aus als die anderen. Und hier beinahe das gleiche Bild noch mal, nur aus einem anderen Blickwinkel, will mir scheinen. Und ... Lassen Sie mal sehen ... Die Dame, mit der ich mich hier unterhalte, hieß Frau Liebeneiner, auch eine Deutsche. Aß im übrigen auch an unserem Tisch, eine äußerst nette und freundliche Dame. Aber leider etwas älter. Verlor ihren Mann bei El Alamein.»

Martin Beck blickte schärfer hin und sah eine uralte faltige Tante in geblümtem Kleid und rosa Hut. Sie stand aufrecht bei dem einen Rettungsboot, mit einer Kaffeetasse in der einen Hand und einem Stückchen Gebäck in der anderen.

Die Untersuchung schritt voran. Das Motiv blieb gleichartig. Martin Beck bekam allmählich Schmerzen in der Wirbelsäule. Er hätte von nun an die Frau Major Jentsch aus Osnabrück überall auf der Welt wiedererkannt.

Auf dem Mahagonitisch vor dem Oberst lag das letzte Bild. Die *Diana*, schräg von hinten gesehen, wie sie beim Riddarholms-Kai, mit Stadshuset, dem Rathaus, im Hintergrund und zwei Taxis, die an der Gangway vorgefahren waren, vertäut lag.

Offenbar war das Bild unmittelbar vor der Abreise aufgenommen worden, denn es befanden sich schon viele Leute an Bord. Achtern bei dem Steuerbord-Rettungsboot auf dem Shelter-Deck die Frau Major Jentsch aus Osnabrück. Gerade unterhalb von ihr stand Roseanna

McGraw. Vornübergelehnt mit den Unterarmen auf der Reling und den Füßen weit auseinander. Trotz der Sonnenbrille war sie gut zu erkennen. Sie trug Sandalen und ein weißgelbes Trägerkleid. Martin Beck reckte sich so weit vor, wie er konnte, und versuchte sich die Nächststehenden genau anzusehen. Zugleich hörte er, wie Kollberg durch die Zähne pfiff.

«Jaja, jaja», fuhr der Oberst unberührt fort. «Das ist also das Schiff hier unten bei Riddarholmen, dort ist ja der Rathausturm. Und dort oben steht Hildegard Jentsch. Das war, bevor wir uns kennenlernten. Ach ja, das war lustig; dieses Mädchen hier saß auch ein paarmal an unserem Tisch. Eine Holländerin oder Engländerin, glaube ich. Man setzte sie dann wohl an einen anderen Tisch, so daß wir Old Boys etwas mehr Ellbogenfreiheit bekamen.»

Ein kräftiger weißhaariger Zeigefinger, mächtig vergrößert unter dem Vergrößerungsglas, lag auf der Frau in Sandalen und dem gelben Kleid.

Martin Beck holte schon Luft, um etwas zu sagen; aber Kollberg war schneller.

«Wie meinen Sie?» fragte der Oberst. «Sicher? Natürlich bin ich sicher. Sie saß wenigstens vier-, fünfmal am selben Tisch mit uns. Immer sehr schweigsam, soweit ich mich erinnere.»

«Aber ...»

«Ja, ja ... Ihr Kollege zeigte uns ein paar Bilder, aber wissen Sie, an das Gesicht kann ich mich nicht mehr erinnern. Nur an die Kleidung. Oder vielleicht besser gesagt, auch nicht gerade an die Kleidung.»

Er drehte sich nach links und stieß Martin Beck seinen kräftigen Zeigefinger in den Brustkorb. Es schmerzte richtig.

«Aber der Ausschnitt», flüsterte er unmißverständlich. «Der Ausschnitt hatte es in sich.»

18

Viertel nach elf, wieder im Dienstzimmer in Kristineberg. Der Wind hatte aufgefrischt, und Regenschauer klatschten gegen die Fensterscheiben.

Die fünfzehn Fotos lagen vor Martin Beck ausgebreitet. Vierzehn hatte er beiseite geschoben und betrachtete nun zum vielleicht fünfzigstenmal Roseanna McGraw im Lichtkreis des Vergrößerungsglases. Sie sah aus, wie er sich's die ganze Zeit vorgestellt hatte. Ihr Blick war nach oben gerichtet. Vermutlich gegen die Turmspitze der Riddarholms-Kirche. Sie wirkte frisch und entspannt und unbekümmert – und dabei hatte sie noch genau 36 Stunden zu leben. Links von ihr sah man einen Teil der Kabine Nr. A 7. Die Tür stand offen, aber das Bild ließ nicht erkennen, wie es drinnen aussah.

«Bist du dir darüber klar, daß wir heute endlich mal Glück hatten?» sagte Kollberg. «Zum erstenmal während dieser ganzen verdammten Sache. Früher oder später hat man immer mal Glück. Aber diesmal hat es verflixt lange gedauert.»

«Ein bißchen Pech auch.»

«Du meinst, es war ärgerlich für sie, daß sie an einem Tisch mit zwei steinalten Landsknechten und drei halbblinden Weibern landete? Das ist kein Unglück, sondern nur die Folge des bekannten Gesetzes über die Unzulänglichkeit aller Dinge. Komm, gehen wir nach Haus und hauen uns in die Falle. Ich fahre dich. Oder nimmst du lieber die billige Tour?»

«Erst noch ein Telegramm an Kafka. Den Brief schreiben wir morgen.»

Eine halbe Stunde später saßen sie im Wagen. Kollberg fuhr schnell und unkonzentriert, es regnete immer noch in Strömen. Aber Martin Beck schien nicht zu reagieren, obwohl ihm bei Autofahrten normalerweise schlecht zumute wurde. Den ganzen Weg über schwiegen sie. Erst vor dem Haus in Bagarmossen schüttelte sich Kollberg und sagte:

«Tja, nun wird man also im Bett liegen und die ganze Zeit an diese Sache denken. Tschüs.»

Es war still und dunkel in der Wohnung, aber als Martin Beck am Zimmer seiner Tochter vorbeikam, hörte er gedämpfte Musik. Vermutlich hatte sie das Transistorgerät mit im Bett. Er selber hatte früher beim Schein der Taschenlampe Abenteuerromane unter der Decke gelesen.

Auf dem Küchentisch stand Brot, Butter und Wurst. Er machte sich ein Brot und suchte im Kühlschrank nach Bier. Es war nichts da. Er verzehrte sein frugales Abendessen im Stehen und spülte es mit einem halben Glas Milch herunter.

Dann ging er leise ins Schlafzimmer. Um seine Frau nicht zu wecken, zog er sich im Dunkeln aus und schlüpfte schnell ins Bett. Sie bewegte sich unruhig, und er wagte nicht, sich zu rühren. Nach ein paar Minuten wurden ihre Atemzüge wieder gleichmäßig. Da streckte er sich bequem aus, schloß die Augen und begann nachzudenken.

Man hatte Roseanna McGraw schon auf einem der ersten Bilder gefunden. Außerdem hatten diese Fotos fünf andere Personen identifiziert: die beiden pensionierten Offiziere, deren Frauen und die Witwe Liebeneiner. Er konnte damit rechnen, fünfundzwanzig bis dreißig Bildsammlungen zu bekommen, und wahrscheinlich umfangreichere als die vorliegende. Wenn jeder Fotograf die auf den Fotos befindlichen Personen namentlich bezeichnete, würde man endlich in der Lage sein, Roseanna McGraws letzte Reise zu verfolgen. Sie würden diese Reise vor sich ablaufen lassen wie einen Film.

Vieles hing jetzt an Kafka und an dem, was bei den acht Ehepaaren aufzutreiben war, die sich damals mit auf der Reise befunden hatten. Die wohnten über den ganzen nordamerikanischen Kontinent verteilt. Amerikaner sind für ihre Fotografierleidenschaft bekannt – und außerdem: Wenn Roseanna McGraw außer mit dem Mörder noch andere Bekanntschaften geschlossen hatte, dann doch wohl mit ihren eigenen Landsleuten. Vielleicht sollte man den Mörder unter den Amerikanern suchen. Vielleicht würde er eines schönen Tages mit dem Telefonhörer am Ohr dastehen und durch das Ätherrauschen Kafkas Stimme hören: Yeah, I shot the bastard.

Mitten in diesen Gedanken schlief Martin Beck ein. Schneller und müheloser als seit langem.

Auch der nächste Tag war grau und naßkalt. Das letzte gelbe Laub klebte traurig an Hauswänden und Fensterscheiben.

Als hätten Martin Becks nächtliche Gedanken ihn erreicht, schickte Kafka ein lakonisches Blitztelegramm:

ERBITTE GENAUERE INFORMATIONEN

Zwei Tage später erschien Melander, der bekanntlich nie etwas vergaß, nahm die Pfeife aus dem Mund und verkündete in seiner unerschütterlichen Art: «Uli Mildenberger ist in Heidelberg, schon den ganzen Sommer über. Soll er vernommen werden?»

Martin Beck überlegte fünf Sekunden. «Ist nicht nötig.» Er zuckte mit den Schultern und ging hinunter in sein Büro.

Die Nachforschungen waren jetzt in eine Phase gelangt, in der er wenig zu ihrer Beschleunigung beitragen konnte. Jetzt hieß es abwarten. Von Ahlberg in Motala ging der heiße Draht zu ihm selbst in Kristineberg; von hier strahlten die Verbindungen pfauenfederartig zu einer Reihe von Punkten auf der Landkarte aus, im Norden bis zum Nordkap, im Süden bis nach Durban und im Osten nach Ankara. Die unvergleichlich wichtigste Verbindungslinie führte zu Kafkas Dienstraum in Lincoln, einige tausend Kilometer nach Westen. Von dort verzweigte sie sich wieder zu einem Strahlenbündel, dessen einzelne Strahlen auf eine Handvoll Orte zuliefen, die über dem ganzen amerikanischen Kontinent verstreut lagen.

Sollte man mit diesem gewaltigen Apparat nicht einen Mörder aufspüren und einkreisen können? Die Erfahrung hatte leider gelehrt, daß es nicht immer der Fall war ... Das klassische Beispiel dafür war ein anderer Sexualmord, der schon Jahre zurücklag. Das Verbrechen wurde im Keller eines Mietshauses in einem Vorort von Stockholm begangen. Minuten nach der Tat hatte man die Leiche entdeckt und die Polizei alarmiert. Mehrere Personen hatten den Mörder gesehen und konnten eine ausführliche Personalbeschreibung geben. Der Mann hatte Fußspuren hinterlassen, Zigarettenkippen, Streichhölzer und dazu noch eine Aktentasche. Außerdem deutete der Zustand der Leiche auf eine spezielle sexuelle Abwegigkeit hin. Und doch hatten sie den Mann nicht fassen können. Der anfängliche Optimismus wandelte sich allmählich zu einem Gefühl der Hilflosigkeit. Alle Spuren mündeten im Nichts. Sieben Jahre später wurde der Mann bei einem erneuten Vergewaltigungsversuch gefaßt. Während der Vernehmung brach er plötzlich zusammen und gab den Mord zu.

Für Martin Beck war sowohl das Verbrechen als auch dessen Aufklärung nur eine Episode in seinen Tagebuchaufzeichnungen gewesen. Aber für einen seiner älteren Kollegen war es von entscheidender Bedeutung gewesen. Wie gut erinnerte er sich daran, wie jener Monat für Monat, Jahr für Jahr, lange schon nachdem die Ermittlungen auf Eis gelegt worden waren, halbe Nächte hindurch an seinem Schreibtisch gesessen hatte und damit beschäftigt gewesen war, alle Protokolle und Zeugenaussagen zum fünfhundertsten- oder vielleicht sogar zum tausendstenmal zu kontrollieren und zu zerpflücken. Wie oft hatte er ihn nicht zufällig und an ganz ungewohnten Orten getroffen, zu Zeiten, wo er dienstfrei war oder sogar Urlaub hatte, ständig auf der Jagd nach neuen Anhaltspunkten in einem Fall, der zur Tragödie seines Lebens geworden war. Schließlich war er krank geworden und wurde vorzeitig pensioniert, hatte aber trotzdem nicht aufgegeben. Endlich kam der Tag der Erlösung, als ein Mann, der noch nie vorher bestraft oder eines Verbrechens beschuldigt worden war, plötzlich vor einem verblüfften Landsfiskal in Halland in Tränen ausbrach und einen sieben Jahre zurückliegenden Mord durch Erwürgen zugab. Da gewann man dann auch volle Klarheit über die lächerlichen Zufälle und Tatsachen, die übersehen worden waren und dadurch die Polizei daran gehindert hatten, den Mörder sofort festzunehmen. Martin Beck fragte sich manchmal, ob diese späte Lösung dem alten Kriminalbeamten wirklich den erhofften Frieden gebracht hatte.

So konnte es also gehen. Obwohl die Frau in dem Keller so gar nichts mit Roseanna McGraw gemeinsam hatte. Sie war ein haltloses, umherziehendes menschliches Wrack gewesen, dessen Asozialität ebenso undiskutabel war wie der belastende Inhalt ihrer Handtasche.

Martin Beck dachte viel an diesen Fall, während er nervös und untätig in seinem Zimmer saß und darauf wartete, daß etwas geschah.

In Motala beschäftigte sich Ahlberg damit, die städtischen Behörden in Atem zu halten: Unaufhörlich drängte er darauf, daß jeder Quadratmeter des Kanalbeckens von Tauchern und Froschmännern untersucht würde. Mit Martin Beck nahm er nur selten Kontakt auf, wartete aber jeden Augenblick darauf, daß das Telefon klingeln sollte.

Nach einer Woche traf in Kristineberg ein neues Telegramm von Kafka ein. Der Text war knapp und überraschend:

YOU WILL HAVE A BREAK ANY MINUTE NOW

Martin Beck rief Ahlberg an: «Kafka prophezeit uns eine Überraschung.»

«Er hat wohl das Gefühl, daß wir eine Aufmunterung gebrauchen können», entgegnete Ahlberg gleichmütig.

Kollberg war anderer Meinung. «Der Mann ist wohl unter die Hellseher gegangen.»

Melander äußerte sich überhaupt nicht.

Innerhalb von zehn Tagen hatten sie etwa fünfzig Farbaufnahmen in der Hand und ließen rund dreimal so viele Negative kopieren. Viele der Bilder waren von schlechter Qualität. Roseanna McGraw konnten sie nur auf zweien ausfindig machen. Beide waren beim Riddarholms-Kai aufgenommen worden; sie stand immer noch allein achtern auf dem A-Deck, ein paar Meter von ihrer Kabine entfernt. Auf dem einen Foto stand sie vornübergebeugt und kratzte sich am rechten Spann, aber das war auch alles. Die anderen identifizierten im übrigen dreiundzwanzig Passagiere. Die Gesamtzahl war damit auf achtundzwanzig gestiegen.

Melander kümmerte sich um die genaue Auswertung, dann gab er die Fotos an Kollberg weiter, der sie in die ungefähre zeitliche Reihenfolge zu bringen versuchte. Martin Beck betrachtete den Stapel Stunde um Stunde, sagte aber nichts.

In den nächsten Tagen gingen noch einige Dutzend Bilder ein, doch Roseanna McGraw fand sich auf keinem.

Dagegen traf endlich ein Brief von der Polizei aus Ankara ein. Er lag am Morgen des dreizehnten Tages – entsprechend der neuen Zeitrechnung – auf Martin Becks Schreibtisch, und es dauerte zwei weitere Tage, bis die türkische Botschaft den Text ins Englische übersetzt hatte.

Entgegen allen Erwartungen brachte dieser Brief sie zum erstenmal seit langer Zeit ein kleines Stückchen weiter.

Einer der türkischen Passagiere, der zweiundzwanzigjährige Medizinstudent Günes Fratt, hatte zugegeben, daß er die Frau auf den Bildern wiedererkenne; Name und Nationalität seien ihm aber unbekannt. Nach «drängendem Verhör» durch einen Polizeioberst mit einem sehr langen Namen, der fast nur aus den Buchstaben ö, ü und z bestand, hatte er auch zugegeben, daß er sie attraktiv gefunden und am ersten Tag der Reise versucht habe, mit ihr ins Gespräch zu kommen. Die Frau habe überhaupt nicht geantwortet. Etwas später glaubte er, sie mit einem Mann zusammen gesehen zu haben, und hatte daraus gefolgert, daß sie verheiratet sei. Das einzige, was der Zeuge über das Aussehen des Mannes zu sagen wußte, war, daß er «vermutlich recht groß» sei. Im weiteren Verlauf der Reise hatte der Zeuge die Frau nicht wieder gesehen. Günes Fratts Onkel, der «informativ» von dem Polizeioberst mit dem komplizierten Namen vernommen war, bezeugte, daß er während der ganzen Reise seinen Neffen unter strenger Aufsicht gehabt und ihn niemals mehr als höchstens zehn Minuten allein gelassen habe.

Die Botschaft fügte von sich aus hinzu, daß die beiden Reisenden einer wohlsituierten und allgemein geachteten Familie angehörten.

Der Brief selber bedeutete für Martin Beck keine sonderliche Überraschung. Er hatte die ganze Zeit gewußt, daß früher oder später eine ähnliche Mitteilung eintreffen würde. Aber er brachte sie einen Schritt weiter, und während er die verwickelten Verbindungen zu Motala bearbeitete, dachte er darüber nach, was ein türkischer Polizeioberst wohl unter einem «drängenden Verhör» verstehen mochte.

Auch Kollberg, der eine Treppe höher in seinem Dienstzimmer saß, nahm die Neuigkeit mit Fassung auf. «Die Türken? Ach ja, ich weiß.

Wir haben sie auf mehreren Bildern identifiziert.» Er blätterte in seinen Listen. «Bild Nr. 23, 38, 102, 109 ...»

«Das reicht.»

Martin Beck blätterte den Stapel durch und fand eine Aufnahme, auf der die beiden Männer deutlicher zu sehen waren. Eine Weile betrachtete er den weißen Schnurrbart des Onkels, dann wandte er sich dessen Begleiter zu: Günes Fratt war ein kleiner, elegant gekleideter Mann mit einem dünnen schwarzen Schnurrbart und regelmäßigen Zügen. Sah gar nicht so uneben aus.

Roseanna McGraw war leider anderer Auffassung gewesen.

Dies war der fünfzehnte Tag, nachdem ihm die erleuchtende Idee mit den Bildern gekommen war, und sie hatten nun mit Sicherheit einundvierzig Passagiere identifiziert, die auf der einen oder der anderen Fotografie zu sehen waren. Die Sammlung hatte ihnen zwei neue Bilder der Frau aus Lincoln gebracht. Beide waren im Södertälje-Kanal aufgenommen worden. Auf einem stand Roseanna im Hintergrund, unscharf und mit dem Rücken gegen den Fotografen, auf dem anderen zeigte sie sich im Profil an der Reling, mit der Eisenbahnbrücke im Hintergrund. Drei Stunden dem Tod näher. Roseanna hatte die dunkle Sonnenbrille abgenommen und blinzelte gegen die Sonne. Der Wind riß in ihrem dunklen Haar, und sie hielt den Mund halb offen, als ob sie die Absicht hatte, etwas zu sagen, oder gerade gegähnt hatte.

Martin Beck betrachtete sie lange durchs Vergrößerungsglas.

«Wer hat dieses Bild aufgenommen?» sagte er schließlich.

«Eine Dänin», gab Melander zurück. «Vibeke Amdal aus Kopenhagen. Reiste allein in einer Einzelkabine.»

«Stell mal fest, was du über sie herausbekommst.»

Eine halbe Stunde später schlug die Bombe ein.

«Blitz aus den Vereinigten Staaten», meldete die Angestellte am Fernschreiber. «Ich lese vor:

Struck goldmine yesterday. Ten rolls eight millimeter colorfilm and 150 stills. You will see a lot of Roseanna McGraw. Some unknown character seems to be with her. Pan American guarantees delivery Stockholm Thursday. Kafka.

Soll ich übersetzen?»

«Ja, bitte.»

«Gestern auf Goldader gestoßen. Zehn Rollen Acht-Millimeter-Farbfilm und hundertfünfzig Momentaufnahmen. Ihr werdet Verschiedenes von Roseanna McGraw zu sehen bekommen. Irgendeine unbekannte Person scheint mit ihr zusammen zu sein. Pan-American verspricht Lieferung Stockholm Donnerstag. Unterschrift Kafka.»

Martin Beck sank auf seinem Stuhl zusammen, massierte den Haaransatz und warf einen Blick auf den Tischkalender.

Der Name des Tages war Katharina. Donnerstag, der 25. November 1964. Draußen regnete es. Bald würde es anfangen zu schneien.

19

Sie ließen den Film im Labor schräg gegenüber Norra Station ablaufen. Es war reichlich eng im Vorführraum, und sogar in diesem Augenblick fiel es Martin Beck schwer, sich über seine Abneigung gegenüber einer größeren Menschenmenge hinwegzusetzen.

Der Chef war da und der Landsfogd von Linköping. Der Stadsfiskal und Larsson und Ahlberg, die von Motala raufgekommen waren. Und natürlich Kollberg, Stenström und Melander.

Selbst Hammar merkte man die Spannung an, dabei hatte er mehr von Kriminalität gesehen, als alle anderen zusammen.

Das Licht wurde ausgedreht.

Der Projektor begann zu surren. «Ach ja, ja, ja ...» Kollberg hatte wie üblich Schwierigkeiten, den Mund zu halten.

Die Wachtparade zog vorbei. Die Kamera schwenkte ein auf Norrbro, die Norderbrücke und dann hinauf gegen die Fassade der Oper.

«Kein Stil», bemerkte Kollberg. «Als ob die Militärpolizei vorbeizieht.»

Der Landsfogd räusperte sich.

Das Wasawrack, eingehüllt in tanzende Schleier feinverteilten Wassers. Hübsche schwedische Mädchen mit aufgesteckten Haaren und Stupsnasen auf der Treppe des Konzerthauses. Die Geschäftsstraße Hötorgscity. Ein für die Touristen verkleideter Lappe vor einer Hütte im Freizeitpark Skansen. Schloß Gripsholm mit Volkstanzgruppe im Vordergrund. Eine angejahrte Amerikanerin mit violetten Lippen und Straß auf dem Brillengestell. Hotel *Reisen*, Skeppsbron, die *Svea Jarl* von hinten, die Fähre nach Djurgården, ein großes Kreuzfahrtschiff vor der Schloßkulisse vor Anker, aufgenommen von einer fahrenden Rundfahrtbarkasse aus.

«Was ist das für ein Schiff?» fragte der Landsfogd.

«*Moore-McCormacks Brazil*», erklärte Martin Beck. «Kommt jeden Sommer her.»

Das Museum Valdemarsudde, die Frau mit den lila Lippen, Danvikshem.

«Was ist das für ein Gebäude?» erkundigte sich der Landsfogd.

«Ein Altersheim», erklärte Kollberg. «Haile Selassie hat es, als er einmal vor dem Krieg hier war, für das königliche Schloß gehalten und Salut schießen lassen.»

Möwen, sich kunstvoll in der Luft wiegend, Farsta Zentrum, eine Gruppe von Menschen vor einem blauen Bus mit Plexiglasdach. Norsfischer, die finster in die Kamera blickten.

«Wer hat den Film gemacht?» wollte der Landsfogd wissen.

«Ein Mr. Wilfred S. Bellamy jr. aus Klamath Falls in Oregon», sagte Martin Beck.

«Nie was von gehört», murmelte der Landsfogd.

Svartmannsgatan, Brunkebergspumpen, die Marktplatzpumpe, unterbelichtet.

«Jetzt!» sagte der Landsfogd.

Die *Diana* am Riddarholms-Kai. Schräg von achtern. Roseanna McGraw in bekannter Pose mit dem Blick nach oben.

«Da ist sie», sagte der Landsfogd.

«O Gott!» sagte Kollberg.

Die Frau mit den violetten Lippen schob sich zähneblitzend vor den Hintergrund und verdeckte alles bis auf die Reedereiflagge und den Rathausturm. Rundblick über den Kaiplatz.

Plötzlich weiße Punkte. Flimmern. Rotbraune Schatten. Schwarz. Das Licht wurde angemacht und ein Mann in weißem Kittel öffnete die Tür einen Spaltbreit.

«Augenblick. Nur eine kleine Störung im Projektor.»

Ahlberg drehte sich um und guckte Martin Beck an.

«Jetzt hat er Feuer gefangen und ist verbrannt», stellte Erster Kriminalassistent Lennart Kollberg, der Gedanken lesen konnte, lakonisch fest.

Im selben Moment wurde das Licht wieder ausgeschaltet.

«Jetzt heißt es aufpassen, Herrschaften», sagte der Landsfogd.

Ausblick über den Hügel, Västerbron, die Westbrücke. Schäumendes Kielwasser, die schwedische Flagge, ein entgegenkommendes Schiff. Eine Minute lang Mrs. Bellamy im Deckstuhl mit geschlossenen Augen.

«Bitte auf den Hintergrund zu achten», verkündete der Landsfogd.

Es tauchten einige Personen im Hintergrund auf, Martin Beck konnte Roseanna McGraw aber nicht entdecken.

Die Schleuse von Södertälje, die Straßenbrücke, die Eisenbahnbrücke. Der Mast mit der flatternden Reedereiflagge vor dem blauen Himmel. Motorsegler, mit Fässern auf dem Deck, kommt entgegen, der Küchenjunge winkt. Der gleiche Motorsegler schräg von hinten, Mrs. Bellamys faltiges Profil rechts im Bild.

Oxelösund von der Seeseite her, der supermoderne Kirchturm, das Eisenwerk mit rauchenden Schornsteinen, ein Erzhüttenkahn am Malm-Kai. Das Bild hob und senkte sich mit dem Rollen des Schiffs, und die Farbe war etwas ins Graugrüne übergegangen.

«Das Wetter ist jetzt schlechter geworden», erklärte der Landsfogd.

Das Vorderdeck, leer wie der blanke Rücken eines Ölmantels. Göteborgs Stadtflagge naß und schlaff an der Fahnenstange am Bug. Der Steuermann mit einem Tablett in der Hand auf dem Weg zum Vorraum an der Treppe.

«Wo mag das Schiff jetzt sein?» erkundigte sich der Landsfogd.

«Vor Hävringe», sagte Martin Beck. «Gegen fünf, sechs Uhr. Sie haben wegen Nebels gestoppt.»

Blick nach achtern auf das Shelter-Deck – verlassene Decksstühle, alles grau, alles feucht. Menschenleer.

Kamera mit einem leichten Ruck wieder zurück. Roseanna McGraw auf der Treppe vor dem A-Deck, die nackten Beine immer noch in Sandalen, aber mit einem dünnen, durchsichtigen Plastikmantel über dem Kleid und einer Kapuze auf den Haaren. Einige Schritte am Rettungsboot vorbei, kurzer, gleichgültiger Blick mitten in die Kamera, das Gesicht ruhig und entspannt, dann rechts aus dem Bild verschwindend. Schnelle Drehung: Roseanna von hinten, den Ellbogen auf der Reling, das Körpergewicht auf dem rechten Fuß ruhend, auf Zehen, mit dem linken Hacken den rechten Spann reibend.

Knapp 24 Stunden vor ihrem Tod!

Martin Beck hielt den Atem an; keiner im Raum sagte ein Wort. Die Frau aus Lincoln verblaßte, während weiße Punkte über die Leinwand zogen. Die Rolle war zu Ende.

Der Nebel hatte sich gelichtet. Ein geziertes Lächeln von lila Lippen. Ein älteres Ehepaar in Decksstühlen, mit Wolldecken über den Knien. Keine Sonne, aber auch kein Regen.

«Wer sind die Leute?» fragte der Landsfogd.

«Amerikaner», entgegnete Kollberg. «Anderson heißen sie.»

Das Schiff in einer Schleuse. Bild von der Brücke über das Vordeck, viele Rücken. Frihult von oben, schwankend zwischen den Planken und dem Steinbelag, lange nasse Späne aus Nadelholz, die auf das schwarze Wasser hinabgleiten. Ein Mann der Besatzung an Land, weit vornübergebeugt dreht er die Spill des Schleusentores. Kamera zu den sich öffnenden Schleusentoren hin. Kamera vom Vorderdeck aus. Mrs. Bellamys faltiges Doppelkinn schräg von unten, mit der Brücke und dem Schiffsnamen im Hintergrund.

Neues Bild von der Brücke aus. Neue Schleuse. Vorderdeck voller Menschen. Bildwechsel zu einem Mann im Strohhut, der sich unterhält.

«Cornfield, Amerikaner, reiste allein», erklärte Kollberg.

Martin Beck fragte sich, ob er der einzige gewesen war, der Roseanna McGraw in der vorhergegangenen Szene erkannt hatte. Sie hatte an der Steuerbordreling gestanden, wie üblich auf die Ellbogen gestützt, in Slacks und dunklem Pullover.

Das Bild vom Durchschleusen ging weiter, aber jetzt war sie nicht mehr zu sehen.

«Wo kann dies hier sein?» frage der Landsfogd wieder.

«Kurz hinter Karlsborg», meinte Ahlberg. «Nicht das am Vättern, es gibt einen Ort gleichen Namens dicht westlich von Söderköping. Sie sind um Viertel vor zehn dort abgefahren. Dies hier muß gegen elf gewesen sein.»

Wieder eine Schleuse, Ansicht des Vorderdecks. Da war sie wieder! Im schwarzen Rollkragenpullover. Mitten in einer Gruppe Menschen. Sie drehte das Gesicht zur Kamera und schien zu lächeln. Plötzlich abgebrochen. Kielwasser. Längere Folge mit Mrs. Bellamy und dem Ehepaar Anderson. Einmal ging der martialische Oberst aus Norr Mälarstrand zwischen Motiv und Kamera vorbei, undeutlich und langsam.

Martin Beck spürte einen Schmerz im Nacken. Zehn Stunden vor ihrem Tod. Hatte sie gelacht?

Kurzer Blick übers Vorderdeck mit nur drei, vier Personen. Das Schiff jetzt mitten auf einem See. Weiße Punkte. Schluß der Filmrolle.

Der Landsfogd richtete sich auf. «Roxen?»

«Asplången», sagte Ahlberg.

Eine Klappbrücke, Häuser am Strand. Menschen, die winkten und glotzten.

«Norsholm», erklärte Ahlberg. «Gegen Viertel nach drei.»

Die Kamera blieb hartnäckig auf den Strand gerichtet. Bäume, Kühe, Wiesen. Ein kleines Mädchen, sieben oder acht Jahre alt, auf dem Fußweg entlang der Kanalböschung. Blaues Kleidchen, zwei Rattenschwänze und Holzschuhe. Jemand von Bord warf ihr ein Geldstück hin. Sie nahm es auf, knickste scheu und verwirrt. Mehr Geldstücke. Die Kleine hob sie schnell auf, setzte sich in Trab, um mit dem Schiff Schritt zu halten. Eine Frauenhand mit einem blinkenden Halbdollarstück zwischen sehnigen Fingern mit karmesinroten Nägeln. Mrs. Bellamy mit exaltiertem Gesicht und ausholender Armbewegung. Das Mädchen am Ufer, die rechte Hand voller Münzen, völlig verwirrt, erstaunter blauer Blick.

Martin Beck hatte kein Auge für die kleine Szene. Er hörte, wie Ahlberg tief den Atem einzog und wie Kollberg sich reckte.

Hinter der mildtätigen Dame aus Klamath Falls, Oregon, hatte Roseanna McGraw das Shelter-Deck überquert. Sie war nicht allein gewesen. Links, dicht neben ihr, hatte sich ein Mann befunden. Ein Mann mit einer Sportmütze. Er war einen Kopf größer als sie und hatte sich eine Zehntelsekunde im Profil gegen den hellen Hintergrund abgezeichnet.

Alle hatten ihn gesehen.

«Film anhalten!» rief der Landsfogd.

«Lieber erst ablaufen lassen», meinte Ahlberg.

Die Kamera kehrte wieder zum Ufer zurück. Grüne Wiesen glitten vorbei, wogendes Schilf, und schließlich verblaßte die Sommerlandschaft hinter einer Reihe weißer Punkte.

Martin Beck nahm sein Taschentuch aus der Brusttasche und wischte sich über den Nacken.

Das Bild, das die Leinwand jetzt ausfüllte, war neu und überraschend. Vor ihnen lag der Kanal, der sich in einer langen, sanften Kurve durch die grüne Landschaft wand. Links des Kanals ein baumbestandener Fußweg, weiter zurück ein paar grasende Pferde auf einer Koppel hinter einem Gatter. Auf dem Fußweg näherte sich eine Gruppe Menschen.

Ahlberg kam dem Landsfogd zuvor. «Das ist westlich des Roxensees. Das Schiff hat jetzt die Schleusen von Berg passiert. Hier pflegen die Passagiere oft auszusteigen und bis Ljungsbro vorauszugehen. Da haben wir die letzten Schleusen vor denen in Borensberg. Es ist etwa sieben Uhr abends.»

Die Leute auf dem Fußsteig kamen näher, und hinten in der Kurve tauchte der weiße Bug mit der Stadtflagge von Göteborg auf.

«Gott sei Dank», sagte Ahlberg.

Nur Martin Beck wußte, was er meinte. Der Mann mit der Kamera hatte eine Alternative gehabt; er hätte den Schleusenaufenthalt zu einer Führung durch die Klosterkirche in Vreta nutzen können.

Jetzt war das Boot wieder ganz zu sehen, langsam beschleunigte es seine Fahrt auf dem Kanal unter einer trägen grauweißen Rauchfahne, die das schräge Abendlicht reflektierte.

Aber niemand im Vorführungsraum interessierte sich für die näher kommende *Diana*. Die auseinandergezogene Gruppe der Passagiere auf dem Pfad war jetzt so nahe gekommen, daß man schon Einzelheiten unterscheiden konnte.

Martin Beck erkannte Günes Fratt, den zweiundzwanzigjährigen Medizinstudenten aus Ankara. Er ging ganz vorn und sprach gestikulierend auf seinen Nebenmann ein.

Danach sah er sie.

Vielleicht 15 Meter hinter der Hauptgruppe tauchten zwei Personen auf. Roseanna McGraw, immer noch in hellen Slacks und dunklem Pullover, und neben ihr mit langen Schritten der Mann mit der Schirmmütze.

Sie waren noch weit entfernt.

Wenn nur der Film reicht, flehte Martin Beck im geheimen.

Sie kamen näher. Die Kameraeinstellung blieb unverändert.

Ließen sich die Gesichter unterscheiden?

Er sah, wie der große Mann sie am Arm hielt, um ihr an einer Pfütze vorbeizuhelfen.

Er sah sie stehenbleiben und auf das Schiff blicken, das vorbeiglitt und sie nun verdeckte. Aus. Aber Mr. Bellamy aus Klamath Falls war hartnäckig und behielt seine Einstellung bei. Das Schiff war vorübergezogen, und jetzt war Roseanna McGraw wieder zu sehen. Sie warf den Kopf zurück, reckte den Arm gegen jemand, der noch nicht im Bild war und jetzt langsam auftauchte.

Der Bildwechsel kam wie ein Schock. Die Schleusenmaschinen in Nahaufnahme, im Umkreis lauter Zuschauerbeine. Martin Beck glaubte Füße in Sandalen zu sehen neben hellen Hosenbeinen und braunen Halbschuhen.

Flimmern. Mehrere Menschen hielten den Atem an. Martin Beck zerknüllte sein Taschentuch zwischen den Fingern.

Aber noch war es nicht zu Ende. Ein etwas unterbelichtetes Gesicht mit lila Mund und einer straßbesetzten Sonnenbrille füllte die Leinwand, verschwand nach rechts. Entlang der Backbordseite auf dem A-Deck ging eine Kellnerin in weißer Bluse und schlug auf einen Gong. Hinter ihr tauchte Roseanna McGraw aus dem Eingang zum

Eßraum auf, furchte die Augenbrauen, blickte zum Himmel, lachte und wandte sich zu jemandem um, der noch hinter ihr verdeckt war. Nicht ganz – man sah einen Arm in gesprenkeltem Tweed, den Teil einer Schulter. Dann erschienen die weißen Punkte, das Bild verblaßte, ging in Grau über.

Sie hatte gelacht. Er hatte sich nicht getäuscht. Am 4. Juli, gegen 19 Uhr, hatte sie gelacht. Kurz darauf hatte sie zu Abend gegessen – Rinderbraten, frische Kartoffeln, Erdbeeren und Milch. Während ein schwedischer Oberst und ein deutscher Major strategische Probleme der Schlacht von Stalingrad erörterten.

Die Filmleinwand war in Licht getaucht. Neue Schleusen. Blauer Himmel mit treibenden Wolken. Der Kapitän mit der Hand am Maschinentelegraf.

«Sjötorp», erklärte Ahlberg. «Nächster Tag, 12 Uhr mittags. Sie sind bald draußen auf dem Vänernsee.»

Martin Beck erinnerte sich an alle ergänzenden Einzelheiten. Vor einer Stunde hatte es aufgehört zu regnen. Roseanna McGraw war tot. Seit zwölf Stunden lag ihr nackter, zerrissener Körper eingebettet im Schlamm unterhalb der Mole in Borenshult.

Auf dem Deck der *Diana* streckten sich Menschen auf ihren Liegestühlen aus, plauderten, lachten, blinzelten in die Sonne. Die Dame aus Klamath Falls, Oregon, lachte violett in die Kamera.

Der Wasserspiegel des Vänernsees. Leute, die sich auf den Decks hin und her bewegten. Der langhaarige Heizer aus dem Vernehmungszimmer in Motala leerte einen Sack Asche und Schlacke in den See. Er war schmutzig im Gesicht und glotzte verärgert auf den Fotografen.

Keine Frau in schwarzem Pullover, Khakihosen und Sandalen. Kein großer Mann in Tweedjacke und Sportmütze.

Die nächste Filmrolle. Vänersborg in der Abendsonne. Die *Diana* fahrbereit am Kai. Ein Decksjunge, der an Land ging. Trollhätte-Kanal.

«Da steht ein Moped auf dem Vorderdeck», bemerkte Ahlberg.

Das Schiff jetzt in hellem Sonnenschein bei Lilla Bommen unterhalb des Vollseglers *Wiking*. Bild vom Vorderdeck. Leute, die die Gangway hinabgingen. Das Moped war verschwunden.

Bildwechsel. Die Frau mit den lila Lippen steil aufgerichtet in einem der Boote von Paddans Hafenrundfahrten, die Kamera streifte die Blumenpracht von Trädgårdsforeningen, dem schönen Park; weiße Punkte, die senkrecht über die Leinwand zogen. Flimmern. Schluß.

Das Licht wurde angeknipst.

Nach einer absoluten Stille von fünfzehn Sekunden erhob sich Kommissar Hammar, nickte dem Landsfogd, dem Stadsfiskal und Larsson zu. «Mittagessen, meine Herren. Der Staat lädt ein.»

Blickte die anderen nichtssagend an und stellte fest:

«Ich denke, ihr anderen bleibt noch eine Weile hier.»

Stenström ging auch. Er arbeitete eigentlich an einem ganz anderen Fall.

Martin Beck, Ahlberg, Kollberg und Melander blieben zurück. Kollberg warf Melander einen fragenden Blick zu.

Der schüttelte den Kopf. «Nein, den Kerl hab ich noch nie gesehen.»

Ahlberg, der das Gesicht grübelnd in die rechte Hand gestützt hatte, sah hoch. «Ein Deckspassagier ...» Und dann mit einem Blick zu Martin Beck: «Erinnerst du dich an den Mann, der uns in Bohus das Schiff gezeigt hat? An den Vorhang, den sich Deckspassagiere vorziehen können, wenn sie nachts auf den Sofas schlafen wollen?»

Martin Beck nickte.

«Das Moped muß erst später an Bord gekommen sein», bemerkte Melander. «In den Schleusen hinter Söderköping hab ich es zum erstenmal gesehen.» Er nahm seine Pfeife hervor und fingerte an ihr herum. «Der Kerl mit der Sportmütze stand ganz in der Nähe, er war nur einmal kurz im Bild, schräg von hinten.»

Als sie den Filmstreifen noch einmal ablaufen ließen, sahen sie, daß er sich nicht getäuscht hatte.

20

Der erste Schnee war da. In großen, feuchten Flocken trieb er gegen das Fenster, schmolz sofort und lief in breiten Rinnsalen an der Scheibe herunter. In den Regenrohren rauschte es, und dicke Tropfen fielen auf die Fensterbretter.

Es war 12 Uhr mittags, aber schon so dunkel im Zimmer, daß Martin Beck die Leselampe anknipsen mußte. Sie verbreitete einen gemütlichen Schein über den Schreibtisch und die aufgeschlagene Mappe mit den Unterlagen. Das restliche Zimmer lag im Dunkeln.

Martin Beck steckte seine letzte Florida an, hob den Aschenbecher hoch und pustete die Zigarettenasche von der Schreibtischplatte.

Er war hungrig und ärgerte sich, daß er nicht mit Kollberg und Melander in die Kantine gegangen war.

Zehn Tage waren vergangen, seitdem sie Kafkas Film erhalten hatten, und sie warteten immer noch darauf, daß etwas geschehen sollte. Ebenso wie alle früheren, hatte sich die neue Spur auch in einem Dschungel von unbeantworteten Fragen verloren. Die Vernehmungen waren fast ausschließlich von Ahlberg und seinen Leuten durchgeführt worden – geschickt und mit großer Energie; aber das Resultat war mager. Das Positivste, was ausgesagt werden konnte, war: Man hatte nichts gefunden, was die Annahme widerlegte, daß ein Deckspassagier in Mem, Söderköping oder Norsholm an Bord gegangen und mit nach Göteborg gefahren war. Es sprach auch nichts dagegen, daß dieser Deckspassagier ein großgewachsener Mann gewesen war, der mit einer Sportmütze, einer graugesprenkelten Tweedjacke, grauer Gabardinehose und bräunlichen Schuhen bekleidet war. Ebenfalls nichts, daß er ein Moped der Marke Monark bei sich hatte.

Der Steuermann glaubte sich vage zu erinnern, einem Mann dieser Beschreibung eine Fahrkarte verkauft zu haben. Auf welcher Reise das aber geschehen war, konnte er nicht mehr sagen. Nicht einmal auf das Jahr wollte er sich festlegen. Nur an den Mann erinnerte er sich – ob es nun derselbe war, den sie meinten oder nicht – und daß er ein Fahrrad oder Moped und Angelgeräte bei sich gehabt hatte.

Ahlberg hatte die Vernehmung persönlich geleitet und den Mann regelrecht ausgequetscht. Ein Durchschlag des Protokolls lag in Martin Becks Mappe.

Ahlberg: Ist es üblich, daß auf diesen Kreuzfahrten Deckspassagiere mitgenommen werden?
Zeuge: Früher passierte es häufiger, aber der eine oder der andere fährt immer noch mit.
Ahlberg: Wo steigen diese Leute ein?
Zeuge: Wo das Schiff gerade liegt oder durchgeschleust wird.
Ahlberg: Welches ist die am häufigsten gewählte Strecke der Deckspassagiere?
Zeuge: Eigentlich jeder Teil. Meistens fahren Radfahrer oder Wanderer von Motala oder Vadstena aus mit, um über Vättern zu kommen.
Ahlberg: Und sonst?
Zeuge: Tja, was soll ich sagen. Früher haben wir Ausflügler von Stockholm nach Oxelösund und von Linköping nach Vänersborg mitgenommen. Aber das hat aufgehört.
Ahlberg: Warum?

Zeuge: Es wurde zu eng. Die Kabinenpassagiere haben ja einen nicht gerade niedrigen Preis bezahlt. Es ist nicht unsere Absicht, daß sie sich von vielen Weibsbildern und ihren Gören, die mit ihren Thermoskannen und Stullenpaketen ständig hin und her rennen, belästigt fühlen.

Ahlberg: Spricht etwas dagegen, daß ein Deckspassagier in Söderköping eingestiegen sein kann?

Zeuge: Warum? Er kann überall eingestiegen sein. Bei einer der fünfundsechzig Schleusen oder an den Orten, die wir fahrplanmäßig anlaufen.

Ahlberg: Wie viele Deckspassagiere können Sie an Bord nehmen?

Zeuge: Auf einmal? Na, nicht mehr als zehn. Aber meistens sind es nur zwei oder drei.

Ahlberg: Was sind das für Leute? Hauptsächlich Schweden?

Zeuge: Keine Spur. Auch viele Ausländer. Es kann ja jeder mitfahren. Vielleicht sind es meistens solche, die so alte Schiffe mögen und die sich die Mühe machen, auf den Fahrplan zu achten.

Ahlberg: Diese Leute werden nicht in der Passagierliste geführt?

Zeuge: Nein.

Ahlberg: Haben Deckspassagiere Gelegenheit, an Bord zu essen?

Zeuge: Natürlich. Aber nicht zusammen mit den anderen Passagieren, sondern hinterher, wenn die fertig sind. Es gibt feste Preise für die einzelnen Mahlzeiten, à la carte, sozusagen.

Ahlberg: Sie haben bei einer früheren Vernehmung ausgesagt, daß Sie sich nicht an die Frau hier auf den Bildern erinnern können – den Mann hier glauben Sie aber wiederzuerkennen. Gehört es nicht zu Ihren Aufgaben als Steuermann, sich um die Passagiere zu kümmern?

Zeuge: Wenn die Gäste an Bord kommen, nehme ich die Fahrscheine entgegen und begrüße sie. Danach werden sie in Ruhe gelassen. Es ist nicht unsere Absicht, bei diesen Reisen dauernd irgendwelche Touristeninformationen über den Lautsprecher zu verbreiten, so was bekommen die woanders schon genug.

Ahlberg: Trotzdem finde ich es seltsam, daß Sie diese Frau nicht wiedererkennen. Sie waren doch fast volle drei Tage mit ihr zusammen an Bord.

Zeuge: Wie stellen Sie sich das eigentlich vor? Wir befördern pro Saison an die zweitausend Passagiere. In zehn Jahren sind das zwanzigtausend. Wie soll man sich da an einzelne Gesichter erinnern? Und während ich arbeite, halte ich mich ja auf der Brücke auf. Wir sind nur zwei Männer, die sich bei der Wache ablösen können, das sind also zwölf Arbeitsstunden pro Tag.

Ahlberg: Aber dies war immerhin eine besondere Reise, auf der allerhand passiert ist ...

Zeuge: Ich hatte an dem Tag zwölf Stunden Brückenwache. Und außerdem war meine Frau bei mir.

Ahlberg: Ihre Frau? Die ist aber auch nicht auf der Passagierliste aufgeführt.

Zeuge: Warum auch? Wir von der Schiffsführung haben das Recht, ab und zu mal Angehörige mitzunehmen.

Ahlberg: Wir haben bisher angenommen, daß sich auf dieser Reise sechsundachtzig Personen an Bord befunden haben. Das stimmt also nicht. Mit Deckspassagieren und Angehörigen können es praktisch an die hundert gewesen sein?

Zeuge: Gut möglich.

Ahlberg: Nun zu dem Mann mit dem Moped. Wann ging er an Land?

Zeuge: Da ich nicht einmal sicher bin, ihn überhaupt jemals gesehen zu haben, wie soll ich da wissen, wann er an Land ging? Ein Teil der Fahrgäste, die es eilig hatten, weil sie ihre Flugzeuge und Züge erreichen wollten, gingen gleich nachts um drei von Bord, als wir in Lilla Bommen anlegten. Die anderen schliefen aus und gingen erst im Laufe des Vormittags an Land.

Ahlberg: Wo kam Ihre Frau an Bord?

Zeuge: Hier in Motala, wir wohnen ja hier.

Ahlberg: In Motala? Mitten in der Nacht?

Zeuge: Nein, auf der Reise hinauf nach Stockholm fünf Tage früher. Dann ging sie bei der nächsten Reise hinauf wieder von Bord, genau am 8. Juli, vier Uhr nachmittags. Sind Sie jetzt zufrieden?

Ahlberg: Wir haben Ihnen mitgeteilt, wie unserer Meinung nach der Mord vor sich gegangen sein könnte. Was sagen Sie dazu?

Zeuge: Ich glaube nicht, daß es so passiert sein kann, wie Sie sich das vorstellen.

Ahlberg: Und warum nicht?

Zeuge: Jemand hätte es merken müssen. Denken Sie doch – hundert Menschen auf einem kleinen Schiff von 30 Meter Länge und 5 Meter Breite. In einer Kabine, so groß wie eine Rattenfalle.

Ahlberg: Haben Sie jemals andere als rein berufsmäßige Beziehungen zu Mitreisenden gehabt?

Zeuge: Ja, zu meiner Frau.

Martin Beck zog die drei Fotografien hervor. Zwei stammten von dem Filmstreifen, die dritte war eine Ausschnittsvergrößerung eines Schwarzweißbildes aus Kafkas Sendung. Sie hatten zwei Dinge gemeinsam: Sie stellten einen großen Mann mit Sportmütze und Tweedjacke dar, und sie waren von sehr schlechter Qualität.

In diesem Augenblick trugen an die hundert Polizisten in Stockholm, Göteborg, Söderköping und Linköping Abzüge dieser drei Bilder mit sich herum. Außerdem waren sie an jedes einzelne Landsfiskalsbüro und die meisten Polizeireviere von Karesuando bis Smygehamn geschickt worden. Und an mehrere Stellen im Ausland.

Sie waren schlecht, wie gesagt; aber jemand, der den Mann kannte, müßte ihn darauf wiedererkennen. Vielleicht.

Bei der letzten Besprechung hatte Hammar gesagt: «Ich finde, er sieht Melander etwas ähnlich.» Und dann: «Was wir betreiben ist keine Nachforschung, sondern ein Wettraten. Deutet irgend etwas darauf hin, daß der Kerl Schwede ist?»

«Das Moped.»

«Von dem wir nicht wissen, ob er es mit an Bord gebracht hat.»

«Richtig.»

«Ist das alles?»

«Ja.»

Martin Beck steckte die Bilder in seine Brieftasche, nahm Ahlbergs Protokoll vor, blätterte darin herum, bis er fand, was er suchte.

Natürlich. Aber nicht mit den Passagieren zusammen, sondern hinterher, wenn die fertig sind. Es gibt feste Preise für die einzelnen Mahlzeiten, à la carte, sozusagen.

Dann suchte er unter den Papieren die Liste heraus, auf der das gesamte Personal, das während der letzten fünf Jahre auf den Kanalschiffen beschäftigt war, aufgeführt war. Nachdem er sie durchgelesen hatte, hakte er einen Namen ab.

Göta Isaksson, Kellnerin, Polhemsgatan 7, Stockholm. Z. Z. angestellt im Schnellrestaurant SHT. *Diana* 1959–1961, *Juno* 1962, *Diana* 1963 und 1964.

Es fand sich keine Notiz, daß Melander oder Kollberg sie vernommen hatten.

Beide Nummern der Taxi-Zentrale waren besetzt, und nachdem er den Gedanken, einen Streifenwagen zu bestellen, verworfen hatte, zog er Mantel und Hut an, schlug den Kragen hoch und ging durch den Schneematsch zur U-Bahn.

Der Oberkellner im SHT schien gehetzt und verärgert, wies ihn aber zu einem von Fröken Götas Tischen, unmittelbar neben der Pendeltür zur Küche. Martin Beck setzte sich auf ein Wandsofa und sah sich im Lokal um. Fast alle Tische waren besetzt, hauptsächlich von Männern in mittleren Jahren. Nach ihrem vertraulichen Benehmen den Kellnerinnen gegenüber zu urteilen, alles Stammgäste.

Martin Beck sah sich die Kellnerinnen an, die durch die Pendeltür ein und aus gingen. Er überlegte, welche von ihnen wohl Fröken Göta sein konnte, und es dauerte beinahe zwanzig Minuten, bis er es erfuhr. Sie hatte ein rundes, freundliches Gesicht, große, gesunde Zähne und kurzgeschnittenes, wuscheliges Haar, dessen Farbe nur von einem Tönungsmittel stammen konnte.

Er bestellte ein Bier und ein Sandwich. Er hatte keine Eile – bei diesem Trubel konnte man sich doch nicht unterhalten, da wartete er lieber, bis die meisten Gäste gegangen waren. Nachdem er noch vier Tassen Kaffee getrunken hatte, kam sie endlich an seinen Tisch.

Er nannte sein Anliegen und zeigte ihr das Bild. Sie betrachtete es aufmerksam, legte es dann auf den Tisch zurück und zog an ihrer engen weißen Jacke.

«Doch», sagte sie, «den kenn ich. Seinen Namen weiß ich natürlich nicht, aber er ist mehrmals mit unseren Schiffen gefahren. Auf der *Juno* und auf der *Diana*, glaub ich.»

Martin Beck griff nach dem Bild und hielt es ihr noch einmal hin. «Sind Sie sicher? Die Aufnahme ist nicht besonders scharf. Irren Sie sich auch nicht?»

«Bestimmt nicht. Die Jacke und die Schirmmütze erkenne ich wieder – die hat er immer angehabt.»

«Entsinnen Sie sich wohl, ob Sie ihn in diesem Sommer gesehen haben? Sie fuhren ja wohl auf der *Diana*.»

«Lassen Sie mich mal nachdenken ... Tja, das kann ich nicht genau sagen. Man sieht ja immer so viele Menschen. Aber im vorigen Sommer bestimmt. Sogar mehrmals. Ich war damals auf der *Diana*, und meine Kollegin, die zweite Servierer in, kannte ihn etwas näher. Sie unterhielten sich manchmal miteinander. Er fuhr immer nur ein Stück mit uns mit. Als Deckspassagier. Ja, bestimmt als Deckspassagier, denn er aß nicht mit den anderen zusammen, sonst hätten sich die beiden ja auch nicht unterhalten können. Ja, und in Göteborg stieg er immer aus.»

«Wissen Sie, wo ich Ihre Freundin erreichen kann?»

«Freundin ist zuviel gesagt. Wir waren nur Kolleginnen. Ihre genaue Adresse weiß ich nicht, ich glaube aber, sie wohnt in Växjö.»

Fröken Göta wechselte das Standbein, faltete die Hände über dem Magen und blinzelte an die Decke. «Richtig. Växjö war es.»

«Wissen Sie, ob sie näher mit diesem Mann bekannt war?»

«Das kann ich nicht sagen. Aber sie war bestimmt verliebt in ihn. Sie hat sich wohl auch während ihrer freien Zeit manchmal mit ihm getroffen, obwohl es uns eigentlich nicht erlaubt war, mit den Passagieren zusammen zu sein. Er sah ja auch gut aus. Sympathisch ...»

«Können Sie ihn wohl beschreiben? Ich meine – Haarfarbe, Augen, Größe, Alter und so ...»

«Hm ... er war ziemlich groß. Größer als Sie, würde ich sagen. Kräftig gebaut, breite Schultern ... Blaue Augen, glaube ich. Genau kann ich das natürlich nicht sagen. Und das Haar? Vielleicht etwas heller als meins. Viel sah man nicht davon, weil er immer diese komische Mütze aufbehielt. Ja, und sehr schöne Zähne, daran erinnere ich mich genau. Die Augen – so ein bißchen vorstehend. Aber das störte nicht. Er war wirklich nett. Alter so zwischen fünfunddreißig und vierzig ...»

Martin Beck stellte noch mehrere Fragen, aber mehr war aus ihr nicht herauszuholen. Als er wieder in seinem Dienstzimmer saß, ging er schnell die Liste durch und fand auch den gesuchten Namen. Eine Adresse war nicht angegeben, nur der Vermerk, daß sie von 1960 bis 1963 auf der *Diana* gearbeitet hatte.

Er benötigte nur ein paar Sekunden, bis er sie im Telefonbuch von Växjö gefunden hatte, es dauerte aber eine geraume Zeit, bis sie an den Apparat kam. Sie schien nicht sehr begeistert, sich mit einem Vertreter der Kriminalpolizei unterhalten zu müssen, konnte ihm seine Bitte aber nicht abschlagen.

Martin Beck nahm den Nachtzug und war um halb sieben in Växjö. Es war noch dunkel und die Luft milde und diesig. Er machte einen Spaziergang durch die Straßen und sah die Stadt langsam aufwachen. Ein Viertel vor acht war er wieder beim Bahnhof. Er hatte seine Überschuhe vergessen, und die Nässe drang durch die dünnen Schuhsohlen. Am Kiosk kaufte er eine Zeitung und las sie auf einer Bank im Wartesaal. Dabei stemmte er die Füße gegen eine Heizung. Nach einer Weile ging er wieder hinaus, suchte sich ein geöffnetes Café, trank Kaffee und wartete.

Um neun erhob er sich und bezahlte. Vier Minuten später stand er vor der Tür der Frau. Larsson stand auf einem Metallschildchen, und darüber steckte eine Visitenkarte mit dem Namen Siv Svensson darauf.

Eine große Frau im hellblauen Morgenrock öffnete die Tür.

«Fröken Larsson?» fragte Martin Beck.

Die Frau lachte und verschwand. Ein paar Sekunden später konnte Martin Beck sie rufen hören:

«Karin, draußen steht ein Mann, der fragt nach dir.»

Er hörte keine Antwort, aber die große Frau kam zurück und bat ihn, einzutreten. Dann verzog sie sich.

Mehrere Minuten stand er mit dem Hut in der Hand in dem kleinen, dunklen Flur, bis ein Vorhang zur Seite gezogen wurde und eine Stimme ihn aufforderte, näherzutreten.

Vor ihm stand eine Frau mit grauen Strähnen im schwarzen Haar, das sie unordentlich im Nacken zusammengesteckt hatte. Das Gesicht war schmal und ebenmäßig, aber der Teint graugelb. Sie hatte noch kein Make-up auflegen können, um die braunen, ein wenig schrägen Augen hatte sie Spuren von Mascara. Sie trug ein grünes Jerseykleid, das sich über Brust und Hüften spannte.

«Ich habe Sie nicht so früh erwartet», begrüßte sie ihn mit vorwurfsvoller Stimme. «Ich arbeite nämlich bis spät in die Nacht hinein, deshalb schlafe ich vormittags lange.»

«Es tut mir leid, wenn ich Sie gestört habe», entgegnete Martin Beck. «Ich bin gekommen, um Sie um Ihre Unterstützung zu bitten, und zwar in einer Angelegenheit, die im Zusammenhang mit Ihrer Anstellung auf der *Diana* steht, dort haben Sie doch im Sommer gearbeitet?»

«Nein, im Sommer war ich auf einem Boot, das nach Leningrad ging», antwortete die Frau.

Sie stand immer noch und blickte Martin Beck abwartend an.

Er setzte sich auf einen der geblümten Sessel; dann reichte er ihr das Foto. Sie nahm es verwundert und betrachtete es. Martin Beck ließ sie nicht aus den Augen, und so entging ihm auch nicht, wie sich ihre Augen plötzlich schreckhaft weiteten. Nur für den Bruchteil einer Sekunde, dann hatte sie sich gefangen, und als sie das Bild wieder zurückgab, war ihr Gesicht wieder streng und abweisend.

«Sie kennen den Mann wohl, nicht wahr?»

«Nein», entgegnete sie, ohne die geringste Andeutung von Unsicherheit in der Stimme.

Sie ging quer durchs Zimmer und holte sich eine Zigarette aus der Glasschale, die auf dem Kacheltisch am Fenster stand. Sie zündete sie an und ließ sich gegenüber von Martin Beck auf dem Sofa nieder.

«Ich hab ihn nie gesehen. Weshalb fragen Sie?»

Sie wirkte jetzt völlig ruhig. Martin Beck sah sie eine Weile an, dann sagte er bestimmt: «Ich weiß aber, daß Sie ihn kennen. Sie haben ihn im vorigen Sommer auf der *Diana* getroffen.»

«Sie irren sich. Ich kenne den Mann nicht. Und jetzt müssen Sie gehen. Ich muß schlafen.»

«Warum lügen Sie?»

«Hören Sie ... Unverschämtheiten brauch ich mir nicht bieten zu lassen. Gehen Sie jetzt, habe ich gesagt.»

«Fröken Larsson, warum geben Sie nicht zu, daß Sie wissen, wer er ist? Ich weiß, daß Sie nicht die Wahrheit sagen. Wenn Sie es jetzt nicht sagen, können Sie später ziemlichen Ärger bekommen.»

«Ich kenne ihn aber nicht.»

«Ich kann Zeugen beibringen, die Sie mehrfach mit diesem Mann zusammen gesehen haben. Es wäre besser für Sie, die Wahrheit zu sagen. Ich muß wissen, wer der Mann auf dem Bild ist. Seien Sie doch vernünftig.»

«Unmöglich. Sie müssen sich irren. Ich weiß nicht, wer er ist. Und jetzt lassen Sie mich bitte zufrieden.»

Martin Beck hatte die Frau während des ganzen Gesprächs beobachtet. Sie saß auf der äußersten Kante des Sofas, war nervös, sie drehte pausenlos die Zigarette zwischen den Fingern. Ihr Gesicht war gespannt, und er sah deutlich, wie sich die Backenknochen unter der Haut bewegten.

Sie hatte Angst.

Er blieb noch eine Weile auf dem geblümten Sessel sitzen und versuchte, sie zum Sprechen zu bewegen. Aber jetzt hatte sie sich ganz abgekapselt; steif und verstockt saß sie auf ihrem Sofa und spielte mit ihren Fingernägeln. Nach einer Weile stand sie auf und begann im Zimmer auf und ab zu gehen. Schließlich erhob er sich, nahm seinen Hut und verabschiedete sich. Sie antwortete nicht, blieb aufgerichtet und abweisend stehen und drehte ihm den Rücken zu.

«Ich lasse wieder von mir hören», sagte er und legte seine Karte auf den Tisch.

Als er wieder in Stockholm eintraf, war es schon Abend. Er ging direkt zur U-Bahn und fuhr nach Hause.

Am nächsten Morgen rief er Göta Isaksson an und saß eine Stunde später in ihrer kleinen Zweizimmerwohnung auf Kungsholmen. Denn da ihre Schicht erst am Nachmittag begann, war er jederzeit willkommen. Sie schenkte zwei Tassen Kaffee ein und setzte sich zu ihm.

«Ich war gestern bei Ihrer Kollegin in Växjö», begann Martin Beck. «Sie behauptete steif und fest, den Mann nicht zu kennen. Und sie schien Angst zu haben. Können Sie sich vorstellen warum?»

«Keine Ahnung. Dazu kenne ich sie nicht gut genug. Sie war ziemlich schweigsam. Wir haben zwar drei Sommer lang zusammengearbeitet, aber viel von sich erzählt hat sie nie.»

«Hat sie in der Zeit, als Sie mit ihr zusammen waren, über irgendwelche Männer geredet?»

«Eigentlich nur einmal. Ich erinnere mich, daß sie erzählte, sie hätte einen netten Mann auf dem Boot getroffen. Das muß in dem zweiten Sommer, als wir zusammen arbeiteten, gewesen sein.»

Sie legte den Kopf schief und rechnete leise nach.

«Genau, im Sommer 61 muß das gewesen sein.»

«Hat sie öfter von ihm gesprochen?»

«Sie erwähnte ihn manchmal. Das hörte sich so an, als ob sie ihn hin und wieder treffen würde. Er muß ein paarmal mitgefahren sein oder sie in Stockholm oder Göteborg kennengelernt haben. Vielleicht war er Passagier. Vielleicht ist er auch ihretwegen mitgefahren. Was weiß ich?»

«Haben Sie ihn nie gesehen?»

«Nein. Ich habe überhaupt nie daran gedacht, erst jetzt, als Sie danach fragten. Es kann ja der auf dem Bild gewesen sein, obwohl es so schien, als ob sie den erst im vorletzten Sommer kennengelernt hatte. Und da hat sie nie davon erzählt.»

«Was hat sie denn von dem aus dem ersten Sommer erzählt. Also 1961?»

«Tja, eigentlich nichts Besonderes. Daß er nett war. Ich glaube, sie sagte, daß er irgendwie was Besseres war. Ich nehme an, sie meinte damit, daß er manierlich und höflich und so war. Als ob gewöhnliche Leute nicht fein genug für sie waren. Aber dann hat sie nicht mehr von ihm erzählt. Ich glaube, sie haben Schluß gemacht, oder es ist irgendwas zwischen ihnen vorgefallen, denn sie war gegen Ende des Sommers eine Zeitlang ziemlich niedergeschlagen.»

«Im nächsten Sommer. Haben Sie sich da auch getroffen?»

«Nein. Da war sie noch auf der *Diana* und ich schon auf der *Juno*. Wir haben uns zweimal in Vadstena gesehen, glaube ich, da treffen sich die Boote, haben aber nicht miteinander gesprochen. – Darf ich Ihnen noch eine Tasse Kaffee anbieten?»

Martin Beck spürte, wie sein Magen jetzt schon rebellierte, er brachte es aber nicht fertig, abzulehnen.

«Hat sie denn irgendwas angestellt, daß Sie soviel nach ihr fragen?»

«Keineswegs, wir interessieren uns hauptsächlich für den Mann auf dem Bild. Entsinnen Sie sich vielleicht, ob sie im letzten Sommer irgend etwas sagte oder tat, was mit diesem Mann in Zusammenhang gebracht werden kann?»

«Gesagt hat sie bestimmt nichts, daran würde ich mich erinnern ... Und sonst? Wir hatten eine gemeinsame Kabine, und manchmal war sie die Nacht über nicht da. Aber bei wem sie war – keine Ahnung. Nur eins fällt mir jetzt ein. Sie wirkte die ganze Zeit ziemlich bedrückt. Ich meine immer, wenn man in jemand verliebt ist, müßte man doch vergnügt sein. Aber das war sie nicht. Eher traurig und nervös. Aber das kam vielleicht, weil sie krank war. Es muß was Ernstes gewesen sein, denn sie hörte vier Wochen vor Saisonschluß auf. Ich war damals ziemlich wütend auf sie, eines Morgens war sie spurlos verschwunden, und ich saß einen ganzen Tag lang mit der Arbeit da, bis wir Ersatz bekamen. Es hieß, sie sei ins Krankenhaus gekommen, aber was ihr wirklich fehlte, wußte niemand. Sie kam jedenfalls in dem Sommer nicht zurück. Seitdem hab ich sie nicht mehr gesehen.»

Sie schenkte ihm die dritte Tasse Kaffee ein und drängte ihm ein paar Kekse auf, während sie pausenlos über ihre Kollegen und die Passagiere plauderte, an die sie sich entsann. Erst eine Stunde später konnte er sich loseisen.

Das Wetter hatte sich aufgeklärt; die Straßen waren fast abgetrocknet, und sogar die Sonne war zum Vorschein gekommen. Martin Beck, dem wie üblich der Kaffee nicht bekommen war, ging zu Fuß nach Kristineberg zurück. Während er die Promenade am Norr Mälarstrand entlangging, dachte er über die Begegnung mit den beiden Kellnerinnen nach.

Obwohl Karin Larsson es abgestritten hatte, war er felsenfest davon überzeugt, daß sie den Mann kannte. Es schien beinahe so, als wagte sie nicht, diese Bekanntschaft zuzugeben ...

Von Göta Isaksson hatte er schon mehr herausbekommen. Daß Karin Larsson sich im Sommer 1961 mit einem Passagier auf der *Diana* angefreundet hatte. Vermutlich einem Deckspassagier, der in jenem Sommer vielleicht mehrere Male mit diesem Schiff gefahren war. Daß sie sich zwei Jahre später, im Sommer 1963, wieder mit einem Mann getroffen hatte, wahrscheinlich einem Deckspassagier, der schon öfter kürzere Strecken mit dem Schiff mitgefahren war.

Nach Göta Isakssons Meinung konnte dieser zweite Mann sehr wohl identisch mit dem Mann auf dem Foto sein.

Daß Karin Larsson im Sommer 1963 bedrückt und nervös gewirkt hatte und einen Monat vor Schluß der Saison, also Anfang August, ihre Arbeit aufgegeben hatte und ins Krankenhaus gegangen war.

Warum, wußte er nicht, auch nicht, in welchem Krankenhaus sie gelegen hatte und für wie lange. Aber vielleicht würde sie ihm das selber erzählen ...

Als er wieder in sein Dienstzimmer zurückgekehrt war, rief er sofort in Växjö an; es meldete sich aber niemand. Er nahm an, daß sie schlief oder in der früheren Schicht arbeitete.

Im Laufe des Nachmittags versuchte er es noch einige Male, und auch am Abend hatte er kein Glück.

Erst bei seinem siebten Versuch am folgenden Tag kam die große Frau im Morgenmantel an den Apparat.

«Nein, sie ist abgereist.»

«Wann?»

«Vorgestern abend. Wer spricht denn dort?»

«Ein Freund von Fröken Larsson. Wissen Sie vielleicht, wohin sie gefahren ist?»

«Das hat sie nicht gesagt. Ich hörte nur, daß sie sich nach einem Zug nach Göteborg erkundigte. Ich glaube, sie hat wieder einen Job auf einem Schiff angenommen.»

«Wann hat sie sich denn entschlossen, loszufahren?»

«Das muß sehr schnell gegangen sein. Vorgestern früh war ein Mann hier, und danach hat sie offenbar gleich ans Verreisen gedacht. Sie war wie von Sinnen.»

«Wissen Sie, auf welchem Boot sie arbeiten wollte?»

«Leider nein.»

«Wird sie länger fortbleiben?»

«Ich kann Ihnen wirklich nichts sagen. Sie ist Hals über Kopf los. Soll ich ihr was ausrichten, falls sie noch mal anruft?»

«Das ist nicht nötig.»

Sie hatte sich also davongemacht. Wahrscheinlich befand sie sich bereits irgendwo auf hoher See – außer Reichweite. Damit hatte sich also seine Annahme bestätigt.

Sie hatte Todesangst vor irgend etwas oder irgend jemand – jetzt brauchte er nur noch herauszubekommen warum.

Die Nachfrage in der Klinik von Växjö war erfolgreich.

«Larsson, Karin Elisabeth ... ja, das stimmt. Sie hat letztes Jahr vom 9. August bis zum 1. Oktober bei uns auf der Frauenabteilung gelegen. Diagnose? Da müssen Sie mit dem Oberarzt sprechen.»

Der Oberarzt meinte: «So aus dem Kopf kann ich das nicht sagen. Ich lasse das Krankenblatt heraussuchen und ruf Sie wieder an.»

Während Martin Beck auf das Gespräch wartete, las er noch einmal die Personalbeschreibung, die er nach Göta Isakssons Angaben aufgestellt hatte. Die war lückenhaft und unsicher, aber nun wußte man doch erheblich mehr als noch vor einigen Stunden.

Größe: ca. 1,86 m; Körperbau: kräftig; Haarfarbe: aschblond; Augen: wahrscheinlich blau (grün oder grau), etwas vorstehend; Zähne: weiß und gesund.

Nach einer Stunde rief der Arzt an.

«Ich erinnere mich jetzt wieder. Die Patientin kam letztes Jahr am 9. August abends in unsere Klinik. Ich erinnere mich daran, denn ich wollte gerade nach Hause gehen, als sie mich baten, mal nach der Frau zu sehen. Sie hatten sie untersucht, und sie blutete stark aus dem Unterleib. Das hatte sie offenbar schon eine Weile getan, denn sie hatte viel Blut verloren und war in recht schlechter Verfassung. Keine akute Gefahr natürlich. Als ich sie fragte, wie das geschehen sei, verweigerte sie die Auskunft. Das geschieht in meiner Abteilung öfter, daß Patienten nicht sagen wollen, was die Ursache ihrer Blutungen ist. Warum, können wir uns natürlich ausrechnen, und meistens bekommen wir es auch früher oder später aus ihnen heraus. Aber diese sagte zuerst gar nichts und nachher log sie. Wollen Sie, daß ich direkt aus dem Journal vorlese, Herr Kommissar? Sonst kann ich es auch populärer ausdrücken.»

«Ja, bitte», antwortete Martin Beck. «Latein ist nicht meine starke Seite.»

«Meine auch nicht», gab der Arzt zurück. Er stammte aus Schonen, und seine Stimme klang deutlich und gelassen. «Sie hatte, wie gesagt, erhebliche Blutungen und Schmerzen; so gaben wir ihr erst einmal eine Spritze. Die Blutungen stammten teilweise aus der Gebärmutter und teils von einer Wunde an der hinteren Scheidenwand, die ihr mit einem scharfen Gegenstand zugefügt sein mußte. Es ist nicht ungewöhnlich, daß Frauen, die an einen rücksichtslosen Kurpfuscher geraten oder versuchen, die Abtreibung selbst vorzunehmen, schwere

Verletzungen davontragen, aber ich kann Ihnen versichern, ich habe in einem solchen Zusammenhang nie etwas Ähnliches gesehen. Es ist einfach ausgeschlossen, daß sie das selbst fertiggebracht haben will.»

«Hat sie das denn behauptet? Daß sie es selbst getan hätte?»

«Genau das wollte sie mir erzählen. Ich versuchte sie auszuhorchen, aber es war kein Wort aus ihr herauszubekommen. Sie blieb stur bei ihrer Aussage, obwohl sie merken mußte, daß ich ihr nicht glaubte. Schließlich machte sie sich gar nicht mehr die Mühe, überzeugend zu wirken, sondern wiederholte nur stereotyp, was sie bereits gesagt hatte: Ich hab es selbst getan, ich hab es selbst getan. Wie eine beschädigte Schallplatte, bei der man immer wieder die gleiche Stelle hört. Das Seltsame bei der Sache war nur, daß sie gar nicht schwanger gewesen war. Die Gebärmutter war zwar verletzt, aber wenn sie schwanger gewesen wäre, dann in einem so frühen Stadium, daß sie es unmöglich selbst gewußt haben kann.»

«Was ist denn, Ihrer Meinung nach, wirklich passiert?»

«Sie muß irgendeinem Verrückten in die Hände gefallen sein. Das hört sich idiotisch an, ganz direkt gesagt, aber es schien so, als ob sie jemanden zu decken versuchte. Ich war besorgt um sie, deshalb haben wir sie auch bis zum 1. Oktober hierbehalten, obwohl wir sie auch früher hätten entlassen können. Außerdem hatte ich die Hoffnung nicht aufgegeben, daß sie doch noch reden würde. Aber sie stritt einfach alles ab, und schließlich mußten wir sie nach Hause fahren lassen. Ich konnte weiter nichts tun. Ich hab übrigens mit Bekannten hier von der Polizei darüber gesprochen, und die haben etwas unternommen, sind aber nicht weitergekommen.»

«Können Sie sagen, wodurch die Verletzungen verursacht wurden?» erkundigte sich Martin Beck.

«Tja ... genau natürlich nicht», meinte der Arzt. «Durch irgendeinen Gegenstand ... vielleicht eine Flasche. Ist ihr denn etwas zugestoßen?»

«Nein, ich hätte mich nur gern einmal mit ihr unterhalten.»

«Das wird nicht leicht werden.»

«Kaum», sagte Martin Beck. «Vielen Dank für Ihre Unterstützung, Herr Doktor.»

Er steckte den Kugelschreiber ein, ohne eine einzige Notiz gemacht zu haben. Während er auf das Foto des Mannes mit der Mütze blickte, massierte er seinen Haaransatz mit den Fingerspitzen.

Seine Gedanken kreisten um die Frau aus Växjö ... Nur Todesangst hatte sie dazu bringen können, die Wahrheit so hartnäckig zu verschweigen. Und jetzt war sie auch noch geflüchtet ... Er starrte auf das Foto vor sich auf dem Tisch und murmelte: «Warum nur?» Aber die Frage war müßig, denn es gab nur eine einzige Antwort darauf ...

Das Telefon klingelte.

Es war noch einmal der Arzt.

«Ich vergaß, etwas zu erwähnen, was Sie vielleicht interessieren könnte. Die Patientin war ein Jahr früher schon einmal bei uns gewesen. Ende Dezember 1962. Ich hatte das vergessen, teils weil ich damals Urlaub hatte, teils weil sie auf einer anderen Station lag. Aber ich habe es im Krankenblatt gelesen, als ich sie später selbst behandelt habe. Damals hatte sie zwei Finger gebrochen, den Zeigefinger und den Mittelfinger der linken Hand. Auch damals verweigerte sie jede Aussage. Man fragte sie, ob sie vielleicht eine Treppe hinuntergefallen war, und erst dann behauptete sie, daß es so passiert sei. Aber nach Ansicht meines Kollegen von der Chirurgie war das sehr unwahrscheinlich. Die Finger waren nach hinten gebrochen, aber darüber hinaus hatte sie keinerlei Verletzungen. Mehr weiß ich nicht. Sie wurde geschient, und die Heilung ging normal vonstatten.»

Martin Beck dankte und legte auf. Gleich darauf nahm er den Hörer wieder hoch und wählte die Nummer vom SHT. Er hörte Tellergeklapper und Lärm aus der Küche, dazu eine Stimme, die unmittelbar neben dem abgelegten Hörer nach drei Hackbraten verlangte. Es dauerte einige Minuten, bis Göta Isaksson an den Apparat kam.

«Es ist so laut hier», rief sie. «Wo wir lagen, als sie krank wurde? Sicher weiß ich das noch. In Göteborg. Als wir morgens losfuhren, war sie nicht mehr da, und die Neue kam erst in Töreboda.»

«Wo haben Sie in Göteborg gewohnt?»

«Ich hab immer ein Zimmer im Pensionat der Heilsarmee genommen, in der Poststraße. Aber ich weiß nicht, wo sie gewohnt hat. Wahrscheinlich an Bord oder in einem anderen Hotel. Es tut mir leid, aber ich muß mich jetzt beeilen, die Gäste warten.»

Anschließend rief Martin Beck in Motala an. Schweigend hörte Ahlberg ihm zu.

«Sie fuhr also direkt von Göteborg ins Krankenhaus nach Växjö», sagte er schließlich. «Wir müssen feststellen, wo sie in der Nacht zwischen dem 8. und 9. August gewohnt hat. In der Nacht muß es ja passiert sein.»

«Es ging ihr verdammt schlecht, komisch, daß sie in dem Zustand noch nach Växjö gefahren ist.»

«Der Täter wohnte also vielleicht in Göteborg. Dann ist es also bei ihm zu Hause geschehen.» Er schwieg einen Augenblick. «Herrgott, warum sagt sie uns bloß nicht den Namen? Sollen wir abwarten, bis er das dritte Mädchen ganz oder halb umbringt?»

«Sie hat Angst», sagte Martin Beck. «Schlicht und einfach Todesangst.»

«Glaubst du, daß wir sie noch irgendwo zu fassen bekommen?»

«Bestimmt nicht. Sie wußte genau, was sie tat, als sie losfuhr; und wir wissen es auch. Für uns kann sie jahrelang außer Reichweite bleiben.»

«Und was tat sie?»

«Sie rannte um ihr Leben.»

22

Dicker Schneematsch auf Straßen und Hausdächern. Es tropft von den großen goldenen Julsternen, die quer über Regeringsgatan von Fassade zu Fassade gespannt sind. Sie haben dort schon vier Wochen gehangen, obwohl es noch fast einen Monat bis Weihnachten dauert.

Auf dem Bürgersteig drängen sich die Menschen, und auf den Fahrbahnen rollt der Verkehr dicht und zäh, ab und zu gibt ein Fahrer Gas und drängt sich in eine Lücke der Autoschlange, dann spritzt der Matsch nach allen Seiten. Streifenpolizist Lundberg scheint der einzige zu sein, der es nicht eilig hat. Die Hände auf dem Rücken, geht er Regeringsgatan hinunter, an den weihnachtlich geschmückten Schaufenstern entlang. Das Schmelzwasser von den Dächern fällt in schweren Tropfen auf seine Uniformmütze, und unter seinen Schuhen spritzt der Matsch zur Seite. Bei der NK, dem großen Kaufhaus Nordiska Kompaniet, biegt er in Smålandsgatan ein, wo Gedränge und Verkehr nicht mehr so dicht sind. Er geht vorsichtig, um nicht auszugleiten, die abschüssige Straße hinunter, und vor der einstigen Jakobs-Polizeiwache bleibt er stehen, und schüttelt das Wasser von der Mütze. Streifenpolizist Lundberg ist jung und erst seit kurzem bei der Polizei, deshalb weiß er nichts von der alten Polizeiwache, die vor mehreren Jahren aufgelöst und deren Bereich der Klara-Wache zugeschlagen worden ist. Er hat etwas in Smålandsgatan zu erledigen – er soll in der Konditorei Ecke Norrlandsgatan bei einer der Kellnerinnen einen Brief abholen, dessen Inhalt er nicht kennt. Während er wartet, lehnt er sich gegen die Theke und schaut umher.

Es ist zehn Uhr vormittags. Nur drei, vier Tische sind besetzt. Auf dem Sofa, ihm gerade gegenüber, sitzt ein Mann bei einer Tasse Kaffee. Er kommt ihm irgendwie bekannt vor. Lundberg sucht in seinem Gedächtnis. Umständlich beginnt der Mann in seiner Hosentasche nach Geld zu wühlen, und dabei blickt er wie abwesend auf den Polizisten.

Lundbergs Nackenhaare sträuben sich.

Der Mann vom Götakanal!

Lundberg ist seiner Sache so gut wie sicher. Mehrfach hat er oben auf der Wache die Fotos betrachtet, und auf sein Gedächtnis kann er sich verlassen. In seinem Eifer hätte er fast den Brief vergessen, den man ihm eben reicht. In diesem Augenblick steht der Mann auf und legt ein paar Geldstücke auf den Tisch. Er ist ohne Hut und Mantel, und als er zur Tür geht, vergleicht Lundberg schnell Größe, Körperbau und Haarfarbe mit den Daten des Fotos. Alles stimmt.

Durch die Glastür beobachtet er, wie der Mann rechts die Straße hinuntergeht. Mit einer schnellen Bewegung der Hand an den Mützenschirm verabschiedet er sich bei der Kellnerin und beeilt sich, hinterherzukommen. Nach etwa 50 Metern biegt der Mann in eine Toreinfahrt ein. Lundberg kommt gerade noch rechtzeitig, um zu sehen, wie sich eine Seitentür hinter ihm schließt. J. A. Eriksson steht darauf. Fuhr- und Transportunternehmen. Lundberg schlendert langsam in den Toreingang. In der oberen Hälfte der Tür befindet sich eine Glasscheibe. Er versucht, im Vorbeigehen durch die Scheibe zu sehen, entdeckt aber nur eine zweite Glasscheibe, rechtwinklig zur Außentür. Auf dem Hof parken zwei Lastwagen. J. A. Eriksson, Fuhr- und Transportunternehmen steht auf den Türen.

Er geht wieder an der Tür zu den Büros vorbei. Diesmal langsamer, mit gestrecktem Hals und geschärftem Blick. Jenseits der Glaswände sind zwei oder drei Räume aufgeteilt, alle haben Türen zum Flur. An der nächstgelegenen Tür, die in das kleine Zimmer führt und ein Schiebefenster hat, kann er das Wort KASSE lesen. An der Tür daneben steht KUNDENDIENST Herr F. Bengtsson.

Der Lange steht dort an seinem Schreibtisch und telefoniert. Er steht vor dem mattierten Straßenfenster und wendet Lundberg den Rücken zu. Seine Jacke hat er gegen einen schwarzen Arbeitskittel getauscht, steht mit einer Hand in der Tasche da. Ein Mann im Overall und mit Schirmmütze kommt durch eine Tür an der anderen

Seite des Flurs. Er hat einige Papiere in der Hand. Als er die Tür zum Kundendienstbüro öffnet, blickt er zur Außentür hin, und Lundberg geht mit ruhigem Schritt durch die Toreinfahrt auf die Straße.

Er hat seine erste Beschattung hinter sich.

«Nun muß ich aber los», sagte Kollberg. «Sonst komm ich noch zu spät.»

«Vor zwölf wird er keine Mittagspause machen», beruhigte ihn Martin Beck. «Tüchtiger Kerl, dieser Lundberg. Hoffentlich irrt er sich nicht. Ruf am Nachmittag an, wenn du kannst, dann soll Stenström dich ablösen.»

«Bis heute abend schaff ich's allein. Es genügt, wenn er dann übernimmt. Also – gehab dich wohl.»

Um Viertel vor zwölf saß Kollberg auf seinem Platz. Gegenüber dem Haus mit der Spedition befand sich eine billige Kneipe, dort setzte er sich an einen Fenstertisch. Vor ihm auf dem Tisch stand eine Tasse Kaffee, eine kleine rote Vase mit einer welken Tulpe und einem Tannenzweig, außerdem ein verstaubter Plastikweihnachtsmann. Langsam trank er seinen Kaffee und ließ das Hoftor auf der anderen Straßenseite nicht aus den Augen. Daß die fünf Fenster links von der Einfahrt zu der Spedition gehörten, konnte er nur raten, denn die untere Hälfte der Glasscheiben war weiß gestrichen.

Ein Lastwagen mit der Firmenbeschriftung verließ den Hof. Nach Kollbergs Uhr war es 11 Uhr 57. Zwei Minuten später öffnete sich die Tür zum Büro, und ein großer Mann mit dunkelgrünem Mantel und schwarzem Hut trat auf die Straße. Kollberg legte das Geld für seine Tasse Kaffee auf den Tisch, stand auf und nahm seinen Hut, ohne den Mann aus den Augen zu lassen. Der überquerte gerade die Straße und ging an dem Café vorbei. Als Kollberg ins Freie trat, sah er ihn gerade um die Ecke Norrlandsgatan biegen. Er folgte ihm unauffällig – weit brauchte er nicht zu gehen. Ungefähr 20 Meter hinter der Ecke liegt eine Grillbar; dort ging der Mann hinein.

Eine lange Schlange stand vor der Theke, und der Mann stellte sich geduldig an. Als er an die Reihe kam, nahm er ein Tablett, stellte eine kleine Flasche Milch, Brot und Butter darauf, bestellte etwas an der Schalterklappe, bezahlte und setzte sich mit dem Rücken zu Kollberg an einen freien Tisch.

«Eine Lachsforelle!» rief das Mädchen an der Kasse. Der Mann stand auf und nahm seinen Teller entgegen. Er aß langsam und bedächtig und sah nur auf, wenn er sein Glas Milch zum Mund führte.

Kollberg hatte sich eine Tasse Kaffee geholt und sich so gesetzt, daß er den Mann im Auge behalten konnte. Allmählich war auch er überzeugt, den Unbekannten von dem Filmstreifen vor sich zu haben.

Nach dem Essen wischte sich der Mann sorgfältig den Mund ab, nahm Hut und Mantel und ging, ohne noch eine Zigarette geraucht oder eine Tasse Kaffee getrunken zu haben. Kollberg ging ihm bis Hamngatan nach und von dort quer über die Straße zu Kungsträdgården, dem Königsgarten. Der Mann schritt kräftig aus, Kollberg immer 20 Meter hinter ihm. Weiter ging's durch die Ostallee. Bei Molins Springbrunnen, dessen Bassin zur Hälfte mit schmutziggrauem Schneematsch gefüllt war, wandte er sich nach rechts, am Brunnen vorbei und weiter die Westallee hinauf. Kollberg folgte ihm, vorbei an Victoria und Blanchs Café, über die Straße zur NK, Hamngatan hinunter bis Smålandsgatan; dort ging er schräg über die Straße und verschwand in seinem Hoftor.

Du liebe Güte, das kann ja heiter werden, dachte Kollberg.

Er sah auf seine Armbanduhr. Lunch und Spaziergang hatten genau eine Dreiviertelstunde gedauert.

Der Nachmittag verlief ereignislos. Ein Laster kam unbeladen zurück. Menschen kamen und gingen, der Möbelwagen fuhr fort und kehrte auch bald wieder zurück, wobei er beinahe im Tor mit einem Laster zusammengeprallt wäre.

Fünf vor fünf kam der eine Lastwagenfahrer in Begleitung einer dicken grauhaarigen Frau aus dem Tor. Um fünf erschien der zweite. Der dritte war noch unterwegs. Kurz darauf verließen drei weitere Leute das Büro, überquerten die Straße und traten in das Café, wo Kollberg wieder Posten bezogen hatte. Alle bestellten sich lauthals ein Bier und tranken schweigend ihre Gläser aus.

Fünf nach fünf erschien der Lange. Er blieb vor der Tür stehen, holte sein Schlüsselbund heraus und schloß ab. Nachdem er die Schlüssel wieder weggesteckt hatte, vergewisserte er sich, daß die Tür auch ordentlich verschlossen war, und trat auf die Straße.

Während Kollberg seinen Mantel anzog, hörte er einen der Speditionsangestellten sagen:

«Folke geht nach Hause.»

Ein anderer meinte: «So was ist nun Junggeselle und rennt immer gleich nach Hause. Der weiß gar nicht, wie gut er's hat. Ihr hättet mal meine Olle hören sollen, als ich gestern 'n bißchen später kam. Und alles wegen ein paar kleiner Bierchen. Es ist schon ein Elend...»

Mehr hörte Kollberg nicht. Der Lange, dessen Namen nun also

feststand – Folke Bengtsson –, war verschwunden. Auf Norrlandsgatan bekam er ihn wieder zu Gesicht. Der Mann ging durch das Gedränge in Richtung Hamngatan und blieb an der Bushaltestelle gegenüber der NK stehen.

Als Kollberg ankam, hatten sich bereits vier Personen hinter Bengtsson angestellt; er konnte nur hoffen, daß der Bus nicht zu voll war und er auch noch mitkam. Bengtsson starrte die ganze Zeit über geradeaus und schien sich die Weihnachtsdekoration von NK anzusehen. Als der Bus kam, sprang er auf das Trittbrett, und auch Kollberg hatte Glück; er konnte sich noch gerade zwischen die Türen zwängen, ehe sie sich schlossen.

Bei St. Eriksplan stieg der Mann aus. Geduldig wartete er mit anderen Fußgängern an den Verkehrsampeln und gelangte schließlich auf die andere Marktseite. In Rörstrandsgatan trat er in einen Selbstbedienungsladen.

Weiter ging es Rörstrandsgatan entlang, an Birkagatan vorbei. Gleich dahinter überquerte er die Fahrbahn und verschwand in einem Haus. Eine Minute später stand Kollberg vor der Tür und studierte die Namensschilder. Es gab zwei Treppenhäuser in diesem Gebäude, eins im Haupthaus und eins in dem Haus, das man über den Hof erreichte. Kollberg gratulierte sich selbst zu seinem Glück, als er feststellte, daß Bengtsson zur Straße hin im zweiten Stock wohnte.

Von einem Haustor auf der anderen Straßenseite sah Kollberg zur zweiten Etage hinauf. Hinter vier Fenstern konnte er weiße Tüllgardinen und einen Wald von Topfblumen erkennen; das sah nicht nach einer Junggesellenwohnung aus. Also konzentrierte er seine Aufmerksamkeit auf die zwei benachbarten Fenster. Eins davon war nur angelehnt, und während er es beobachtete, wurde hinter dem anderen Licht angemacht. Möglicherweise die Küche – Kollberg konnte eine weiße Decke und eine weiße Wand sehen. Zweimal beobachtete er, daß sich jemand darin bewegte, aber die Gestalt war nicht deutlich genug, als daß er Bengtsson erkennen konnte.

Nach zwanzig Minuten wurde es dunkel in der Küche, und im Nebenzimmer ging eine Lampe an. Nach einer Weile trat Bengtsson ans Fenster. Er öffnete es weit, lehnte sich hinaus und holte mehrmals tief Luft. Danach machte er es wieder zu und zog das Rollo herunter. Es war gelblich und ließ das Licht etwas durch; Kollberg sah Bengtssons Silhouette im Zimmer verschwinden. Das Fenster hatte offenbar keine Gardinen, denn an beiden Seiten des Rollos konnte man breite Lichtstreifen sehen.

Kollberg rief Stenström an. «Jetzt ist er zu Hause. Wenn ich bis neun nichts von mir hören lasse, kommst du und übernimmst.»

Kurz nach neun erschien Stenström. Inzwischen war nichts weiter geschehen, als daß um acht das Licht im Zimmer ausgegangen war. Seitdem zeigte sich ein schwacher, blaukalter Schein in den Ritzen neben dem Rollo.

Stenström hatte eine Abendzeitung bei sich, und sie stellten fest, daß das Fernsehen einen amerikanischen Film brachte.

«Den kenn ich», sagte Kollberg. «Ich hab ihn vor zehn, fünfzehn Jahren gesehen. Toller Film. Alle kommen um – bis auf die Hauptdarstellerin ... So, ich mach mich jetzt auf den Weg, vielleicht komm ich noch rechtzeitig heim zum großen Sterben. Morgen um sechs lös ich dich ab.»

Der Morgen war kalt und sternenklar, als Stenström sich neun Stunden später eilig auf den Weg zum St. Eriksplan machte. Seit das Licht um halb elf im Zimmer des zweiten Stocks ausgegangen war, hatte sich nichts weiter ereignet.

«Beweg dich ein bißchen, sonst frierst du fest», hatte Stenström beim Abschied gesagt, und als sich um halb acht endlich die Tür öffnete und der Lange erschien, atmete Kollberg auf.

Bengtsson trug denselben Mantel wie am Vortag, nur hatte er den Hut gegen eine graue Krimmermütze vertauscht. Er lief schnell, und die Atemluft kam wie weißer Rauch aus seinem Mund. Am St. Eriksplan nahm er den Bus nach Hamngatan, und ein paar Minuten nach acht sah Kollberg ihn im Torbogen seiner Firma verschwinden. Zwei Stunden später kam er wieder heraus, ging die wenigen Schritte in die Konditorei im Nachbarhaus, trank Kaffee und aß zwei belegte Brote. Um zwölf ging Bengtsson bis zu der Grillbar, dann einmal rund um den City Palast bis zurück ins Büro. Wenige Minuten nach fünf erschien Bengtsson wieder, schloß die Tür hinter sich ab, fuhr mit dem Bus nach St. Eriksplan, kaufte etwas Brot in einer Bäckerei und ging nach Hause.

Zwanzig nach sieben trat er wieder aus der Tür; an St. Eriksgatan bog er rechts ab, ging über die Brücke bis Kungsholmsgatan und verschwand hinter einer Tür. Kollberg blieb eine Weile vor der Tür stehen, über der in großen roten Buchstaben das Wort BOWLING stand. Dann schob er die Tür auf und trat ein.

Die Bowlinghall hatte sieben Bahnen, und hinter einer Ballustrade befand sich ein Selbstbedienungsrestaurant mit kleinen runden Tischen und Stühlen mit Plastiküberzug. Es herrschte ein ziemlicher Lärm – Stimmen, Lachen, rollende Kugeln, umfallende Kegel...

Bengtsson war nirgends zu entdecken. Dagegen erkannte Kollberg zwei von den drei Männern, die am Vortag in das Café gekommen waren und sich dort ein Bier genehmigt hatten. Kollberg zog sich in die Nähe der Tür zurück, um nicht erkannt zu werden. Nach einer Weile kam der fehlende Dritte mit Bengtsson zusammen an den Tisch. Als eine Bahn frei wurde und die vier anfingen zu kegeln, verließ Kollberg das Lokal.

Nach knapp zwei Stunden kamen die vier Spieler heraus. Sie trennten sich an der Straßenbahnhaltestelle auf St. Eriksgatan, und Bengtsson ging denselben Weg zurück, den er gekommen war.

Um elf wurde es in seiner Wohnung dunkel, aber da lag Kollberg schon im Bett, während der arme Stenström warm angezogen vor dem Haus auf und ab laufen durfte. Er hatte sich bereits in der ersten Nacht erkältet.

Der nächste Tag war ein Mittwoch und verlief auch nicht viel anders als die beiden vorhergegangenen Tage. Stenström verbrachte die meiste Zeit hustend und schniefend in dem Café auf Smålandsgatan.

Am Abend ging Bengtsson ins Kino. Fünf Bankreihen hinter ihm mußte Kollberg mit ansehen, wie sich ein blonder, halbnackter Mister Amerika erfolgreich mit irgendwelchen Urzeitungeheuern herumschlug.

Die zwei folgenden Tage das gleiche. Stenström und Kollberg wechselten sich ab, den ereignislosen und streng eingeteilten Tagesablauf des Mannes zu verfolgen. Kollberg erkundigte sich unauffällig in der Bowlinghall und erfuhr, daß Bengtsson als guter Kegler galt und seit langer Zeit regelmäßig jeden Dienstag mit seinen drei Arbeitskameraden dort zu spielen pflegte.

Der siebte Tag, ein Sonntag, brachte Stenström endlich einmal eine angenehme Abwechslung: Er durfte zusammen mit Bengtsson und zehntausend anderen Zuschauern das Eishockeyspiel zwischen Schweden und der Tschechoslowakei mit ansehen.

In der Nacht von Sonntag auf Montag fand Kollberg einen neuen Toreingang auf Birkagatan, der ihm etwas Schutz gewährte.

Als er am folgenden Sonnabend Bengtsson um zwei Minuten nach zwölf die Bürotür abschließen und in Richtung Regeringsgatan gehen sah, kannte er den Weg schon auswendig: Jetzt ging's erst einmal auf ein Bier ins Löwenbräu. Während Bengtsson die Tür zu dem Lokal öffnete, stand Kollberg an der Ecke von Drottninggatan, der Königinstraße, mit finsteren Mordgedanken im Herzen ...

Am Abend nahm er sich in seinem Zimmer in Kristineberg noch einmal die Filmabzüge vor. Zum hundertsten- oder zum tausendstenmal.

Lange und gründlich betrachtete er sich jedes einzelne Bild, und so schwer es ihm wurde, er sah nur noch das Gesicht eines Mannes, dessen ruhiges und ereignisloses Leben er selber seit zwei Wochen überwacht hatte.

23

«Ich sag dir, wir haben den Falschen erwischt.» Kollbergs Stimme klang müde.

«Willst du schon aufgeben?»

«Mißversteh mich nicht. Es macht mir nichts aus, mein Nachtlager in einer Tür von Birkagatan aufzuschlagen, aber ...»

«Na, red schon.»

«Innerhalb von vierzehn Tagen hat sich folgendes mit konstanter Regelmäßigkeit wiederholt: Um sieben zieht er das Rollo auf und öffnet die Fenster. Fünf Minuten nach halb acht schließt er das Fenster bis auf einen Spalt. Zwanzig vor acht kommt er aus dem Haus, läuft bis St. Eriksplan, nimmt dort den Bus bis Ecke Regeringsgatan und Hamngatan, geht zu seiner Speditionsfirma, wo er eine Minute vor acht die Tür aufschließt. Um zehn frühstückt er in der City-Konditorei. Zwei Tassen Kaffee und ein Käsebrot. Eine Minute nach zwölf betritt er eine der beiden Grillbars. Er bestellt sich ...»

«Na, was schon?» ermunterte ihn Martin Beck.

«Fisch oder Braten. Zwanzig nach zwölf ist er fertig, macht einen kleinen Spaziergang durch Kungsan oder um den Norrmalmstorg und geht zum Dienst zurück. Fünf nach fünf schließt er ab und geht nach Hause. Bei schlechtem Wetter nimmt er den Bus, sonst geht er Regeringsgatan, Kungsgatan, Drottninggatan, Barnhusgatan, Upplandsgatan, Observatoriegatan, durch Vasaparken, quer über St. Eriksplan, am Birkaplan vorbei nach Hause. Unterwegs kauft er in irgendeinem Selbstbedienungsladen, der nicht zu voll ist, ein. Er kauft täglich Milch und Gebäck, und in regelmäßigen Abständen Brot, Butter, Käse und Marmelade. Acht von vierzehn Abenden hat er zu Hause verbracht und auf die Flimmerkiste geglotzt. Zwei Mittwochabende war er im Kino – ziemlich miese Filme und beide Male mußte ich mit rein. Auf dem Heimweg hat er sich beide Male ein Würstchen, Brot, Senf und Ketchup gekauft. An beiden Sonntagen ist er mit der U-Bahn zum Stadion rausgefahren und hat sich ein Eishockeyspiel angesehen. Stenström natürlich hinterher – die Rechnung für die Tribünenkarte hat er eingereicht... Dienstag abends pflegt er mit drei Kollegen zum Bowling zu gehen, zwei Stunden lang. Sonnabends arbeitet er bis zwölf, danach geht er ins Löwenbräu und trinkt einen Krug Bier. Dazu bestellt er sich eine Portion Wurstsalat. Dann spaziert er nach Hause. Auf den Straßen liest er die Kinoanschläge und bleibt vor irgendwelchen Sport- oder Eisenwarengeschäften stehen. Um Mädchen kümmert er sich überhaupt nicht. Für Tageszeitungen scheint er sich nicht zu interessieren, ich habe nie beobachtet, daß er sich eine gekauft hat. Dagegen liest er regelmäßig das *Record-Magazin* und so 'ne Anglerzeitschrift, den Namen hab ich vergessen. Ein blaues Moped der Marke Monark hat er nicht, dafür ein rotes, Marke Svalan. Post bekommt er selten. Mit den Nachbarn im Haus hat er keinen näheren Kontakt, grüßt sie aber auf der Treppe. Willst du sonst noch was wissen?»

«Wie ist er als Mensch?»

«Woher soll ich das wissen? Er ist ein Fan von Djurgårn», sagt Stenström.

«Nun mal Scherz beiseite...»

«Solide, ruhig, stark und langweilig. Das Fenster die ganze Nacht über einen Spalt offen. Sauber gekleidet. Wirkt nicht nervös. Hat's nie besonders eilig, trödelt aber auch nicht. Müßte Pfeifenraucher sein, ist er aber nicht.»

«Hat er euch bemerkt?»

«Das glaube ich nicht. Mich jedenfalls bestimmt nicht.»

Sie schwiegen eine Weile und sahen aus dem Fenster. Es schneite in dicken weißen Flocken.

«Also wenn du mich fragst...» nahm Kollberg das Gespräch wieder auf «... dann macht er jetzt so weiter bis zu seinem nächsten Urlaub. Mir soll's recht sein, aber kann der Staat sich leisten, zwei seiner besten Beamten...» Er unterbrach sich. «Heut nacht hab ich den Schreck meines Lebens bekommen. Ich stehe da in meiner Toreinfahrt, da macht plötzlich ein Betrunkener ‹Buh!› zu mir hin. Also wirklich, ich hätte mir beinahe was weggeholt.»

«Ist er nun unser Mann oder nicht?»

«Er gleicht dem Mann von dem Film aufs Haar.»

Martin Beck lehnte sich zurück. «Okay, wir vereinnahmen ihn.»

«Wann?»
«Jetzt.»
«Und wer soll das machen?»
«Du. Aber warte, bis sein Dienst zu Ende ist, damit er nichts versäumt. Nimm ihn mit zu dir rauf und stelle seine Personalien fest. Dann sag mir Bescheid.»
«Die weiche Tour?»
«Absolut!»
Die Uhr zeigte halb zehn, und der Tag war der 14. Dezember. Sten war der Name des Tages, und Martin Beck hatte heruntergewürgt, was die Stadtpolizei anläßlich der Lucia-Feier spendiert hatte: ein klitschiges Gebäckstück und zwei Gläser Glühwein, der so gut wie alkoholfrei war. Danach rief er den Landsfogd in Linköping und Ahlberg in Motala an und hörte zu seinem Erstaunen beide sagen:
«Ich komme.»
Sie trafen nachmittags gegen drei Uhr ein. Der Landsfogd war in Motala vorbeigefahren; er wechselte einige Worte mit Martin Beck und ging dann zu Hammar hinein. Ahlberg blieb bei Martin Beck im Zimmer und saß zwei Stunden lang in seinem Besuchersessel. Aber sie wechselten nur wenige Sätze. Ahlberg fragte:
«Meinst du, daß er es ist?»
«Ich weiß nicht.»
«Er muß es sein.»
«Ja.»
Fünf Minuten vor fünf klopfte es an der Tür. Es waren der Landsfogd und Hammar.
«Ich bin überzeugt, daß du recht hast», erklärte der Landsfogd. «Geh nach der Methode vor, die du selbst für richtig hältst.»
Martin Beck nickte.
Zwanzig vor sechs klingelte das Telefon.
«Ich bin's», sagte Kollberg. «Folke Bengtsson ist jetzt hier. Kannst du raufkommen?»
Martin Beck erhob sich. An der Tür warf er Ahlberg einen Blick zu. Keiner sagte ein Wort.
Langsam ging er die Treppe hinauf. Trotz der Tausende von Verhören, die er hinter sich hatte, empfand er ein eigenartiges Kribbeln in der Magengegend und im linken Teil des Brustkorbs.
Kollberg hatte die Jacke abgelegt und stützte die Ellbogen auf den Tisch, er wirkte ruhig und wohlwollend. Melander saß mit dem Rücken zu ihm und kramte in aller Gemütsruhe in seinen Papieren.

«Das ist Herr Folke Bengtsson», sagte Kollberg und kam hoch.
«Beck.»
«Bengtsson.»
Ein unverbindlicher Händedruck.
Kollberg zog die Jacke an. «Ich hau jetzt ab. Also, bis auf morgen.»
Martin Beck setzte sich. In Kollbergs Schreibmaschine steckte ein Blatt Papier. Er zog es heraus und las: Folke Lennart Bengtsson. Expeditionsleiter, geb. 6. August 1926 in Stockholm. Unverheiratet.
Martin Beck betrachtete den Mann. Ein Alltagsgesicht. Blaue Augen, graue Strähnen im blonden Haar. Kein Zeichen von Nervosität. Ruhig und gelassen.
«Wissen Sie, warum wir Sie hergebeten haben?» begann Martin Beck das Verhör.
«Herr Kollberg hat etwas von einer Auskunft gesagt ...»
«Das stimmt. Sie können uns möglicherweise weiterhelfen ...»
«Und wobei?»
Martin Beck blickte zum Fenster hin und sagte: «Wie das draußen schneit.»
«Ja, tatsächlich.»
«Können Sie sich noch daran erinnern, wo Sie in der ersten Juliwoche dieses Jahres waren?»
«In der ersten Juliwoche? Doch, natürlich. Da hatte ich Urlaub. Die Firma, in der ich arbeite, macht nach Mittsommer vier Wochen zu.»
«Ja und?»
«Ich bin umhergereist. Zwei Wochen lang war ich an der Westküste. Ich fahre im Urlaub immer angeln. Jeden Sommer. Im Winter übrigens auch mindestens eine Woche lang.»
«Sie sagen: fahre ich. Mit dem Wagen?»
Der Mann lächelte. «So weit hab ich's noch nicht gebracht. Hab noch nicht mal den Führerschein. Nein, ich hab ein Moped.»
Martin Beck saß einen Augenblick ganz still. «Ein Moped ist nicht das Schlechteste, ich hab früher selbst eins gehabt. Was für eine Marke fahren Sie denn?»
«Im Sommer hatte ich ein Monark-Ped. Jetzt hab ich mir ein neues zugelegt.»
«Erinnern Sie sich noch an die einzelnen Stationen Ihres Urlaubs?»
«Natürlich. Zuerst war ich eine Woche in Mem an der Ost-Göta-Küste, wo der Götakanal anfängt. Von dort fuhr ich dann nach Bohuslän.»
Martin Beck stand auf und ging hinüber zur Wasserkaraffe, die auf

dem Aktenschrank an der Tür stand. Er warf Melander einen Blick zu. Ging zurück, nahm den Deckel vom Tonbandgerät und stöpselte das Mikrofon ein. Melander steckte seine Pfeife in die Brusttasche und verließ den Raum. Der Mann starrte auf den Apparat.

«Fuhren Sie die ganze Strecke bis Göteborg mit dem Boot?»
«Nein, von Söderköping aus.»
«Wissen Sie zufällig noch, wie das Schiff hieß?»
«Doch, es war die *Diana*.»
«Wissen Sie auch noch, an welchem Tag Sie auf das Schiff gingen?»
«Nein, leider nicht. Irgendwann Anfang Juli muß es gewesen sein.»
«Gab es auf der Reise irgendwelche besonderen Vorkommnisse?»
«Nicht daß ich wüßte ...»
«Sind Sie sicher? Denken Sie nach.»
«Vorkommnisse? Das Schiff hatte Verspätung – meinen Sie das? Wegen eines Motorschadens, aber das war, ehe ich an Bord kam. Für mich war es ein Glück, denn sonst wäre ich nicht mehr mitgekommen.»
«Als Sie in Göteborg ankamen, was taten Sie da?»
«Das Schiff kam sehr früh am Morgen an. Ich fuhr dann gleich nach Hamburgsund weiter. Dort hatte ich über die Vermittlung ein Zimmer bestellt.»
«Wie lange blieben Sie dort?»
«Zwei Wochen.»
«Was taten Sie während dieser Zeit?»
«Ich angelte. Leider war das Wetter ziemlich schlecht.»

Martin Beck nahm die drei Fotos von Roseanna McGraw aus Kollbergs Schreibtischschublade und reicht sie Bengtsson hin. «Kennen Sie diese Frau?»

Der Mann betrachtete die Bilder eins nach dem anderen, ohne eine Miene zu verziehen. «Irgendwie kommt mir das Gesicht bekannt vor. Wer ist das?»

«Eine Amerikanerin. Sie war an Bord des Schiffs.»
«Oh, ich erinnere mich so dunkel ...» sagte der Mann gleichgültig und blickte noch einmal auf die Bilder. «Beschwören könnte ich es aber nicht.»
«Ihr Name war Roseanna McGraw.»
«Doch, jetzt weiß ich wieder. Natürlich. Sie war mit an Bord. Ich hab mich sogar ein paarmal mit ihr unterhalten. So gut es eben ging.»
«Und seither haben Sie ihren Namen weder gelesen noch gehört?»

«Nein, wieso? Warum sollte ich auch?» Die Augen, die Martin Beck ansahen, waren kalt, ruhig und fragend.

«Dann wissen Sie also nicht, daß Roseanna McGraw während der Reise ermordet wurde?»

Ein flüchtiger Schatten huschte über das Gesicht des Mannes. «Nein», sagte er schließlich. «Nein, das wußte ich tatsächlich nicht.» Er furchte die Augenbrauen. «Ist es wirklich wahr?» fragte er dann.

«Es will mir eigentlich nicht in den Kopf, daß Sie nichts von der Sache gehört haben wollen», sagte Martin Beck. «Offen gesagt, ich glaube Ihnen nicht.»

Der Mann schien den letzten Satz nicht gehört zu haben. «Jetzt verstehe ich, warum Sie mich hergeholt haben», sagte er.

«Haben Sie gehört, was ich gesagt habe? Es scheint sehr eigenartig, daß Sie nichts von all dem, was über diese Geschichte geschrieben worden ist, mitbekommen haben. Ich glaube Ihnen das ganz einfach nicht.»

«Hätte ich eine Ahnung von der Sache gehabt, wäre ich natürlich von selbst gekommen.»

«Warum?»

«Nun, als Zeuge oder wie man es nennt. Um zu berichten, daß ich sie gekannt habe. Wo wurde sie denn getötet? In Göteborg?»

«Nein, auf dem Schiff in ihrer Kabine. Während Sie an Bord waren.»

«Das kann ich mir nicht vorstellen.»

«Und warum nicht?»

«Also ... das hätte doch jemand merken müssen. Das Schiff war doch voll belegt.»

«Ich kann mir noch viel weniger vorstellen, daß Sie nichts von dem Mord gehört haben wollen. Es wird mir schwer, das zu glauben.»

«Aber wenn ich es Ihnen doch sage ... Ich lese keine Zeitungen, daher kommt's wohl.»

«Die Sache ist im Radio und im Fernsehen gebracht worden. Die Bilder, die Sie da in der Hand haben, sind mehrmals gezeigt worden. Haben Sie denn keinen Fernsehapparat?»

«Doch, natürlich. Aber die Nachrichten schalte ich nie ein. Am liebsten habe ich Naturprogramme und Spielfilme.»

Martin Beck sah den Mann etwas streng an. Nach einer Minute fragte er: «Und warum lesen Sie keine Zeitungen?»

«Die interessieren mich eben nicht. Immer nur Politik und ...

solche Dinge, von denen Sie eben sprechen – Mord und Unglücksfälle und anderes Elend.»

«Dann lesen Sie also praktisch gar nichts?»

«Doch, sicher. Über Sport, Fischerei, Freiluftleben ... auch mal einen Abenteuerbericht.»

«Irgendwelche Zeitschriften?»

«Das Sportblatt, das kaufe ich mir jede Woche. Und das *Record-Magazin*. Und seit ich klein war regelmäßig *Lektyr*. Manchmal kaufe ich auch amerikanische Anglerzeitschriften.»

«Ja, unterhalten Sie sich denn nie mit Ihren Kollegen über irgendwelche Tagesereignisse?»

«Ach, die kennen mich und wissen, daß ich so was nicht mag. Die reden natürlich untereinander, aber da höre ich selten zu. Das stimmt wirklich.»

Martin Beck schwieg.

«Sie glauben mir wohl nicht? Ich kann nur wiederholen, daß es die reine Wahrheit ist.»

«Sind Sie eigentlich religiös?»

«Nein. Warum?»

Martin Beck nahm sich eine Zigarette und schob ihm die Packung hin.

«Nein, danke, ich rauche nicht.»

«Und wie steht's mit dem Alkohol?»

«Bier mag ich ganz gern. Sonnabends trinke ich schon mal ein Glas nach der Arbeit. Aber nichts Hochprozentiges.»

Martin Beck betrachtete ihn unverwandt. Der Mann machte keinerlei Versuch, seinem Blick auszuweichen.

«Nun, wir haben Sie ja endlich gefunden; das ist die Hauptsache.»

«Wodurch eigentlich? Ich meine, woher wußten Sie denn, daß ich an Bord war?»

«Ach, reiner Zufall. Jemand hat Sie wohl wiedererkannt. Aber nun zurück zur Sache – uns geht es hier um folgendes: Bisher sind Sie die einzige Person, die wir ermitteln konnten, die mit dieser Frau hier gesprochen hat. Wie haben Sie sie kennengelernt?»

«Warten Sie mal ... ja, jetzt fällt es mir ein. Sie stand zufällig neben mir und fragte mich was.»

«Und?»

«Ich gab ihr Auskunft – so gut ich konnte. Mein Englisch ist nicht besonders gut.»

«Aber Sie lesen doch ab und zu amerikanische Zeitungen?»

«Eben. Und deshalb nehme ich die Gelegenheit wahr und spreche mit Engländern und Amerikanern. Um zu üben. Das geschieht selten. Einmal in der Woche gehe ich ins Kino und sehe mir einen amerikanischen Film an, irgendeinen. Und häufiger schau ich mir im Fernsehen sogar Kriminalfilme an, obwohl der Inhalt mich nicht interessiert, Hauptsache sie sind nicht synchronisiert.»

«Aha. So kamen Sie also ins Gespräch. Wissen Sie wohl noch, worüber Sie sich unterhalten haben?»

«Ja...»

«Überlegen Sie mal. Es kann wichtig sein.»

«Also... sie erzählte einiges über sich selbst.»

«Zum Beispiel?»

«Ach, wo sie wohnte. Den Namen der Stadt hab ich aber vergessen.»

«Kann es New York gewesen sein?»

«Nein, New York war es nicht... Tut mir leid, ich kann es wirklich nicht mehr sagen.»

«Erwähnte sie sonst noch was?»

«Ja, daß sie Bibliothekarin sei. Daran kann ich mich genau erinnern und daß sie am Nordkap und in Lappland gewesen war und die Mitternachtssonne gesehen hatte. Sie hat auch eine ganze Menge gefragt.»

«Waren Sie viel mit ihr zusammen?»

«Nein, das kann ich nicht behaupten. Auf so einem Schiff begegnet man sich natürlich öfter, dann haben wir ein paar Worte gewechselt.»

«Und wann war das ungefähr?»

Der Mann antwortete nicht gleich.

«Das muß am ersten Tag gewesen sein. Ja, richtig... zwischen Berg und Ljungsbro sind wir dann eine Zeit an Land gegangen, während das Schiff durch die Schleuse fuhr.»

«Sie kennen sich anscheinend gut auf dem Kanal aus, was?»

«O ja. Ich versuche es jeden Sommer so einzurichten, daß ich ein Stück mit dem Schiff mitfahren kann. Von diesen alten Booten gibt es nicht mehr viele, und es ist eine angenehme Reise.»

«Wie oft haben Sie das schon gemacht?»

«So genau kann ich das nicht mehr sagen... zehn-, zwölfmal vielleicht. Meistens verschiedene Strecken. Nur ein einziges Mal bin ich die ganze Reise von Stockholm bis Göteborg mitgefahren.»

«Als Deckspassagier?»

«Ja. Die Kabinen sind immer lange im voraus gebucht. Außerdem ist es billiger so.»

«Ist es ohne Kabine nicht sehr unbequem?»

«Ach, überhaupt nicht. Man kann unter Deck auf einem Sofa im Salon schlafen. Das geht sehr gut.»

«Na schön. Sie lernten also Roseanna McGraw kennen. Zwischen Berg und Ljungsbro sind Sie ausgestiegen. Haben Sie sie später noch mal wiedergesehen?»

«Ich glaube, ich habe so im Vorbeigehen noch mal mit ihr gesprochen.»

«Wann?»

«Daran kann ich mich nicht mehr erinnern.»

«Haben Sie sie während des letzten Teils der Reise gesehen?»

«Nicht daß ich wüßte.»

«Wissen Sie, wo sie ihre Kabine hatte?»

Der Mann schwieg.

«Haben Sie meine Frage nicht gehört? Wo hatte sie ihre Kabine?»

«Ich überlege ja gerade ... Nein, ich glaube nicht, daß sie das erwähnt hatte.»

«Sie sind also niemals in ihrer Kabine gewesen?»

«Natürlich nicht. Die Kabinen sind im übrigen schrecklich eng. Außerdem sind sie meistens mit zwei Personen belegt.»

«Immer?»

«Na ja, einige reisen vielleicht allein. Aber nicht viele, das wird doch recht teuer.»

«Wissen Sie, ob Roseanna McGraw eine Einzelkabine hatte?»

«Daran habe ich überhaupt nicht gedacht. Sie hat nichts davon erwähnt, soweit ich mich erinnere.»

«Und Sie sind nie mit ihr in der Kabine gewesen?»

«Nein, natürlich nicht.»

«Erinnern Sie sich noch, worüber Sie sich mit ihr unterhielten, während Sie an Land waren?»

«Ich glaube, ich hab sie gefragt, ob sie die Kirche in Vreta Kloster sehen wollte; die liegt sehr hübsch. Aber sie hatte keine Lust. Vielleicht hat sie meine Frage auch nicht verstanden.»

«Und sonst? Worüber sprachen Sie sonst noch?»

«Wie soll ich das nach so langer Zeit noch wissen? Viel war es bestimmt nicht. Wir gingen dieses Stück am Kanal entlang, zusammen mit einem Haufen anderer Passagiere.»

«Haben Sie bemerkt, ob sie sich mit anderen Leuten unterhalten hat?»

Der Mann sah ausdruckslos aus dem Fenster.

«Das ist eine äußerst wichtige Frage.»

«Ich verstehe. Ich denke ja auch nach. Doch, sie sprach mit ein paar Leuten, während ich dabeistand. Mit Engländern oder Amerikanern. Ich erinnere mich aber an keinen besonderen.»

Martin Beck stand auf und griff nach der Wasserkaraffe. «Wollen Sie etwas trinken?»

«Nein, danke, ich bin nicht durstig.»

Martin Beck goß sich einen Becher ein, trank und kam zurück. Er drückte auf einen Klingelknopf unter der Tischplatte, stellte den Apparat ab und spulte das Band zurück.

Nach einer Minute erschien Melander und ging an seinen Tisch.

«Hier, nimm das und leg es zu den Akten.»

Melander nahm das Band und verließ den Raum wieder.

Der Mann, der Folke Bengtsson hieß, saß steif auf seinem Stuhl und sah Martin Beck mit ausdruckslosen blauen Augen an.

«Sie sind, wie gesagt, der einzige uns bekannte Zeuge, der mit der Toten gesprochen hat.»

«Ja . . .»

«Sie haben sie nicht zufällig ermordet?»

«Nein, das habe ich nicht. Glauben Sie das denn?»

«Irgend jemand hat es getan.»

«Ich wußte nicht einmal, daß sie tot ist. Und nicht, wie sie hieß. Sie glauben doch wohl nicht, daß ich . . .»

«Wenn ich erwartet hätte, daß Sie es zugeben würden, hätte ich die Frage nicht in diesem Ton gestellt», entgegnete Martin Beck.

«Ach so . . . Das war also ein Scherz?»

«Nein.»

Der Mann sagte kein Wort.

«Wenn ich Ihnen nun sagen würde, wir wissen mit Sicherheit, daß Sie sich in der Kabine der Frau aufgehalten haben – was würden Sie dann antworten?»

Der Mann überlegte etwa zehn Sekunden. «Daß Sie sich irren müssen. Aber Sie würden das ja nicht sagen, wenn Sie es nicht sicher wüßten. Oder?»

Martin Beck antwortete nicht.

«Und dann müßte ich also da drin gewesen sein, ohne daß ich selbst wußte, was ich tat.»

«Wissen Sie immer, was Sie tun?»

Der Mann hob die Augenbrauen ein wenig.

«Ja, das pflegt der Fall zu sein», antwortete er.

Dann mit fester Stimme:
«Ich war nicht da drin.»
«Sie verstehen, daß dieser Fall höchst verwirrend ist», erklärte Martin Beck. Gott sei Dank ist das alles nicht mit auf dem Band, dachte er.
«Ich verstehe.»
Martin Beck seufzte, knickte das Mundstück seiner Florida zusammen und steckte sie an. «Sie sind nicht verheiratet?»
«Nein.»
«Haben Sie, was man eine feste Freundin nennt?»
«Auch nicht. Ich liebe mein Junggesellenleben, und das Alleinsein stört mich nicht.»
«Haben Sie Geschwister?»
«Nein. Ich war einziges Kind.»
«Und sind zusammen mit ihren Eltern aufgewachsen?»
«Mit meiner Mutter. Mein Vater starb, als ich sechs Jahre alt war. Ich erinnere mich kaum an ihn.»
«Aber gelegentlichen Umgang mit Frauen werden Sie wohl haben?»
«Das ja. Ich bin ja beinahe vierzig, da hat man natürlich seine Erfahrungen gemacht.»
Martin Beck sah ihn unverwandt an. «Wenn Sie weiblichen Umgang brauchen, suchen Sie sich dann eine Prostituierte?»
«Nein, nie. Das hab ich noch nie getan.»
«Können Sie uns eine Frau namhaft machen, mit der Sie längere Zeit befreundet waren?»
«Natürlich könnte ich das, ich sehe aber nicht ein, warum Sie das wissen wollen. Schließlich sind das sehr private Dinge.»
Martin Beck zog die Schreibtischschublade ein Stück heraus und blickte hinein, dann fuhr er sich mit dem Zeigefinger über die Unterlippe. «Ich kann Ihnen versichern, daß wir unsere Gründe haben», murmelte er undeutlich. «Sie würden uns wirklich sehr helfen...»
«Die Frau, mit der ich am längsten... engagiert war, sie... sie ist jetzt verheiratet, und wir haben keinen Kontakt mehr miteinander. Es würde peinlich für sie sein.»
«Trotzdem wären wir Ihnen dankbar...»
«Und wenn sie dadurch Unannehmlichkeiten bekommt?»
«Durch uns ganz bestimmt nicht, das verspreche ich Ihnen. Also – wie heißt sie?»

«Na gut, ich verlasse mich auf Ihr Wort ... Jetzt heißt sie Siv Lindberg. Aber Sie müssen mir wirklich versprechen ...»

«Und die Adresse?»

«Die genaue Anschrift weiß ich nicht. In Bodal auf Lidingö irgendwo. Ihr Mann ist Ingenieur.»

Martin Beck warf einen letzten Blick auf seine Unterlagen; das Bild der Frau von Växjö lag obenauf. Dann schob er das Fach zu. «Das wäre dann alles», sagte er. «Entschuldigen Sie, daß wir Sie mit derartigen Fragen belästigen mußten. Aber das gehört leider zu meinem Beruf.»

Melander kam herein und setzte sich an seinen Schreibtisch.

«Darf ich Sie bitten, ein paar Minuten zu warten?» fragte Martin Beck.

Im Zimmer ein Stockwerk tiefer hörten sie gerade die letzten Sätze vom Tonband. Martin Beck stand mit dem Rücken an die Wand gelehnt und hörte zu.

«‹Wollen Sie etwas trinken?›»

«‹Nein, danke, ich bin nicht durstig.›»

Der Landsfogd sprach als erster.

«Na?»

«Laß ihn laufen.»

Der Landsfogd blickte an die Decke, Kollberg auf den Fußboden und Ahlberg auf Martin Beck.

«Du hast ihn nicht sehr hart rangenommen», meinte der Landsfogd. «Das war kein langes Verhör.»

«Nein.»

«Und wenn wir ihn nun verhaften?» fragte der Landsfogd.

«Dann mußt du ihn Donnerstag um diese Uhrzeit wieder laufen lassen», stellte Hammar fest.

«Davon wissen wir nichts.»

«Nein», sagte Hammar.

«Tja, na denn mal los», der Landsfogd beendete das Gespräch.

Martin Beck nickte. Er ging aus dem Zimmer und die Treppe hinauf, das Kribbeln in der linken Hälfte seines Brustkorbs wollte nicht aufhören.

Melander und der Mann, der Folke Bengtsson hieß, schienen sich während seiner Abwesenheit nicht von der Stelle gerührt zu haben, und nichts deutete daraufhin, daß sie miteinander gesprochen hatten.

«Es tut mir leid, daß wir Ihnen die Mühe gemacht haben. Kann ich Sie vielleicht nach Hause bringen lassen?»

«Danke, ist nicht nötig. Ich nehme die U-Bahn.»

«Das geht auch sicher schneller.»
«Glaube ich auch.»
Martin Beck begleitete ihn ins Erdgeschoß hinunter. «Also, auf Wiedersehen.»
«Auf Wiedersehen.»
Ein kräftiger Händedruck.
Kollberg und Ahlberg saßen noch immer da und starrten auf das Tonbandgerät.
«Sollen wir ihn weiter beschatten?» fragte Kollberg.
«Ist nicht nötig.»
Ahlberg sah Martin Beck an. «Glaubst du, daß er es ist?»
Martin Beck stand mitten im Zimmer und betrachtete seine Fingernägel. «Ja», sagte er schließlich. «Ich bin felsenfest davon überzeugt.»

24

Das Haus erinnerte in allem an sein eigenes in Bagarmossen. Ein bescheidener Treppenaufgang mit einheitlichen Namensschildern an den Türen und Müllschluckern zwischen den Etagen. Die Adresse war Bodal, Fregattvägen, und er war mit der Lidingöbahn hingefahren.

Er hatte den Zeitpunkt mit Bedacht gewählt. Mittags um Viertel nach eins sitzen schwedische Angestellte in ihren Büros und etwaige Kleinkinder sind zu Bett gebracht. Die Hausfrau hat das Radio angestellt und trinkt Kaffee mit Sacharintabletten.

Die Frau, die ihm öffnete, war klein, blond und blauäugig. Ende Zwanzig und hübsch. Ängstlich hielt sie den Türgriff umklammert, jederzeit bereit, die Tür zuzuschlagen.

«Polizei? Ist was passiert? Mein Mann ...»

Das Gesicht verriet Schrecken und Verwirrung. Niedliches Geschöpf, dachte Martin Beck. Er zeigte seinen Dienstausweis; das schien sie zu beruhigen.

«Ich weiß zwar nicht, wie ich Ihnen helfen kann ... aber bitte, kommen Sie doch erst mal rein.»

Die Einrichtung des Zimmers war unpersönlich, die Aussicht dafür einmalig. Er konnte hinunter auf Lilla Värtan blicken; zwei Bugsierschiffe waren gerade dabei, einen Hochseefrachter an den Kai zu schleppen. Er hätte viel darum gegeben, so eine Wohnung zu bekommen.

«Haben Sie Kinder?» fragte er, um sie ein wenig abzulenken.

«Ja. Ein kleines Mädchen, zehn Monate alt. Ich hab sie gerade hingelegt.»

Er zeigte ihr die Fotos. «Kennen Sie diesen Mann?»

Sie errötete und nickte unsicher. «Ja, wir waren einmal befreundet, aber das ist schon lange her. Warum fragen Sie?»

Martin Beck antwortete nicht sofort.

«Sie müssen verstehen. Das ist mir äußerst peinlich. Mein Mann ...» Sie schien nach Worten zu suchen.

«Vielleicht setzen wir uns erst mal hin», schlug Martin Beck vor.

«Ja, natürlich.» Sie ließ sich verkrampft und unsicher auf der vordersten Sofakante nieder.

«Es besteht kein Grund zur Aufregung, Fru Lindberg. Wir brauchen nur eine Auskunft von Ihnen. Dieser Mann interessiert uns als Zeuge. Das hat überhaupt nichts mit Ihnen zu tun. Wir müssen wissen, wie weit man sich auf seine Aussagen verlassen kann. Darum versuchen wir, uns ein Bild von ihm zu machen, und da Sie mit ihm befreundet waren ...»

Seine Worte schienen sie nicht wesentlich zu beruhigen. «Es ist mir schrecklich peinlich», wiederholte sie. «Mein Mann ... wir sind seit fast zwei Jahren verheiratet, und er weiß nicht ... ich habe ihm nichts von Folke erzählt ... ich meine, daß ich vorher mit einem anderen Mann ...» Sie wurde immer verwirrter und wußte nicht mehr weiter. «Wir sprechen nie über solche Dinge», setzte sie schließlich hinzu.

«Sie können völlig beruhigt sein. Ihr Mann wird nichts von unserem Gespräch erfahren, das verspreche ich Ihnen. Es handelt sich auch nur um ein paar Auskünfte. Niemand erfährt, was Sie mir sagen. Jedenfalls niemand, den Sie kennen oder der Sie kennt.»

Sie nickte, sah jedoch hartnäckig zur Seite.

«Sie kennen Folke Bengtsson also?»

«Ja.»

«Wann und wo lernten Sie ihn kennen?»

«Ich ... wir haben vor vier Jahren bei derselben Firma gearbeitet.»

«Bei dem Fuhr- und Transportunternehmen Eriksson?»

Sie nickte. «Ich war an der Kasse.»

«Und Sie hatten ein Verhältnis mit ihm?»

Wieder nickte sie mit abgewandtem Kopf.

«Wie lange dauerte das?»

«Ein Jahr», antwortete sie mit kaum hörbarer Stimme.

«War es eine glückliche Zeit für Sie?»

Sie warf ihm einen schnellen, unsicheren Blick zu und hob hilflos die Hand.

Martin Beck blickte über ihre Schulter hinweg aus dem Fenster in den düsteren grauen Winterhimmel.

«Können Sie mir vielleicht erzählen, wie die Sache begann?»

«Gott, wie so was eben geht ... Man sieht sich jeden Tag, trifft sich in der Kaffeepause und später dann beim Mittagessen. Na ja, und dann brachte er mich ein paarmal nach Hause.»

«Wo wohnten Sie?»

«In Vasastaden, Upplandsgatan.»

«Hatten Sie ein möbliertes Zimmer?»

«Nein, ich wohnte damals noch bei meinen Eltern.»

«Dann haben Sie ihn also nie mit nach oben genommen?»

Sie schüttelte energisch den Kopf, immer noch ohne ihn anzusehen.

«Und weiter?»

«Er lud mich dann mal ins Kino ein, und dann auch mal zum Abendessen.»

«Bei sich zu Hause?»

«Das kam erst später.»

«Wann?»

«Im Oktober.»

«Wie lange Zeit waren Sie da schon näher bekannt?»

«Mehrere Monate.»

«Und dann begannen Sie Ihr Verhältnis mit ihm?»

Sie schien mit sich zu kämpfen. «Muß ich wirklich darauf antworten?» fragte sie schließlich.

«Sie müssen natürlich nicht. Es wäre aber besser für Sie. Sonst lassen wir Sie vorladen, und dann wird es doppelt peinlich.»

«Also gut, was wollen Sie wissen?»

«Sie hatten intime Beziehungen mit ihm, nicht wahr?»

Sie nickte.

«Wann fing das an? Als Sie zum erstenmal bei ihm oben waren?»

«O nein ... vielleicht beim vierten- oder fünftenmal. Beim fünften glaube ich.»

«Und dann wiederholten Sie es?»

Sie blickte ihn hilflos an.

«Wie oft?»

«Nicht besonders oft, glaube ich.»

«Immer, wenn Sie bei ihm oben waren.»

«O nein, durchaus nicht.»

«Wie pflegten Sie denn die Abende mit ihm zu verbringen?»

«Nun ... wir aßen zusammen, unterhielten uns, sahen uns das Fernsehprogramm an und betrachteten die Fische.»

«Was für Fische?»

«Er hatte ein schönes Aquarium.»

Martin Beck räusperte sich. «Machte er Sie glücklich, ich meine in sexueller Beziehung?»

«Ich ...»

«Bitte, ich habe Grund für meine Frage.»

«Ja, ich glaube wohl.»

«War er brutal gegen Sie?»

«Ich verstehe nicht ...»

«In den intimen Momenten – schlug er Sie?»

«Aber nein.»

«Zeigte er irgendwelche sadistischen Neigungen?»

«Nein.»

«Niemals?»

«Nein, bestimmt nicht. Warum auch?»

«Sprachen Sie davon, später zu heiraten?»

«Nein.»

«Warum nicht?»

«Warum nicht? Das weiß ich auch nicht. Aber er sprach nie davon, und ich mochte nicht damit anfangen.»

«Hatten Sie keine Angst, schwanger zu werden?»

«Doch ja. Aber wir ... wir haben uns immer vorgesehen.»

Martin Beck zwang sich dazu, sie anzusehen.

Sie hockte immer noch steif auf der Sofakante, die Knie zusammengepreßt und die Hände ineinander verschlungen. Gesicht, Hals und Ohren feuerrot. Unter dem Haaransatz hatten sich feine Schweißtröpfchen gebildet.

Er nahm einen erneuten Anlauf. «Wie war er als Mann – in sexueller Hinsicht?»

Die Frage schien sie völlig zu verwirren. «Nett», flüsterte sie schließlich.

«Was heißt – nett?»

«Er ... ich meine ... ich glaube, daß er viel Liebe brauchte. Mir ging es wohl genauso.»

Obwohl er weniger als anderthalb Meter von ihr entfernt saß, mußte er sich anstrengen, ihre Worte zu verstehen. «Sie liebten ihn also?»

«Ich glaub wohl.»
«Hat er Sie sexuell befriedigt?»
«Ich weiß nicht.»
«Warum sind Sie später nicht mehr mit ihm zusammen gewesen?»
«Ich weiß nicht. Das hat einfach so aufgehört.»
«Noch eine Frage, die ich Sie bitten muß zu beantworten. Während des intimen Verkehrs – hat er da immer die Initiative ergriffen?»
«Ja ... was soll ich sagen ... wahrscheinlich doch, das ist ja wohl Sache des Mannes ...»
«Wissen Sie noch ungefähr, wie oft Sie überhaupt mit ihm ins Bett gegangen sind?»
«Fünfmal», flüsterte sie.

Schweigend sah Martin Beck sie an. Eigentlich hätte er sie noch fragen müssen: War er der erste Mann, mit dem Sie zusammen waren? Haben Sie sich immer nackt ausgezogen? Drehte er das Licht aus? Kam es vor, daß ... «Auf Wiedersehen», sagte er und stand auf. «Entschuldigen Sie, daß ich Sie belästigt habe.»
Er schloß selber die Tür hinter sich. Das letzte, was er sie noch sagen hörte, war:
«Sie müssen verstehen, ich bin etwas schüchtern ...»
Während er auf den Zug wartete, ging er auf dem Bahnsteig im Schneematsch auf und ab. Er hatte die Hände in den Manteltaschen vergraben und pfiff falsch und geistesabwesend vor sich hin.
Jetzt wußte er endlich, wie er es anfangen sollte ...

25

Hammar zeichnete Männchen auf sein Löschpapier, während er Martin Becks Ausführungen zuhörte. Es ging die Rede, daß das ein gutes Zeichen war. Dann sagte er: «Und wo willst du die Frau herkriegen?»
«Wir haben doch genügend Frauen im Polizeikorps.»
«Gut, dann such dir die Passende aus.»
Zehn Minuten später erkundigte sich Kollberg: «Und wo willst du das Mädchen hernehmen?»
«Wer von uns beiden hat achtzehn Jahre lang auf anderer Leute Schreibtischkante rumgehockt? Du oder ich?»
«So eine findest du nicht.»
«Du kennst dich bei den Damen des Polizeikorps besser aus als ich.»

«Na schön, ich werd mich mal umhören.»

«Tu das.»

Melander schien völlig uninteressiert. Ohne sich umzudrehen oder die Pfeife aus dem Mund zu nehmen, sagte er:

«Vibeke Amdal wohnt in Toldbodgade, ist 59 Jahre alt und Witwe eines Bierbrauers. Kann sich an Roseanna McGraw nur erinnern, weil sie auf dem Bild von Riddarholmen zu sehen ist. Karin Larsson hat das Schiff in Rotterdam fluchtartig verlassen. Aber die Polizei sagt, daß sie sich dort nicht mehr aufhält. Wahrscheinlich hat sie sich mit falschen Papieren ein anderes Schiff gesucht.»

«Ein ausländisches natürlich», stellte Kollberg sarkastisch fest. «Hat sie früher schon mal gemacht. Kann ein ganzes Jahr dauern, ehe wir sie finden. Oder fünf. Und dann sagt sie wieder nichts. Hat Kafka geantwortet?»

«Noch nicht.»

Martin Beck ging die Treppe hinunter und rief in Motala an.

«Ja», meinte Ahlberg ruhig. «Das ist vermutlich die einzige Möglichkeit. Aber wo willst du das Mädchen hernehmen?»

«Aus dem Polizeikorps. Habt ihr vielleicht eine, die in Frage kommt?»

«Nein, leider nicht.»

Martin Beck legte auf. Eine Minute später klingelte das Telefon. Es war ein Mann der Zivilstreife vom Polizeirevier Klara.

«Wir haben uns genau an deine Anweisungen gehalten ...»

«Und?»

«Der Kerl macht einen sehr selbstsicheren Eindruck. Aber glaub mir, er ist auf dem Quivive. Alle Augenblicke dreht er sich um, bleibt stehen ... Es wäre schwer, den länger zu beschatten, ohne daß er es merkt.»

«Hat er einen von euch wiedererkannt?»

«Ausgeschlossen. Wir waren ja zu dritt und gingen ihm nicht nach, sondern standen still und ließen ihn vorbeigehen. Außerdem ist es unser Job, daß man uns nicht wiedererkennt. Können wir sonst noch was für dich tun?»

«Das wäre alles.»

Der nächste Anruf kam aus dem Adolf-Fredriks-Bezirk.

«Hier Hansson, vom Fünften. Ich hab den Mann nicht aus den Augen gelassen, sowohl heute morgen als auch jetzt, als er nach Hause kam.»

«Und? Wie verhielt er sich?»

«Äußerlich ruhig, aber ich hatte den Eindruck, daß er auf der Hut ist.»

«Gesehen hat er dich nicht?»

«Glaub ich nicht. Heute morgen saß ich im Wagen, und später herrschte ein Mordsgedränge. Am Zeitungskiosk von St. Eriksplan hab ich ganz dicht hinter ihm gestanden, aber er hat mich nicht beachtet.»

«Was machte er denn am Zeitungskiosk?»

«Hat sich Zeitungen gekauft, was denn sonst?»

«Hast du sehen können welche?»

«Einen ganzen Packen. Alle vier Morgenzeitungen und beide Abendblätter.»

Melanders typisches Klopfzeichen ertönte an der Tür, und sofort steckte er den Kopf ins Zimmer. «Ich gehe dann, muß noch Weihnachtsgeschenke kaufen.»

Martin Beck nickte, legte auf und dachte: Herrgott noch mal – Weihnachtsgeschenke. Natürlich ... und vergaß sofort, was er gedacht hatte.

Es war schon spät, als er sein Dienstzimmer verließ, trotzdem geriet er aber noch in den Weihnachtstrubel hinein. In diesen Tagen hatten die Geschäfte alle länger auf.

Zu Hause saß er geistesabwesend am Tisch, er hörte nicht einmal zu, als seine Frau sich beklagte, und entging auf diese Art der üblichen Auseinandersetzung.

Beim Morgenkaffee fragte sie:

«Hast du zwischen Weihnachten und Neujahr frei?»

Der Tag verlief ereignislos, bis Kollberg am Nachmittag ins Zimmer platzte.

«Ich glaub, ich hab eine, die geeignet wäre», verkündete er.

«Aus dem Korps?»

«Ja, arbeitet auf Bergsgatan. Ich hab sie auf morgen, halb zehn, herbestellt. Sieh sie dir mal an. Wenn sie bereit ist, mitzumachen, sorgt Hammar dafür, daß sie zu uns versetzt wird.»

«Was für ein Typ ist sie denn?»

«Du wirst lachen – sie sieht Roseanna etwas ähnlich, aber bessere Figur und auch hübscher.»

«Tüchtig?»

«Sie ist seit ein paar Jahren dabei. Macht einen ruhigen und aufgeweckten Eindruck, gesund und kräftig.»

«Wie gut kennst du sie?»

«Fast gar nicht.»

«Und sie ist nicht verheiratet?»

Kollberg holte ein Blatt Papier aus seiner Jackentasche. «Hier steht alles, was du wissen willst. – So, jetzt geh ich los, Weihnachtseinkäufe machen.»

Weihnachtsgeschenke, dachte Martin Beck und sah auf die Uhr. Halb fünf ... Plötzlich kam ihm ein Gedanke; er zog das Telefon herüber und rief die Frau in Bodal an.

«Ach, Sie sind das ...»

«Rufe ich zu unpassender Zeit an?»

«Nein, das eigentlich nicht ... Mein Mann kommt erst Viertel vor sechs.»

«Nur eine kurze Frage: Hat der Mann, über den wir gestern sprachen, von Ihnen etwas bekommen? Ich meine ein Geschenk, ein Erinnerungsstück oder so?»

«Nein, keine Geschenke. Wir haben uns niemals was geschenkt. Sie verstehen ...»

«War er geizig?»

«Sparsam würde ich eher sagen. Das bin ich auch. Das einzige ...»

Schweigen. Er hörte beinahe, wie sie rot wurde.

«Was haben Sie ihm gegeben?»

«Ein ... ein kleines Amulett ... oder Anhänger ... nur ein kleines billiges Ding ...»

«Wann haben Sie ihm das gegeben?»

«Als wir uns getrennt haben ... er wollte ihn haben ... ich habe ihn nie abgenommen.»

«Hat er Ihnen den weggenommen?»

«O nein, ich habe ihn gerne weggegeben. Ein Erinnerungsstück will man doch immer haben ... auch wenn ... nach alldem, meine ich ...»

«Vielen Dank. Auf Wiedersehen.»

Dann rief er Ahlberg an.

«Ich hab mit Larsson und dem Stadsfiskal gesprochen», begann Ahlberg. «Der Landsfogd ist krank.»

«Und was sagen sie dazu?»

«Sie finden die Idee zwar reichlich unorthodox, aber ...»

«Das ist schon viele Male praktiziert worden, auch hier in Schweden. Was ich dir jetzt vorzuschlagen habe, ist noch viel unorthodoxer.»

«Das hört sich ja gut an.»

«Ich möchte, daß du eine Nachricht an die Presse gibst. Der Mord stehe kurz vor seiner Aufklärung.»

«Jetzt?»

«Ja, sofort. Heute noch. Etwa folgenden Inhalts: In Zusammenarbeit mit Interpol ist es heute der amerikanischen Polizei gelungen, einen Mann zu verhaften, der im Zusammenhang mit dem Mord an Roseanna McGraw gesucht wird. So in der Art, verstehst du?»

«Und wir haben die ganze Zeit gewußt, daß sich der Schuldige nicht in Schweden aufgehalten hat.»

«Ja, so zum Beispiel. Hauptsache es geht schnell.»

«Ich verstehe.»

«Und dann setz dich in den Zug und komm her.»

«Sofort?»

«So schnell du kannst.»

Ein Bote kam ins Zimmer. Martin Beck klemmte den Hörer mit der linken Schulter fest und riß das Telegramm auf. Es war von Kafka.

«Was schreibt er?» erkundigte sich Ahlberg.

«Nur einen Satz: Warum stellt ihr dem Kerl keine Falle?»

26

Sonja Hansson, Angehörige des weiblichen Polizeikorps im Rang eines Ersten Polizeikonstablers, sah Roseanna McGraw tatsächlich etwas ähnlich. Kollberg hatte recht gehabt.

Sie saß in Martin Becks Besuchersessel, die Hände über dem Knie gefaltet, und blickte ihn mit ruhigen grauen Augen an. Sie hatte lockiges dunkles Haar, das ihr leicht über die linke Braue fiel, und ein frisches, offenes Gesicht. Make-up schien sie nicht anzuwenden. Sie sah wie zwanzig aus, aber Martin Beck wußte, daß sie fünfundzwanzig Jahre alt war.

«Als erstes möchte ich betonen, daß es sich hier nicht um einen dienstlichen Befehl handelt», begann Martin Beck. «Ich werde dir jetzt erklären, um was es sich handelt, dann kannst du dich entscheiden. Es steht dir frei, die Sache abzulehnen.»

Das Mädchen im Sessel strich sich die Locken aus der Stirn und sah ihn fragend an.

«Wir sind auf dich verfallen, weil du durch dein Aussehen die besten Voraussetzungen mitbringst», fuhr Martin Beck fort. «Du wohnst in der Innenstadt, bist nicht verheiratet und wohnst auch nicht – wie man so schön sagt – mit jemandem zusammen. Das stimmt alles so weit, oder?»

Sonja Hansson nickte. «Ich möchte schon helfen», sagte sie. «Aber was hat das mit meinem Aussehen zu tun?»

«Entsinnst du dich an Roseanna McGraw, die Amerikanerin, die im Sommer auf dem Götakanal ermordet wurde?»

«Natürlich. Ich hab damals sämtliche Karteikarten von allen vermißten Mädchen durchgehen müssen ...»

«Wir kennen den Täter, das heißt, wir glauben ihn zu kennen. Er befindet sich hier in der Stadt. Bei der Vernehmung hat er zugegeben, auf dem Schiff gewesen zu sein und auch mit ihr gesprochen zu haben. Mehr nicht. Er will nicht mal etwas von dem Mord gewußt haben.»

«Etwas unwahrscheinlich, wo soviel darüber geschrieben wurde.»

«Er behauptet, er lese keine Zeitungen ... Jedenfalls kommen wir mit ihm nicht weiter; er wirkt völlig natürlich und gelassen und hat auf alles ein plausible Antwort. Wir konnten ihn also nicht festhalten; eine Zeitlang haben wir ihn beschattet, aber auch das haben wir aufgegeben. Unsere einzige Chance ist, daß er die Tat wiederholt. Und das ist der Punkt, wo wir dich einsetzen wollen. Natürlich nur, wenn du einverstanden bist und glaubst, dir eine solche Aufgabe zutrauen zu können. Du sollst sein nächstes Opfer werden.»

«Reizende Aussichten», lächelte Sonja Hansson und holte sich eine Zigarette aus ihrer Jackentasche.

«Du siehst Roseanna McGraw etwas ähnlich, und darum wollen wir dich sozusagen als Lockvogel benutzen. Wir haben uns das folgendermaßen vorgestellt: Er arbeitet bei einer Speditionsfirma in Smålandsgatan. Du gehst hin und bestellst einen Transport. Flirtest mit ihm und siehst zu, daß er deine Adresse und Telefonnummer bekommt. Du mußt dafür sorgen, daß er sich für dich interessiert. Alles Weitere wäre dann abzuwarten.»

«Aber wenn ihr ihn zur Vernehmung hiergehabt habt, wird er doch doppelt vorsichtig sein.»

«Wir haben eine Nachricht herausgebracht, die ihn beruhigen muß.»

«Ich soll ihn also einfangen. Verflixt noch mal, und wenn es mir gelingt?»

«Angst brauchst du nicht zu haben; wir sind immer in der Nähe. Aber zunächst mußt du dich mit dem Fall vertraut machen. Das ist wichtig. Du mußt alles über Roseanna McGraw wissen, damit du sozusagen in ihre Haut schlüpfen kannst.»

«In der Schule hab ich manchmal bei Theateraufführungen mitgemacht, aber meistens als Pfifferling in dem Märchenspiel.»

«Na also. Dann wird's schon gutgehen.»

Martin Beck schwieg ein paar Sekunden. «Es ist unsere einzige Chance», sagte er dann. «Der Mann braucht einen Anstoß, und den müssen wir ihm geben»

«Okay, ich werd's versuchen. Hoffentlich geht alles klar. Leicht wird es nicht sein.»

«Nimm dir als erstes die Unterlagen vor: Berichte, Filme, Vernehmungsprotokolle, Briefe, Fotografien. Dann reden wir weiter.»

«Soll ich gleich anfangen?»

«Ja, heute noch. Hammar wird deine temporäre Versetzung hierher veranlassen. Ach, noch etwas: Wir müssen uns deine Wohnung anschauen und Zweitschlüssel anfertigen lassen.»

Zehn Minuten später saß sie in einem Raum neben Kollbergs und Melanders Dienstzimmer, hatte die Ellbogen auf den Tisch gestützt und studierte den ersten Bericht.

Am Nachmittag traf Ahlberg ein. Martin Beck nahm ihn mit zu Kollberg hinauf.

«Gunnar muß morgen wieder zurück», erklärte er. «Aber vorher möchte er noch einen Blick auf Bengtsson werfen.»

«Es muß aber ein sehr vorsichtiger Blick sein», warnte Kollberg.

«Er kennt mich ja nicht», sagte Ahlberg.

«Na schön, wenn wir ihn noch auf seinem Heimweg begleiten wollen, müssen wir los», meinte Kollberg. «Heut ist jedermann in dieser Stadt sowie die Hälfte der Bevölkerung unsres Landes auf den Beinen und kauft Weihnachtsgeschenke.»

Ahlberg schnippte mit den Fingern und schlug sich mit der Hand gegen die Stirn: «Weihnachtsgeschenke! Die hatte ich völlig vergessen!»

«Ich auch», sagte Martin Beck. «Das heißt, ab und zu denke ich daran, es wird aber nie was daraus.»

Der Verkehrstrubel war fürchterlich. Zwei Minuten vor fünf ließen sie Ahlberg am Norrmalmstorg aussteigen und sahen ihn dann im Gewühl von Smålandsgatan verschwinden.

Kollberg und Martin Beck hielten vor Berns, blieben im Auto sitzen und warteten. 25 Minuten später kletterte Ahlberg auf den Rücksitz.

«Es ist der Mann von unserem Film», erklärte er. «Gar kein Zweifel. Ich bin ihm nachgegangen, bis er in den Sechsundfünfziger gestiegen ist.»

«Jetzt fährt er nach St. Eriksplan, kauft Milch, Brot und Butter, dann geht's nach Hause. Dort ißt er, glotzt in die Flimmerkiste und legt sich schlafen», zählte Kollberg auf. «Wo soll ich euch absetzen?»

«Wir bleiben hier. Jetzt haben wir die große Chance, endlich unsere Weihnachtseinkäufe erledigen zu können», sagte Martin Beck.

Eine Stunde später stöhnte Ahlberg in der Spielwarenabteilung:

«Kollberg hatte Unrecht diesmal: Die andere Hälfte der Bevölkerung ist auch hier.»

Sie brauchten beinahe drei Stunden, um die Einkäufe zu erledigen, und dann noch mal eine, um nach Bagarmossen hinauszufahren.

Am Tag darauf sah Ahlberg zum erstenmal die Frau, die ihr Lockvogel werden sollte. Sie hatte erst einen kleinen Teil des Materials durcharbeiten können.

Am Abend fuhr Ahlberg wieder nach Motala zurück, gerade noch rechtzeitig, um Weihnachten zu feiern. Nach Neujahr wollten sie ihre Arbeit wiederaufnehmen.

27

Es wurden graue Weihnachtstage. Der Mann, der Folke Bengtsson hieß, verbrachte sie still bei seiner Mutter in Södertälje. Martin Becks Gedanken kreisten unaufhörlich um den Fall, sogar beim Festgottesdienst und während er als Weihnachtsmann unter der Kapuze schwitzte. Kollberg verdarb sich den Magen und mußte für drei Tage ins Krankenhaus auf Söder.

Die Zeitungen berichteten in einigen lustlosen Einspaltern, daß der Kanalmord in den USA vor der Aufklärung stehe und die schwedische Polizei damit ihre Nachforschungen eingestellt habe.

In Göteborg gab es die traditionellen Neujahrsmorde, die in weniger als 24 Stunden aufgeklärt wurden. Kafka schickte eine typisch amerikanische Ansichtskarte. Sie war in einem widerlichen Lila gehalten und stellte einen Hirsch bei Sonnenuntergang dar. Ahlberg erhielt seine Ernennung zum Staatsbeamten.

Der 7. Januar schien sich in nichts von jedem anderen 7. Januar zu unterscheiden. Die Straßen waren voll von grauen, frierenden Menschen mit leeren Geldbörsen. Der Ausverkauf hatte begonnen, trotzdem waren die Geschäfte beinahe leer. Das Wetter war diesig und naßkalt.

Trotzdem war der 7. Januar ein besonderer Tag: Es war nämlich der Tag X.

Am Morgen inspizierte Hammar seine Truppen. «Wie lange soll dieses Experiment denn vor sich gehen?» erkundigte er sich.

«Bis er uns in die Falle geht», gab Ahlberg zurück.

«Sagst du. Du bist ja auch für diese Sache freigestellt worden», meinte Hammar, dem die Zeit auf den Nägeln brannte. Er brauchte Martin Beck noch für andere Aufgaben, ebenso Melander und Stenström, die wenigstens zeitweise in die Sache eingespannt waren. Außerdem würde es nicht lange dauern, bis die Dritte Abteilung meuterte und das ausgeliehene Mädchen zurückhaben wollte ... «Na, dann Hals- und Beinbruch», sagte er und verabschiedete sich.

Sonja Hansson hockte auf Martin Becks Besuchersessel. Sie war erkältet und schneuzte sich. Martin Beck betrachtete sie mißtrauisch. Wie sie so vor ihm saß, mit Stiefeln, grauem Kostüm und Strumpfhosen ...

«Heute siehst du Roseanna aber nicht sehr ähnlich», meinte er schließlich.

«Bitte, dann fahr ich eben nach Hause und ziehe mich um. Aber meinst du nicht, daß es etwas merkwürdig aussehen wird, wenn ich in Sommerkleid und Sonnenbrille bei der Spedition aufkreuze und frage, ob sie meine Kommode transportieren wollen?»

«Du mußt's ja wissen. Hauptsache, du hast begriffen, worauf es ankommt.»

Einen Moment saß er schweigend da.

«Hoffentlich hab ich selbst es verstanden», murmelte er.

Sonja Hansson sah ihn nachdenklich an. «Ich glaube, ich hab's begriffen», sagte sie dann. «Ich habe jedes Wort, das über sie geschrieben ist, wieder und wieder gelesen. Den Film hab ich mindestens zehnmal gesehen. Ich hab mir eine bestimmte Garderobe gekauft und stundenlang vorm Spiegel geübt. Leicht ist die Sache nicht für mich – wir sind völlig verschiedene Charaktere. Auch ihre Lebensgewohnheiten waren anders als meine. Ich habe bisher nicht so gelebt wie sie und werde es auch niemals tun. Aber ich werde versuchen, den Auftrag auszuführen – so gut ich eben kann.»

«Mehr kann kein Mensch verlangen», sagte Martin Beck.

Sie schien etwas unzugänglich; sie war überhaupt keine Frau, die man leicht einordnen konnte. Von ihrem Privatleben wußte er nur, daß sie eine uneheliche Tochter hatte, die fünf Jahre alt war und bei ihren Eltern auf dem Lande lebte. Sie war wohl nie verheiratet gewesen. Aber er mochte sie gern. Sie war intelligent und aufrichtig und schien ihren Beruf zu lieben. Diese Voraussetzungen sollten genügen.

Um vier Uhr nachmittags meldete sie sich wieder. «Ich war vorhin da und bin dann gleich nach Hause gegangen. Hoffentlich ist es dir recht.»

«Nun, er wird wohl kaum gleich angestürzt kommen. Wie ging es denn?»

«Gut, glaub ich. Die Kommode kommt morgen.»

«Hast du Eindruck auf ihn gemacht?»

«Tja ... ich glaub schon. Etwas schwer zu sagen, wenn man nicht weiß, wie er sich sonst Frauen gegenüber verhält.»

«War es sehr unangenehm?»

«Das kann ich nicht behaupten. Ich finde ihn eigentlich ganz sympathisch. Richtig nett. Bist du sicher, daß er der Richtige ist? Ich hab ja keine Erfahrung im Umgang mit Mördern, aber ich kann mir einfach nicht vorstellen, daß er Roseanna McGraw ermordet haben soll.»

«Ja, ich bin sicher. Was sagte er? Hat er deine Telefonnummer?»

«Ja, ich schrieb Adresse und Telefonnummer auf einen Zettel. Dann sagte ich ihm, daß ich Türtelefon hätte, aber nicht antworten würde, wenn ich nicht jemand erwartete; man müsse sich also vorher telefonisch bei mir anmelden. Im übrigen sagte er nicht viel.»

«Wart ihr allein im Zimmer?»

«Ja. Auf der anderen Seite der Glasscheibe saß eine dicke Frau, aber die konnte uns nicht hören. Sie telefonierte nämlich, und ich hab kein Wort davon verstanden.»

«Habt ihr euch noch über etwas anderes als die Kommode unterhalten?»

«Unterhalten kann man es nicht direkt nennen ... ich sagte, es sei scheußliches Wetter, und er, da hätte ich recht. Dann sagte ich, es sei schön, daß Weihnachten endlich vorbei sei – das fand er auch. Und ich wieder: Für alleinstehende Menschen ist Weihnachten immer etwas deprimierend.»

«Und er?»

«Er sei auch alleinstehend, zwar habe er das Fest bei seiner Mutter verbracht, es sei aber trotzdem reichlich trübselig gewesen.»

«Das hört sich ja vielversprechend an», meinte Martin Beck. «War das alles?»

«Ja, ich glaub schon.»
Einen Moment schwieg sie, dann fügte sie hinzu:
«Ich bat ihn dann noch, mir Adresse und Telefonnummer der Firma aufzuschreiben, damit ich nicht im Telefonbuch nachzuschlagen brauche. Er gab mir eine Geschäftskarte.»
«Und dann hast du dich verabschiedet?»
«Ja. Länger konnte ich wirklich nicht herumsitzen und dummes Zeug reden; aber ich nahm mir Zeit. Ich hatte den Mantel aufgeknöpft, um meinen engen Pullover zu zeigen. Ach ja, und dann erwähnte ich noch, daß sie die Kommode auch gern am Abend bringen könnten, wenn es ihnen lieber wär. Ich säße abends meistens daheim und wartete, daß jemand anrufen würde. Aber er meinte, sie würden es noch am Vormittag schaffen.»
«Sehr gut. Übrigens, wir hatten vor, die Sache heute mal durchzuproben. Wir sind alle auf dem Polizeirevier Klara. Stenström übernimmt Bengtssons Rolle und ruft dich an. Du gibst umgehend auf Klara Nachricht, und wir kommen dann sofort und vereinnahmen Stenström. Kapiert?»
«Ja. Ich ruf euch an, sobald Stenström sich gemeldet hat. Wann wird das ungefähr sein?»
«Das wird nicht verraten. Du weißt ja auch nicht im voraus, wann Bengtsson anrufen wird.»
«Ach so, ja, natürlich. Du, Martin ...»
«Ja?»
«Der Mann wirkt keineswegs unsympathisch oder abstoßend. Er hat Charme. Das muß Roseanna auch empfunden haben.»
Der Aufenthaltsraum in der Wache des Fünften Distrikts auf Regeringsgatan war eng und sauber, bot aber wenig Möglichkeiten, sich zu zerstreuen.
Die Uhr war kurz nach acht, und Martin Beck hatte die Abendzeitungen bereits zweimal durchgelesen, von vorn bis hinten, bis auf die Sportseiten und den Anzeigenteil. Ahlberg und Kollberg saßen seit zwei Stunden über einer Schachpartie, die ihnen offenbar jegliche Lust an einer Unterhaltung genommen hatte, und Stenström schlief mit offenem Mund auf einem Stuhl neben der Tür. Er war entschuldigt, er hatte in der vergangenen Nacht Dienst gehabt. Außerdem war er da, um den Bösewicht zu spielen, und brauchte seine Geisteskräfte nicht zu strapazieren.
Ab und zu kamen ein paar uniformierte Streifenpolizisten herein, die Freiwache hatten, und saßen eine Weile mit ausgestreckten Beinen

vor dem Fernsehapparat; einige starrten neugierig auf die Kollegen von der Kriminalpolizei.

Um zehn nach acht rüttelte Martin Beck den schlafenden Stenström wach. «Dann wolln wir mal ...»

Stenström stand auf, ging zum Telefon und wählte eine Nummer. «Hallo», sagte er, «kann ich mal raufkommen? Ja? Fein.»

Dann ging er zu seinem Stuhl zurück und verfiel wieder in seinen Dämmerzustand.

Martin Beck sah auf die Uhr. 50 Sekunden später klingelte das Telefon. Es war mit einer direkten Leitung gekoppelt und nur für sie reserviert. Niemand anders durfte den Apparat benutzen.

«Beck.»

«Hier Sonja. Er rief gerade an. Kommt in einer halben Stunde.»

«Verstanden.» Er legte auf. «Jetzt geht's los, Kinder.»

«Du kannst dich ebensogut geschlagen geben», meinte Ahlberg.

«Okay», sagte Kollberg. «Eins zu null für dich.»

Stenström öffnete das eine Auge. «Aus welcher Richtung soll ich kommen?»

«Das bleibt dir überlassen.»

Sie gingen zum Auto hinunter, das auf dem Hof der Polizeiwache parkte. Es war Kollbergs Privatwagen, und er fuhr selbst. Als er in Regeringsgatan einbog, sagte er: «Ich möchte den Platz in der Garderobe übernehmen.»

«Nichts da, mein Lieber, das ist Ahlbergs Aufgabe.»

«Warum?»

«Er ist der einzige, der ins Haus gehen kann, ohne fürchten zu müssen, wiedererkannt zu werden.»

Sonja Hansson wohnte auf Runebergsgatan, im zweiten Stock des Eckhauses zum St. Eriksplan.

Kollberg parkte zwischen dem Kleinen Theater und Tegnér. Dort trennten sie sich. Martin Beck ging über die Straße, ein paar Schritte in die Anlagen hinein und baute sich im Schatten des Karl Staaffs-Denkmals auf. Von hier aus hatte er einen guten Blick auf das Haus, den ganzen Eriksbergsplan und die einmündenden Straßen. Er sah Kollberg mit ausgesuchter Nonchalance in Runebergsgatan einbiegen. Ahlberg hielt zielbewußt geraden Kurs auf den Hauseingang, öffnete die Tür und trat ein. Wie ein Mieter beim Nachhausekommen. 45 Sekunden später sollte Ahlberg in der Garderobe der Wohnung und Kollberg unter dem Brückenbogen der Eriksbergsgatan Posten bezogen haben. Martin Beck drückte auf die Stoppuhr:

Fünf Minuten und zehn Sekunden waren verflossen, seitdem er nach dem Gespräch mit Sonja den Hörer aufgelegt hatte.

Es war rauh und ungemütlich. Er schlug den Rollkragen seines Pullovers hoch und fauchte einen Betrunkenen an, der ihn um eine Zigarette anzubetteln versuchte.

Stenström tat wirklich sein Bestes. Erstens erschien er zwölf Minuten vor der genannten Zeit, zweitens aus einer völlig unerwarteten Richtung. Er kam über die Treppen vom Eriksbergspark und benutzte eine Gruppe von Kinobesuchern als Deckung. Martin Beck erkannte ihn erst, als er die Haustür öffnete. Kollberg hatte offenbar genauso schnell geschaltet, denn er und Martin Beck trafen sich vor der Haustür.

Sie traten zusammen ein, schlossen die innere Glastür auf. Keiner von ihnen sprach ein Wort.

Kollberg eilte die Stufen hinauf. Er sollte eine halbe Treppe unterhalb der Wohnung stehenbleiben und erst auf Zeichen vorgehen. Martin Beck drückte auf den Knopf, um den Aufzug herunterzuholen. Aber er kam nicht. Er hastete die Stufen hinauf, an dem erstaunten Kollberg vorbei. Der Aufzug stand vollkommen richtig in der zweiten Etage, aber Stenström hatte ihn außer Betrieb gesetzt, indem er die Gittertür nicht zugezogen hatte. Dadurch war es ihm gelungen, einen Teil des Planes zu stören. Martin Beck hatte ursprünglich beabsichtigt, mit dem Lift in den dritten Stock hochzufahren und sich der Wohnung von oben zu nähern.

Noch war alles still hinter Sonja Hanssons Tür; aber Stenström wußte, daß ihm nicht viel Zeit blieb. Eine halbe Minute später ertönte ein gedämpfter Schrei und ein Gepolter. Martin Beck hatte den Schlüssel schon in der Hand, und zehn Sekunden später befand er sich in Sonja Hanssons Schlafzimmer.

Das Mädchen saß auf dem Bett. Stenström stand mitten im Zimmer und gähnte, während Ahlberg seinen rechten Arm leicht auf den Rücken gedreht hatte.

Auf einen Pfiff von Martin Beck kam Kollberg wie eine Schnellzuglokomotive in die Wohnung gerast. Vor lauter Eifer stieß er im Flur ein kleines Tischchen um. Türen hatte er nicht zu öffnen brauchen.

Martin Beck rieb sich den Nasenrücken und betrachtete das Mädchen. «Gut», sagte er.

Sie hatte sich völlig realistisch auf das Spiel vorbereitet. Sie trug ein dünnes, kurzärmeliges Baumwollkleid und weder Schuhe noch Strümpfe. Ganz offensichtlich hatte sie auch Büstenhalter und Unterwäsche ausgelassen.

«Ich zieh mir schnell was an und mache Kaffee», sagte sie.

Sie gingen alle ins Wohnzimmer. Zehn Minuten später erschien Sonja in Sandalen, Jeans und einem braunen Pullover und stellte eine Kanne Kaffee auf den Tisch.

«Mein Schlüssel klemmt», sagte Ahlberg. «Beinahe hätte ich die Tür nicht aufgekriegt.»

«Das macht kaum was aus», beruhigte Martin Beck ihn. «Du wirst dich bestimmt nicht so beeilen müssen wie wir.»

«Ich hab dich ins Haus kommen hören, gerade als mir Sonja geöffnet hat», sagte Stenström.

«Also das nächste Mal Gummisohlen», meinte Kollberg.

«Du mußt das nächste Mal also schneller aufmachen», wies Martin Beck an.

«Das Guckloch in der Garderobe ist in Ordnung», erklärte Ahlberg. «Ich hab dich die ganze Zeit beobachtet.»

«Zieh besser den Schlüssel raus», riet Stenström. «Was hättest du gemacht, wenn ich dich eingeschlossen hätte?»

Das Telefon klingelte. Alle hielten den Atem an.

«Ja, hallo? Nein du, nicht heute abend ... Ich bin noch einige Tage beschäftigt ... Ob ich Herrenbesuch habe? Ja, gewissermaßen ...»

Sie legte auf und begegnete den Blicken ihrer Gäste.

«Es war nichts», sagte sie.

28

Sonja Hansson spülte Wäsche im Badezimmer. Als sie den Wasserhahn zudrehte und sich aufrichtete, hörte sie im Wohnzimmer das Telefon klingeln. Ohne sich die Hände abzutrocknen, rannte sie hin und nahm den Hörer hoch.

Es war Bengtsson.

«Die Kommode ist unterwegs, der Wagen muß in einer Viertelstunde bei Ihnen sein.»

«Danke. Lieb von Ihnen, daß Sie anrufen. Sonst hätte ich womöglich nicht aufgemacht; so zeitig hab ich nicht damit gerechnet. Soll ich ins Büro kommen zum Zahlen oder ...»

«Das können Sie beim Fahrer erledigen. Er hat die Rechnung mit.»

«Danke, dann tu ich das. Und vielen Dank für Ihre Freundlichkeit, Herr ...?»

«Bengtsson. Ich hoffe, Sie werden mit uns zufrieden sein, Fröken Hansson. Der Wagen kommt, wie gesagt, in einer Viertelstunde. Auf Wiedersehen.»

Als er aufgelegt hatte, wählte sie Martin Becks Nummer.

«Die Kommode kommt in einer Viertelstunde. Eben hat er angerufen. Beinahe hätte ich es überhört; aber das war ja ein Glück sozusagen, daß ich jetzt darauf aufmerksam geworden bin. Ich hatte gar nicht daran gedacht, wenn ich Wäsche im Badezimmer spüle, höre ich das Klingeln nicht.»

«Dann darfst du eben eine Zeitlang nicht waschen oder baden», sagte Martin Beck. «Aber Scherz beiseite – du mußt in den nächsten Tagen immer in der Nähe des Telefons sein. Also keine Exkursionen in die Waschküche oder auf den Boden.»

«Ich weiß. Soll ich runtergehen, wenn die Kommode gekommen ist?»

Ahlberg saß bei Martin Beck im Zimmer und hob fragend die Brauen, als dieser auflegte.

«In einer halben Stunde ungefähr wird ihr die Kommode gebracht», erklärte Martin Beck.

«Dann hören wir wohl bald von ihr. Tüchtiges Mädchen, diese Sonja. Ich mag sie gern.»

Als sie nach zwei Stunden immer noch nichts gehört hatten, wurde Ahlberg langsam unruhig. «Es wird ihr doch nichts passiert sein?»

«Keine Sorge! Sie wird sich schon melden.»

Eine halbe Stunde später klingelte das Telefon.

«Habt ihr lange gewartet?»

«Was war denn los?» knurrte Martin Beck.

«Ich werd mal von Anfang an berichten. Zwanzig Minuten nach unserem Gespräch kamen zwei Leute von der Firma mit der Kommode. Ich habe sie mir gar nicht genau angesehen, sondern nur denen erklärt, wo sie hingestellt werden sollte. Als sie weg waren, entdeckte ich, daß es eine falsche war. Ich bin dann sofort ins Büro, um mich zu beschweren.»

«Das hat aber ziemlich lange gedauert.»

«Ja, er verhandelte gerade mit einem Kunden, als ich kam. Ich stand vor dem Glasfenster und wartete. Er sah mehrmals zu mir hin, und ich hatte den Eindruck, als wenn er sich mit seinem Kunden beeilte. Es dauerte aber doch noch gut fünf Minuten, bis er ihn loswurde. Er war völlig zerknirscht wegen des Versehens. Ich sagte, so was sei ein Fehler, den man der Firma nicht anlasten könnte, und wir haben uns beinahe gestritten, wessen Schuld das war. Er erkundigte sich dann sofort, ob man mir die richtige Kommode noch am gleichen Abend bringen könne.»

«Und?»

«Sie hatten keine Fuhre frei. Er versprach mir dann, sie morgen bestimmt zu schicken; er würde sie selber bringen. Ich sagte, das sei wirklich zuviel verlangt, obwohl ich mich natürlich sehr freuen würde...»

«Das war alles?»

«Nein; ich blieb noch ein bißchen.»

«War es schwer, mit ihm ins Gespräch zu kommen?»

«Schwer nicht direkt, aber etwas nachhelfen mußte ich doch. Er ist nicht sehr entgegenkommend.»

«Worüber habt ihr euch unterhalten?»

«Was für ein gräßlicher Verkehr in der Stadt herrscht und daß Stockholm früher viel netter war. Ich sagte, daß dies keine Stadt sei, in der man gern allein sein würde. Er stimmte mir bei, meinte dann aber, daß ihm das Alleinsein nichts ausmachte.»

«Schien er sich gern mit dir zu unterhalten?»

«Ich glaub wohl. Aber ich konnte ja nicht ewig bei ihm sitzen bleiben. Er erzählte, daß er gern ins Kino ginge, aber sonst würde er kaum ausgehen. Viel mehr haben wir nicht geredet, und dann bin ich gegangen. Er brachte mich zur Tür und war überhaupt sehr höflich. Was machen wir jetzt?»

«Nichts. Abwarten.»

Zwei Tage später ging Sonja Hansson noch einmal zu der Speditionsfirma. «Ich möchte mich für Ihre Hilfe bedanken und sagen, daß die Kommode nun richtig angekommen ist. Es tut mir leid, daß ich Ihnen soviel Umstände gemacht habe.»

«Ich bitte Sie – das hat doch überhaupt keine Umstände gemacht», entgegnete Folke Bengtsson. «Sie sind stets willkommen, Fröken Hansson, ich stehe jederzeit zu Ihrer Verfügung.»

Dann trat ein Mann, offensichtlich der Chef, ins Zimmer, und sie verabschiedete sich.

Als sie das Büro verließ, spürte sie, wie Bengtsson ihr nachsah. Vor der Tür drehte sie sich noch einmal um, und ihre Blicke begegneten sich durch die Glastür.

Eine ereignislose Woche schleppte sich dahin, dann wurde das Experiment wiederholt. Sonja hatte wieder etwas zu transportieren. Als Erklärung gab sie an, sie habe die Wohnung in Runebergsgatan erst kürzlich bezogen und sei noch immer dabei, Erbstücke und andere Möbel, die auf verschiedenen Dachböden untergestellt worden waren, zusammenzutragen.

Nach weiteren fünf Tagen stand sie wieder vor ihm, kurz vor fünf. Weil sie gerade in der Nähe zu tun hatte, wollte sie mal vorbeischauen.

Sonja Hansson war nicht bei Laune, als sie anrief.

«Reagiert er immer noch nicht?»

«Nur mäßig. Ich glaube nicht, daß er es ist.»

«Warum nicht?»

«Er ist schüchtern, und eher etwas uninteressiert. Ich hab mich die letzten Male ziemlich scharf ins Zeug gelegt. Kaum mißzuverstehen. Sieben von zehn Kerlen würden seit einer Woche wie Wölfe vor meiner Tür sitzen und heulen. Aber wahrscheinlich bin ich nicht attraktiv genug. Was soll ich tun?»

«Mach weiter.»

«Ihr solltet euch eine andere suchen!»

«Mach weiter!»

Weitermachen! Aber wie lange? Mit jedem Tag, der vorbeiging, wurde Hammars Blick fragender und das Gesicht, das Martin Beck im Spiegel entgegenstarrte, blasser.

Die Wanduhr im Zimmer der Polizeiwache Klara tickte und tickte. Wieder vergingen drei ereignislose Nächte. Drei Wochen waren seit der Generalprobe vergangen. Alles war bis ins kleinste vorbereitet, durchdacht und ausgeklügelt. Aber nichts geschah. Der Mann, der Folke Bengtsson hieß, lebte sein ruhiges, genau geregeltes Leben, versah seinen Dienst und schlief nachts seine neun Stunden. Sie selber schienen im Begriff zu sein, den Kontakt mit dem normalen Leben und der Außenwelt zu verlieren. Die Hunde hetzten sich gegenseitig zu Tode, ohne das Wild aufzuspüren. Es waren schon komische Zeitläufte, dachte Martin Beck.

Mit feindlichen Blicken starrte Martin Beck auf das schwarze Telefon, das seit drei Wochen keinen einzigen Ton von sich gegeben hatte. Es war ausschließlich für die Frau in Runebergsgatan reserviert und sollte nur zu einem einzigen Zweck benutzt werden. Sie selbst riefen jeden Abend zweimal bei Sonja an, um sechs und um zwölf. Das war alles, was geschah.

Zu Hause war die Stimmung gedrückt. Seine Frau enthielt sich irgendwelcher Äußerungen, aber ihre Blicke wurden von Tag zu Tag vielsagender. Seit langem schon glaubte sie nicht mehr an diesen seltsamen Auftrag, über den er nicht sprach, der ihn aber Nacht für Nacht von seiner Familie fernhielt. Und er selbst konnte oder wollte ihr nichts erklären.

Kollberg hatte es etwas besser. Jede dritte Nacht ließ er sich von Melander oder Stenström ablösen. Zum Ärger von Ahlberg, der dann gezwungen war, mit sich allein Schach zu spielen. Probleme lösen hieß das wohl. Alle Gesprächsthemen waren seit langem erschöpft.

Martin Beck stierte blicklos auf seine Zeitung. Er hatte den Artikel nun zum drittenmal gelesen und wußte immer noch nicht, was eigentlich darin stand. Er gähnte und blickte auf seine beiden Kollegen, die sich statuenhaft glichen, wie sie sich da ewig schweigsam gegenübersaßen und gedankenvoll die Köpfe hängenließen. Er sah auf die Uhr. 21 Uhr 55. Er gähnte wieder, erhob sich steifbeinig und ging auf die Toilette. Er spülte Gesicht und Hände mit kaltem Wasser ab und kam wieder zurück.

Drei Schritte von der Tür entfernt hörte er das Telefon klingeln.

Als er ins Zimmer trat, legte Kollberg gerade den Hörer zurück.

«Hat er ...»

«Nein. Aber er steht draußen auf der Straße vor ihrem Haus.»

Während der nächsten drei Minuten gelang es Martin Beck, den Plan im Detail zu analysieren.

Damit hatten sie nicht gerechnet, aber es änderte nichts in der Angelegenheit. Der Mann konnte die Tür nicht mit Gewalt aufbrechen, und selbst wenn er es versuchte, würden sie rechtzeitig zur Stelle sein, noch ehe er die Treppe hinaufgelaufen war.

«Nur jetzt keine Fehler», warnte Martin Beck.

Kollberg bremste und hielt vor dem Kleinen Theater. Sie verteilten sich wie üblich.

Martin Beck stellte sich neben sein Denkmal. Er sah Ahlberg in die Tür gehen und schaute auf die Uhr. Genau vier Minuten waren seit ihrem Anruf vergangen. Er dachte an die Frau, die jetzt allein in ihrer Wohnung im zweiten Stockwerk war. Der Mann, der Folke Bengtsson hieß, war nirgends zu sehen.

Dreißig Sekunden später leuchtete das Licht in einem Fenster des zweiten Stocks auf. Die Lampe wurde ausgedreht. Ahlberg war auf seinem Posten.

Schweigend standen die beiden an dem dunklen Schlafzimmerfenster. Im Schlafzimmer selbst war es dunkel, aber an der Tür sahen sie einen schmalen Lichtstreifen. Das Licht im Wohnzimmer brannte, um zu zeigen, daß sie zu Hause war. Das Fenster vom Wohnzimmer ging auf die Straße hinaus, vom anderen Zimmer aus konnte man über Eriksbergsplan, den unteren Teil des Parks, der hinter dem Haus anstieg, ein Stück Birger Jarlsgatan, Regeringsgatan und Tegnérgatan sehen und weiter unten, schräg gegenüber, auch noch den Anfang von Runebergsgatan.

Bengtsson stand an der Bushaltestelle an der gegenüberliegenden Straßenecke und blickte zu ihren Fenstern hinauf. Er war allein an der Haltestelle, und als er da eine Zeitlang gestanden hatte, blickte er die Straße hinauf. Nach einer Weile setzte er sich langsam in Bewegung und verschwand hinter einer Telefonzelle.

«Jetzt», sagte Ahlberg und machte eine Bewegung ins Dunkel hinein.

Sie sahen den Bus an der Haltestelle vorbeifahren, und als er in die Tegnérgatan einbog, auf der anderen Seite des Platzes, war Bengtsson noch nicht zu sehen. Es war unmöglich, festzustellen, ob er die Zelle betreten hatte. Ahlberg hatte ihren Arm gepackt, während sie auf das Schrillen der Telefonglocke warteten.

Aber alles blieb still, und nach einigen Minuten sahen sie den Mann die Fahrbahn überqueren. Am Bürgersteig entlang verlief eine Steinmauer, die an der Hauswand unter ihrem Fenster endete. Oberhalb der Mauer erstreckte sich eine Grasfläche bis zum Haus hin, und darunter befanden sich zwei Toiletten, die man durch Türen in der Mauer von der Straße her betreten konnte.

Vorn am Bürgersteig blieb der Mann wieder stehen und blickte zum Haus hinauf. Dann ging er langsam auf ihre Tür zu.

Er verschwand aus ihrem Blickfeld, und Ahlberg starrte lange über den Platz, ehe er Martin Beck ausfindig machte, der neben einem Baum in der Grünanlage stand. Eine Straßenbahn auf Birger Jarlsgatan verdeckte ihn einige Sekunden lang, und als die vorbeigefahren war, konnte er ihn nicht mehr sehen.

Nachdem fünf Minuten vergangen waren, entdeckten sie Bengtsson wieder.

Er hatte sich so eng an die Mauer gedrückt, daß sie ihn erst sahen, als er unterhalb des Parks auf die Fahrbahn trat und auf die Straßenbahnhaltestelle mitten auf dem Platz zusteuerte. Bei einem Verkaufsstand blieb er stehen. Während er sein Würstchen verzehrte, sah er die ganze Zeit zu ihrem Fenster hinauf. Danach begann er, mit den Händen in den Taschen, auf dem Straßenbahnsteig auf und ab zu gehen. Hin und wieder blickte er zu ihnen hinauf.

Der Verkehr wurde jetzt lebhafter. Die Kinos waren aus, und ein Strom von Menschen kam am Park vorbei.

Sie verloren Bengtsson vorübergehend aus den Augen, entdeckten ihn aber bald wieder in der Mitte einer Gruppe von Kinobesuchern. Wieder lief er auf die Telefonzelle zu, blieb stehen, um dann mit schnellen Schritten in den Anlagen zu verschwinden. Martin Beck drehte ihm den Rücken zu und entfernte sich langsam.

Bengtsson durchquerte den kleinen Park, überquerte die Straße in Richtung auf das Restaurant und bog in Tegnérgatan ein. Nach ein paar Minuten tauchte er auf der anderen Straßenseite auf und machte Anstalten, rund um Eriksbergsplan zu gehen.

«Glaubst du, daß er schon öfter unten gestanden hat?» fragte die Frau im Baumwollträgerrock. «Schließich war es reiner Zufall, daß ich ihn heute abend entdeckt habe.»

Ahlberg stand, mit dem Rücken gegen die Wand gelehnt, neben dem Fenster, und rauchte. Er sah auf das Mädchen, das, mit dem Gesicht zum Fenster, neben ihm stand. Es hatte die Beine gespreizt und die Hände in den Rocktaschen vergraben, und im schwachen Widerschein der Straßenlaternen wirkten seine Augen wie dunkle Brunnen in dem bleichen Gesicht.

«Vielleicht ist er jeden Abend hier gewesen», sagte sie.

«Möglich wär's», meinte er. Und als der Mann dort unten zu seinem vierten Rundgang um den Platz ansetzte, fügte sie hinzu: «Wenn der die ganze Nacht so herumrennen will, werd ich verrückt, und Lennart und Martin frieren sich zu Tode.»

Um fünf vor halb eins hatte der Mann seine achte Runde um den Platz beendet. Danach blieb er unterhalb der Treppe zum Park stehen, sah noch einmal zum Haus hinauf und hastete dann zur Straßenbahnhaltestelle. Ein Bus bremste vor der Haltestelle, hielt, und als er wieder anfuhr, war Bengtsson verschwunden.

«Sieh mal, da ist Martin», sagte Sonja Hansson.

Ahlberg zuckte beim Klang ihrer Stimme zusammen. Die ganze Zeit über hatten sie nur miteinander geflüstert, jetzt sprach sie zum erstenmal seit zwei Stunden mit normaler Lautstärke.

Er sah, wie Martin Beck über die Straße eilte und ins Auto sprang, das sie vor dem Kleinen Theater abgestellt hatten. Er fuhr schon los, ehe er noch die Tür richtig zugemacht hatte, und der Wagen verwand in derselben Richtung wie der Bus.

«Das war ein nervenaufreibender Abend», sagte Sonja Hansson. «Jetzt bin ich aber rechtschaffen müde.»

«Dann nichts wie ins Bett», meinte Ahlberg.

Er selbst hätte auch nichts dagegen gehabt, ins Bett zu kommen, aber zehn Minuten später befand er sich schon wieder auf dem Polizeirevier Klara. Einen Moment später erschien Kollberg. Sie hatten weitere fünf Züge geschafft, als Martin Beck zurückkam.

«Er fuhr mit dem Bus nach St. Eriksplan und ging direkt nach Hause. Ein paar Minuten darauf ging das Licht aus – jetzt schläft er vermutlich schon.»

«Es war reiner Zufall, daß sie ihn entdeckt hat», sagte Ahlberg. «Weiß der Himmel, wie oft er früher schon dagewesen ist.»

«Beweisen tut es aber nichts», meinte Kollberg und blickte angestrengt auf die Schachpartie.

«Wieso?»

«Kollberg hat recht», unterstrich Martin Beck.

«Ja, nicht wahr. Ich bin selbst oft genug wie ein Märzkater vor den Häusern netter Mädchen hin und her gelaufen.»

Ahlberg zuckte mit den Schultern.

«Aber damals war ich natürlich jünger. Erheblich viel jünger.»

Martin Beck schwieg. Die anderen unternahmen einen halbherzigen Versuch, die Schachpartie zu beenden. Nach einer Weile bot Kollberg Remis an, obwohl er im Vorteil war.

«Verdammt», brummte er. «Durch diesen Kerl habe ich den Faden verloren. Mit wieviel führst du eigentlich?»

«Mit vier Punkten», antwortete Ahlberg. «Zwölfeinhalb zu achteinhalb.»

Kollberg stand auf und lief im Zimmer auf und ab.

«Wir schnappen ihn uns wieder, machen eine gründliche Haussuchung und drehen ihn nach allen Regeln der Kunst durch die Mangel», schlug er vor.

Niemand antwortete.

«Wir könnten ihn auch wieder beschatten, mit neuen Leuten.»

«Nein», widersprach Ahlberg.

Martin Beck biß sich auf den Zeigefingerknöchel. Nach einer Weile sagte er: «Hoffentlich hat sie es jetzt nicht mit der Angst bekommen.»

Ahlberg schüttelte den Kopf. «Das glaub ich nicht, sie ist kein Typ, dem man so schnell Angst einjagen kann.»

Das war Roseanna McGraw auch nicht, dachte Martin Beck.

Sie redeten nicht mehr viel, aber jeder hing seinen eigenen Gedanken nach, als der Verkehrslärm auf Regeringsgatan wieder zunahm und ihnen signalisierte, daß ihr Arbeitstag jetzt zu Ende war, während er für andere Leute gerade begann. Irgend etwas war geschehen, aber was genau, konnte Martin Beck nicht sagen.

Ein Tag verging nach dem anderen. Ahlberg verstärkte seine Führung beim Schach um einen weiteren Punkt. Das war alles.

Der nächste Tag war Freitag, der 29. Januar. Das Wetter war immer noch verhältnismäßig milde, regnerisch und dämmerig, und jeden Abend senkte sich dicker Nebel über die Stadt.

Zehn Minuten nach neun schrillte das Telefon. Martin Beck nahm den Hörer ab.

«Er steht wieder unten an der Bushaltestelle.»

Sie brauchten diesmal fünfzehn Sekunden weniger als das letzte Mal, obwohl Kollberg auf Birger Jarlsgatan parkte. Eine halbe Minute später kam das Zeichen, daß Ahlberg in Stellung gegangen war.

Die Wiederholung war beinahe erschreckend. Der Mann, der Folke Bengtsson hieß, lungerte vier Stunden lang um Eriksbergsplan herum. Vier- oder fünfmal blieb er unschlüssig vor der Telefonzelle stehen. Einmal aß er eine Wurst. Dann ging er nach Hause. Kollberg folgte ihm diesmal.

Martin Beck war total durchgefroren. Die Hände in den Manteltaschen und den Blick auf den Boden geheftet, ging er schnell Regeringsgatan hinunter.

Kollberg traf nach einer halben Stunde ein. «Alles ruhig auf Rörstrandsgatan.»

«Hat er dich gesehen?»

«Keine Spur. Er lief wie ein Schlafwandler umher. Der hätte nicht mal ein Nilpferd auf zwei Meter Entfernung wahrgenommen.»

Martin Beck wählte die Nummer der Ersten Polizeikonstablerin Sonja Hansson. Er spürte, daß er an sie nur denken konnte, wenn er automatisch ihren Dienstgrad hinzufügte. Andernfalls würde er es nicht durchstehen. «Morgen – oder richtiger gesagt, heute – ist Sonnabend. Bis zwölf hat er Dienst. Paß ihn ab, wenn er rauskommt. Lauf ihm zufällig über den Weg, als machtest du irgendwelche Besorgungen. Dann sag so was wie: Hallo, ich hab gedacht, Sie würden mal vorbeikommen. Warum haben Sie nichts von sich hören lassen – oder so. Nur das; dann geh schnell weiter. Zieh dich nicht zu dick an.» Er überlegte einen Augenblick. «Diesmal muß er anbeißen.» Dann legte er den Hörer auf.

Die beiden anderen starrten ihn verständnislos an.

«Ich möchte Bengtsson morgen, von dem Augenblick an, wo er das

Haus verläßt, unter Bewachung gestellt haben. Wer kann das übernehmen? Wer ist unser zuverlässigster Mann?»

«Stenström.»

«Gut. Dann soll er es machen. Ich will über jeden Schritt informiert werden. Hierher. Auf das andere Telefon. Zwei von uns müssen die ganze Zeit hier sein, der Apparat darf nicht eine Sekunde ohne Bedienung sein.»

Ahlberg und Kollberg starrten ihn immer noch fragend an, aber er merkte es nicht.

Um 8 Uhr 22 öffnete sich die Tür in Rörstrandsgatan, und Stenströms Arbeit hatte begonnen.

Bis 11 Uhr 15 hielt er sich auf Smålandsgatan auf und ließ das Tor der Spedition nicht aus den Augen. Dann ging er in das Café, setzte sich ans Fenster und wartete.

Um 11 Uhr 55 tauchte Sonja Hansson an der Ecke Norrlandsgatan auf.

Sie trug einen leichten kornblumenblauen Wollmantel mit geschnürtem Gürtel und breitem V-Ausschnitt, der den Rollkragen ihres schwarzen Pullovers sehen ließ. Sie war ohne Kopfbedeckung, und die Strümpfe und die schwarzen Pumps waren viel zu dünn für die winterliche Jahreszeit. Eine Handtasche trug sie nicht bei sich.

Sie überquerte die Straße und verschwand aus seinem Blickfeld.

Die ersten Firmenangestellten verließen das Haus, und schließlich erschien der Mann, der Folke Bengtsson hieß, und schloß die Tür des Büros hinter sich ab. Gerade als er die Fahrbahn überqueren wollte, kam Sonja Hansson ihm entgegengehastet. Sie begrüßte ihn temperamentvoll, ergriff ihn am Ärmel und sagte etwas, während sie ihm offen ins Gesicht blickte. Dann nickte sie ihm zu, lachte, drehte sich auf dem Absatz um und eilte weiter.

Stenström, der die Szene aufmerksam beobachtet hatte, war zufrieden. Ihr Gesicht hatte Eifer, Freude und Herausforderung ausgedrückt. Sie hatte ihre Rolle überzeugend gespielt.

Der Mann stand immer noch auf demselben Fleck, wo sie ihn verlassen hatte, und sah ihr nach. Einen Moment schien es, als wolle er ihr nachgehen, aber dann steckte er die Hände in die Taschen und ging langsam mit gesenktem Kopf weiter. Stenström nahm seinen Hut, bezahlte am Tresen und schaute vorsichtig aus der Tür. Als Bengtsson um die Ecke bog, zog er die Tür hinter sich zu und ging ihm mit schnellen Schritten nach.

Auf dem Polizeirevier Klara starrte Martin Beck düster auf das Telefon. Ahlberg und Kollberg hatten gerade ihre Schachpartie beendet und schwiegen sich aus, jeder hinter seiner Zeitung. Kollberg saß über einem Kreuzworträtsel und kaute auf seinem Kugelschreiber herum.

Als das Telefon schrillte, biß er so heftig zu, daß der Kugelschreiber in zwei Teile zerbrach.

Martin Beck hatte den Hörer schon am Ohr, ehe noch das erste Klingelzeichen zu Ende war.

«Hier Sonja. Ich glaub, es hat geklappt. Ich hab mich genau an deine Anweisungen gehalten.»

«Fein. Hast du Stenström gesehen?»

«Nein, aber er war wohl irgendwo in der Nähe. Ich hab mich nicht getraut, mich umzugucken, bin bis zur Ecke bei NK gerannt.»

«Nervös?»

«Überhaupt nicht.»

Erst um 13 Uhr 15 klingelte es zum zweitenmal.

«Ich bin im Tabakladen bei Järntorget», sagte Stenström. «Sonja war großartig. Sie hat ihm offensichtlich ganz schön eingeheizt. Wir gingen durch Kungsträdgården, über die Strombrücke, und jetzt läuft er in der Altstadt umher.»

«Sei vorsichtig.»

«Keine Sorge. Der geht wie ein Zombie, sieht und hört nichts. Jetzt muß ich aber weiter, sonst entwischt er mir noch.»

Ahlberg hatte sich erhoben und ging im Zimmer auf und ab. «Keine angenehme Aufgabe für das Mädchen.»

«Aber sie schafft's», meinte Kollberg. «Und den Rest wird sie auch schaffen. Hoffentlich macht Stenström keine Dummheiten. Wenn der Kerl den Braten riecht ...»

«Aber Stenström ist eigentlich recht tüchtig», fügte er nach einer Weile hinzu.

Martin Beck schwieg.

Die Wanduhr zeigte ein paar Minuten nach drei, als Stenström wieder von sich hören ließ.

«Jetzt sind wir auf Folkungagatan. Er rennt straßauf, straßab, ohne stehenzubleiben und ohne sich umzublicken. Er wirkt ganz apathisch.»

«Weitermachen», befahl Martin Beck.

Es gehörte allerhand dazu, Martin Beck aus der Ruhe zu bringen, aber als er den Blick eine volle Dreiviertelstunde zwischen der Uhr und dem Telefon hatte hin und her gehen lassen, ohne daß auch nur ein Wort im Zimmer laut wurde, stand er heftig auf und ging hinaus.

Ahlberg und Kollberg wechselten einen Blick. Kollberg zuckte die Achseln und begann die Schachfiguren aufzustellen.

Draußen im Waschraum spülte sich Martin Beck Hände und Gesicht mit kaltem Wasser und trocknete sich sorgfältig ab. Als er auf den Flur trat, öffnete sich eine Tür, und ein Konstabler in Hemdsärmeln rief, es sei ein Anruf für ihn da.

Es war seine Frau.

«Seit Ewigkeiten krieg ich kaum mehr als deinen Schatten zu sehen, und jetzt darf ich dich nicht einmal mehr anrufen. Was hast du eigentlich? Gedenkst du überhaupt noch mal nach Hause zu kommen?»

«Was soll das? Du weißt doch, ich habe Dienst», entgegnete er müde.

Die Stimme am anderen Ende überschlug sich und wurde schrill, und er unterbrach sie mitten im Satz.

«Ich hab jetzt keine Zeit», sagte er schroff. «Und unterlasse bitte diese Anrufe.» Als er aufgelegt hatte, tat es ihm leid, daß er sie so angefahren hatte, aber er zuckte nur die Achseln und ging zu seinen schachspielenden Kollegen zurück.

Stenströms dritter Anruf kam von Skeppsbron. Es war 16 Uhr 40.

«Vor einer Weile ist er in den Franziskaner reingegangen. Jetzt sitzt er allein in einer Ecke und trinkt Bier. Wir sind um ganz Söder herummarschiert. Er macht immer noch einen komischen Eindruck.»

Das Ziehen in der Magengegend erinnerte Martin Beck daran, daß er den ganzen Tag noch nichts gegessen hatte. Er ließ für alle etwas aus der benachbarten Grillbar herüberbringen. Nach dem Essen schlief Kollberg auf seinem Stuhl ein und begann zu schnarchen.

Als das Telefon klingelte, fuhr er mit einem Ruck hoch. Es war 19 Uhr.

«Bis vor fünf Minuten hat er in dem Lokal gesessen und vier Helle getrunken. Nun ist er wieder unterwegs in Richtung Stadt. Jetzt geht er schneller. Rufe an, sobald es geht. Tschüs.»

Stenströms Stimme hatte ganz atemlos geklungen, so, als ob er hatte rennen müssen, und er hatte aufgelegt, bevor Martin Beck noch etwas entgegnen konnte.

«Er ist auf dem Weg zu ihr», sagte Kollberg.

Das nächste Gespräch kam um 19 Uhr 30 und war noch kürzer und ebenso einseitig.

«Engelbrektsplan. Er rennt Birger Jarlsgatan herunter.»
Sie warteten. Starrten wechselweise auf Uhr und Telefon.
20 Uhr 05. Martin Beck nahm mitten im Klingeln den Hörer ab. Stenström schien enttäuscht.
«Er bog in Eriksbergsgatan ein und ging über den Viadukt. Jetzt sind wir unterwegs in Richtung Odenplan. Odengatan lang. Offenbar will er nach Hause. Jetzt geht er wieder langsamer.»
«Verdammt. Ruf an, wenn er zu Hause ist.»
Eine halbe Stunde verging, bis Stenström sich wieder meldete.
«Er ist nicht nach Hause. Er bog in Upplandgatan ab. Er scheint nicht zu merken, daß er Füße hat. Er läuft und läuft. Meine wollen bald nicht mehr.»
«Wo bist du jetzt?»
«Norra Bantorget. Er geht jetzt am Stadttheater vorbei.»
Martin Beck versuchte sich in den Mann zu versetzen, der gerade am Stadttheater vorbeiging. Was dachte er? Dachte er überhaupt etwas, oder lief er nur Stunde um Stunde durch die Straßen, geleitet von irgendeinem dunklen Trieb? Was empfand er? Seit mehr als acht Stunden war er umhergewandert, ohne seine Umwelt wahrzunehmen, eingekapselt in sich selbst, mit einem Gedanken oder einem Entschluß ringend, der zur Tat drängte.
Während der folgenden drei Stunden rief Stenström viermal aus verschiedenen Telefonzellen an. Der Mann hielt sich die ganze Zeit in der näheren Umgebung von Eriksbergsplan auf, ohne ihrem Haus aber näher zu kommen.
Um halb drei meldete Stenström aus Rörstrandsgatan, daß Folke Bengtsson endlich nach Hause gegangen sei und gerade das Licht in seinem Zimmer ausgeknipst habe.
Martin Beck schickte Kollberg zur Ablösung.
Sonntag morgen um acht kam Kollberg zurück, scheuchte Ahlberg von seinem Sofa hoch und sank selber darauf nieder. Eine halbe Minute später war er schon eingeschlafen.
Ahlberg ging zu Martin Beck, der neben dem Telefon Wache hielt.
«Ist Kollberg schon zurück?» erkundigte er sich. Seine Augen waren rotgerändert.
«Er schläft. Ist wie ein abgestochener Stier in sich zusammengefallen. Stenström hat wieder übernommen.»
Zwei Stunden später kam der erste Anruf des Vormittags.
«Er ist wieder los. Er geht in Richtung auf die Brücke zu Kungsholmen.»

«Wie sieht er aus?»

«Genau wie gestern. Ich frag mich, ob er sich überhaupt ausgezogen hat.»

«Hat er's eilig?»

«Nein, er geht ganz langsam.»

«Hast du geschlafen?»

«Das schon, aber nicht lange genug. Wie Superman fühle ich mich nicht gerade.»

«Na ja, okay.»

Bis zum Nachmittag rief Stenström jede Stunde an. Sechs Stunden lang war Folke Bengtsson in Bewegung, mit zwei kurzen Unterbrechungen für eine Tasse Kaffee. Er hatte die Runde um Kungsholmen, Söder und die Altstadt gemacht. Der Wohnung von Sonja Hansson hatte er sich kein einziges Mal genähert.

Gegen 17 Uhr 30 schlief Martin Beck auf dem Stuhl neben dem Apparat ein. Eine Viertelstunde später wurde er von Stenström geweckt.

«Norrmalmstorg. Er geht in Richtung Strandweg und wirkt irgendwie verändert.»

«In welcher Hinsicht?»

«Gewissermaßen zum Leben erwacht. Straff und energiegeladen.»

Anderthalb Stunden später.

«Ich muß jetzt vorsichtig sein. Er ist gerade von Odengatan auf Sveavägen eingebogen. Er guckt den Mädchen nach.»

21 Uhr 30.

«Karlavägen-Sturegatan. Er geht langsam. In Richtung Stureplan. Wirkt ruhiger und sieht sich andauernd nach den Mädchen um.»

«Laß dich nur nicht blicken», warnte Martin Beck. Auf einmal fühlte er sich frisch und ausgeruht, obwohl er seit zwei Tagen kaum geschlafen hatte.

Er stand da und schaute auf die Karte, auf der Kollberg versucht hatte, Bengtssons Irrfahrten mit einem Rotstift zu verfolgen. Da klingelte das Telefon.

«Jetzt ruft er zum zehntenmal heute an», meinte Kollberg.

Martin Beck nahm den Hörer hoch und sah gleichzeitig auf die Wanduhr. 22 Uhr 59.

Sonja Hanssons Stimme klang heiser und etwas unsicher. «Martin! Er ist wieder hier.»

Er drückte krampfhaft den Hörer.

«Wir kommen», sagte er.

Sonja Hansson legte den Telefonhörer zurück und blickte auf die Uhr. 23 Uhr 01. In vier Minuten würde Ahlberg zur Tür hereinkommen und sie von dem lähmenden Unbehagen befreien, das sie ganz plötzlich befallen hatte.

Sie wischte die feuchten Handflächen am Rock ab, dabei spannte sich der Stoff über ihren Hüften. Vorsichtig schlich sie in das dunkle Schlafzimmer, ans Fenster. Das Parkett fühlte sich hart und kalt unter ihren nackten Fußsohlen an; sie hob sich auf die Zehen, stützte die rechte Hand gegen den Fensterrahmen und spähte vorsichtig durch die dünne Gardine. Es waren noch einige Leute auf der Straße, besonders vor dem Restaurant gegenüber, und es dauerte eine gewisse Zeit, bis sie ihn sah. Er kam aus Runebergsgatan heraus, aus der Richtung ihrer Haustür. Aber mitten auf den Straßenbahnschienen wandte er sich nach rechts und verschwand eine halbe Minute später aus ihrem Blickfeld. Er hatte sich sehr schnell bewegt, mit langen, gleitenden Schritten, dabei hatte er immer geradeaus gestarrt. So als ob er seine Umbegung nicht wahrnahm und an nichts Besonderes dachte ...

Sie ging ins Wohnzimmer zurück, dessen Licht und Wärme und die Nähe der ihr vertrauten Gegenstände ihr wohltaten. Sie steckte sich eine Zigarette an und zog den Rauch tief in die Lungen. Obwohl sie sich der Aufgabe, die sie übernommen hatte, wohl bewußt war, war sie doch jedesmal erleichtert, wenn er seiner Wege ging, ohne sich um das Telefonhäuschen zu kümmern. Sie hatte schon viel zu lange auf das gellende Klingeln des Telefons gewartet, das ihre Ruhe und Gemütlichkeit zerschlagen und das Eindringen des Fremden, des Feindlichen in ihre Wohnung ankündigen würde. Jetzt hoffte sie schon, daß dieses Signal niemals kommen würde. Daß sich alles als ein Irrtum herausstellte, daß sie ihren normalen Dienst wieder aufnehmen durfte und niemals mehr einen Gedanken an den Kerl da verschwenden mußte.

Sie nahm den Pullover auf, an dem sie während der letzten drei Wochen gestrickt hatte, trat vor den Spiegel und hielt ihn sich vor. Bald würde er fertig sein. Dann blickte sie auf die Uhr. Ahlberg hatte zehn Sekunden Verspätung. Heute würde er seinen Rekord also nicht brechen. Sie lächelte bei dem Gedanken, wie er sich ärgern würde. Als sie noch einmal in den Spiegel sah, blickte sie in ihr eigenes, ruhig lächelndes Gesicht, entdeckte aber auch einen Streifen feiner Schweißtröpfchen unter dem Haaransatz.

Sie ging durch die Diele ins Badezimmer, spürte den kühlen gekachelten Fußboden, beugte sich breitbeinig über das Waschbecken und spülte sich das Gesicht und die Hände mit kaltem Wasser ab.

Gerade als sie den Hahn zudrehte, hörte sie, wie sich ein Schlüssel im Türschloß bewegte. Ahlberg hatte bereits mehr als eine Minute Verspätung.

Immer noch mit dem Frotteetuch in der Hand, trat sie in den Flur hinaus, hakte die Kette ab und machte die Tür auf. «Gott sei Dank, daß du da bist», sagte sie.

Es war nicht Ahlberg.

Das Lächeln fror auf ihren Lippen fest, als sie langsam rückwärts in die Wohnung wich. Der Mann, der Folke Bengtsson hieß, ließ sie nicht aus den Augen, während er die Tür hinter sich zuzog und die Sicherheitskette vorlegte.

29

Martin Beck war der letzte und schon in der Tür, als das Telefon noch einmal läutete. Er rannte zurück und riß den Hörer ans Ohr.

«Ich stehe auf dem Flur des Ambassadörs», meldete Stenström. «In dem Gedränge hier draußen hab ich ihn aus den Augen verloren. Etwa vor drei, vier Minuten.»

«Er ist schon in Runebergsgatan. Komm, so schnell du kannst.»

Er warf den Hörer hin und stürzte den anderen nach. Die Treppe hinunter. Zwängte sich auf den Rücksitz. So saßen sie immer; es war wichtig, daß Ahlberg als erster hinauskonnte.

Kollberg fuhr an, mußte aber sofort wieder bremsen und einem graulackierten Polizeiwagen ausweichen. Dann bog er zwischen einem grünen Volvo und einem beigefarbenen Skoda in Regeringsgatan ein. Martin Beck stützte die Arme auf die Knie, beugte sich vor und starrte zwischen den beiden vor ihm Sitzenden auf die regennasse Straße hinaus. Jetzt war er physisch und geistig in Hochspannung – wie ein guttrainierter Sportler vor einem Rekordversuch.

Zwei Sekunden später kollidierte der grüne Volvo mit einem Lieferwagen, der in verbotener Fahrtrichtung aus David Bagares Gatan herausrollte. Der Fahrer des Volvo hatte den Zusammenstoß kommen sehen und noch instinktiv das Steuer nach rechts herumgerissen. Jetzt stand er quer über der Straße in den Lieferwagen verkeilt.

Kollberg, der gerade zum Überholen angesetzt hatte, hatte geistesgegenwärtig die Rechtsschwenkung mitgemacht und auf die Bremse getreten. Der Wagen drehte sich, stellte sich quer und kam eine Handbreit parallel vor dem Volvo zum Stehen. Kollberg hatte schon den Rückwärtsgang eingeschaltet, als der beigefarbene Skoda ihm krachend in die rechte Seitentür fuhr. Der Fahrer hatte eine Vollbremsung gemacht, was bei diesen Straßenverhältnissen ein grober Fehler war.

Es war kein schwerer Unfall. In zehn Minuten würden ein paar Vertreter der Ordnungspolizei mit ihrem Maßband zur Stelle sein, Nummern und Namen aufschreiben und nach dem Führerschein, dem Namensschild und der Funklizenz fragen. Dann würden sie den Fall notieren, die Achseln zucken und ihres Weges gehen – vorausgesetzt, daß keiner der Fahrer nach Alkohol roch. Schließlich würden all die Menschen, die jetzt schreiend und gestikulierend im Regen standen, in ihre geliebten, nun verbeulten Blechkisten steigen und jeder in seine Richtung davonfahren.

Ahlberg fluchte laut vor sich hin. Es dauerte zehn Sekunden, bis Martin Beck die Situation begriff. Sie konnten nicht heraus; beide Türen waren blockiert, so vollständig, als wenn sie verlötet wären.

Zurücksetzen konnten sie auch nicht; ein Bus der Linie 55 stand genau hinter ihnen. Damit war ihnen der Rückzugsweg abgeschnitten. Der Fahrer des beigefarbenen Skoda war in den Regen hinausgestürzt, vermutlich zornbebend und auf der Suche nach allen möglichen Entschuldigungen. Jedenfalls war er nicht zu sehen, wahrscheinlich stand er irgendwo hinter den beiden anderen Autos.

Ahlberg stemmte beide Füße gegen die Tür, daß ihm beinahe die Adern platzten; aber der Beigefarbene hatte den Gang nicht herausgenommen, und der Wagen rührte sich nicht von der Stelle.

Drei, vier alptraumähnliche Minuten vergingen. Ahlberg schrie und winkte mit den Händen. Der Regen legte sich wie gefrorener Reif auf die Heckscheibe. Endlich konnten sie draußen einen Streifenpolizisten in einem blanken, schwarzen Regenmantel erkennen.

Jetzt schienen auch einige der Passanten die Lage erfaßt zu haben und begannen den beigefarbenen Skoda beiseite zu schieben. Dabei bewegten sie sich ungeschickt und langsam. Der Polizist versuchte sie daran zu hindern. Nach einer Weile half er mit. Nach einigem Ziehen und Schieben und Stoßen gelang es ihnen, den Skoda so weit zurückzusetzen, daß sich eine etwa ein Meter breite Lücke zwischen dem Kühler und der Tür von Kollbergs Wagen bildete. Trotzdem wollte sich die Tür nicht öffnen lassen, sie hatte sich offenbar verklemmt. Ahlberg fluchte und tobte. Martin Beck spürte, wie ihm im Nacken der Schweiß ausbrach und in einem kalten Rinnsal den Rücken hinunterlief.

Endlich ging die Tür langsam und knirschend auf.

Ahlberg kippte hinaus. Martin Beck und Kollberg versuchten gleichzeitig, den Wagen zu verlassen, und schafften es schließlich irgendwie.

Der Polizist zückte sein Notizbuch. «Wie konnte das denn passieren?»

Kollberg brüllte: «Halt die Klappe!»

Zum Glück erkannte ihn der Kollege.

«Los, komm schon!» schrie Ahlberg, der bereits fünf Meter vorne lag.

Eifrige Hände wollten ihn aufhalten. Kollberg rannte einen Würstchenverkäufer um, der verdutzt mit seinem Bauchladen zu Boden ging.

Vierhundertfünfzig Meter, dachte Martin Beck. Für einen trainierten Sportler eine Affäre von einer Minute. Aber sie waren keine trainierten Sportsleute. Auch befanden sie sich nicht auf einer Aschenbahn, sondern auf regennassem Asphalt. Schon nach hundert Metern ging ihnen die Luft aus. Ahlberg war immer noch fünf Meter voraus, aber bei Jutas Backe stolperte er und wäre beinahe gestürzt. Das kostete ihn seinen Vorsprung, und nun rannten sie Seite an Seite den Hügel in Richtung Eriksbergsplan hinunter. Glühende Punkte tanzten vor Martin Becks Augen. Dicht hinter sich hörte er Kollbergs Keuchen. Sie bogen um die Ecke und stürzten durch die Anlagen. Und nahmen alle zur selben Sekunde das Bild wahr. Die zweite Etage des Hauses in Runebergsgatan. Der schwache rechteckige Schein, der anzeigte, daß im Schlafzimmer Licht brannte und das Rollo heruntergezogen war.

Martin Beck fühlte auf einmal keinen Schmerz mehr in der Seite und konnte auch wieder atmen. Als er Birger Jarlsgatan überquerte, wußte er, daß er schneller rannte, als er je in seinem Leben gerannt war, und doch war Ahlberg drei Schritte vor ihm und Kollberg an seiner Seite. Als sie das Haus erreichten, hatte Ahlberg die Tür schon geöffnet.

Der Aufzug war nicht unten, aber es dachte sowieso niemand daran, ihn zu benutzen. Drei Stufen auf einmal nehmend, ging es hinauf. Auf dem ersten Treppenabsatz hatte Martin Beck schon den Wohnungsschlüssel in der Hand. Weiter hastete er hoch, Ahlberg hinterher – Kollberg hatte unten seinen Posten bezogen.

Den Schlüssel ins Schloß, herumgedreht... Martin Beck warf sich gegen die Tür, die sich eine Handbreit öffnete und dann von der Sicherheitskette blockiert wurde. Aus der Wohnung kein menschlicher

Laut, nur das anhaltende Surren der Türglocke. Die Zeit schien stehenzubleiben. Martin Beck konnte den Läufer im Flur, ein Handtuch und einen Schuh auf dem Boden erkennen.

«Geh beiseite», flüsterte Ahlberg heiser. Er war von einer eiskalten Ruhe gepackt.

Es klang, als flöge die ganze Welt in Stücke, als Ahlberg die Sicherheitskette durchschoß. Martin Beck, der sich immer noch gegen die Tür gestemmt hatte, stürzte herein; er flog durch die Diele und das Wohnzimmer.

Das Bild, das sich ihm bot, war unwirklich und leblos wie eine Szene aus Madame Tussauds Gruselkabinett. Es wirkte wie ein überbelichtetes Foto, getränkt in fließend weißes Licht. In Sekundenschnelle hatte er jede der gräßlichen Einzelheiten erfaßt.

Der Mann war immer noch im Mantel. Sein brauner Hut lag auf dem Fußboden, zur Hälfte bedeckt von dem zerrissenen blauweißen Baumwollrock.

Dies hier war der Mann, der Roseanna McGraw getötet hatte. Er stand über das Bett gebeugt, den linken Fuß auf dem Boden und das rechte Knie auf dem Bett; es preßte schwer gegen den linken Oberschenkel der Frau. Die linke, sonnenverbrannte Hand lag über ihrem Kinn und dem Mund, mit zwei Fingern hielt er ihr die Nase zu. Die rechte lag etwas tiefer, suchte die Gurgel und hatte sie in dieser Sekunde gefunden.

Die Frau lag auf dem Rücken. Martin Beck konnte ihre weitaufgerissenen Augen erkennen, die zwischen den gespreizten Fingern des Mannes hervorstarrten. Ein dünner Streifen Blut lief an ihrer Wange herunter. Sie hatte das rechte Bein hochgezogen und versuchte es ihm gegen die Brust zu stemmen. Mit beiden Händen hielt sie sein rechtes Handgelenk gepackt. Sie war nackt. Jeder Muskel in ihrem Körper war angespannt, und die Sehnen traten so deutlich hervor wie auf einem anatomischen Plakat.

Eine Hundertstelsekunde, aber lange genug, daß jede Einzelheit sich unauslöschbar in Martin Becks Gedächtnis eingraben konnte ... Dann löste der Mann seinen Griff, taumelte auf die Füße und drehte sich mit einer blitzschnellen Bewegung um.

Zum erstenmal sah Martin Beck den Mann, den er sechs Monate und neunzehn Tage gejagt hatte. Den Mann, der Folke Bengtsson hieß, der aber nur noch wenig Ähnlichkeit mit dem Mann aufwies, mit dem er sich an einem Nachmittag kurz vor Weihnachten in Kollbergs Büro unterhalten hatte.

Knallhart.

Ein Angebot, das Sie nicht ablehnen können ...

… macht Ihnen Ihr Buchhändler: rororo thriller
von Linda Barnes, Felix Huby, Sjöwall/Wahlöö,
Janwillem van de Wetering, Charles Willeford
und vielen anderen.

Alle Autoren und Titel finden Sie in unserer Rowohlt Revue.
Vierteljährlich kostenlos in Ihrer Buchhandlung.

Das Gesicht war starr und nackt, die Pupillen verengt. Die Augen flackerten hin und her wie bei einem in die Falle gegangenem Marder. Er stand vornübergebeugt mit leicht angewinkelten Knien da, während sich sein Körper in seltsam rhythmischen Windungen bewegte.

Aber auch das nur eine Zehntelsekunde, dann warf er sich ihnen mit einem erstickt gurgelnden Schluchzen entgegen, im selben Augenblick, als Martin Beck mit der rechten Handkante sein Schlüsselbein traf und Ahlberg sich von hinten auf ihn stürzte und seine Arme zu packen versuchte.

Ahlberg wurde von seiner Pistole behindert, und Martin Beck war durch den plötzlichen Angriff völlig überrumpelt, nicht zuletzt, weil er im Moment nur daran denken konnte, daß die Frau, die immer noch schlapp und ausgestreckt, mit offenem Mund und halbgeschlossenen Augen, auf dem Bett lag, sich endlich bewegen mußte.

Der Kopf des Mannes hatte Martin Beck mit einer erstaunlichen Kraft genau über dem Zwerchfell getroffen und ihn rücklings gegen die Wand geschleudert. Im gleichen Moment befreite sich der verrückte Kerl aus Ahlbergs Griff und stürzte geduckt und mit einer Schnelligkeit zur Tür, die man ihm nie zugetraut hätte.

Während des ganzen wahnsinnigen Geschehens – waren es Ewigkeiten oder nur Sekunden gewesen? – hatte die Türglocke ununterbrochen geläutet.

Martin Beck setzte dem Fliehenden nach, der aber bereits eine halbe Treppe Vorsprung hatte und ihn mit jedem Schritt vergrößerte. Als Martin Beck um den letzten Treppenabsatz bog, der ins Erdgeschoß führte, sah er, wie der Mann die innere Glastür aufriß. Drei Schritte noch, und er würde auf der Straße verschwinden ...

Kollberg hatte sie kommen sehen. Er nahm den Finger vom Klingelknopf und trat zwei Schritte zurück. Der Mann im Trenchcoat holte gerade zu einem fürchterlichen Schlag in sein Gesicht aus.

Jetzt wußte Martin Beck, daß er endlich den Schlußstrich ziehen konnte. In der nächsten Sekunde hörte er einen wilden Schmerzenslaut: Kollberg hatte den Arm des Mannes gepackt und ihn mit einem schnellen Griff nach hinten gedreht und ausgekugelt.

Hilflos lag der Mann im Trenchcoat auf dem Marmorboden.

Martin Beck lehnte sich gegen die Wand und lauschte auf das Geheul der Sirenen, das aus mehreren Richtungen zu kommen schien. Das Überfallkommando war bereits eingetroffen, und draußen auf dem Bürgersteig drängten uniformierte Polizisten den ungebärdigen Haufen Neugieriger zurück.

Er blickte auf den Mann, der Folke Bengtsson hieß und der immer noch da lag, wo er gestürzt war. Tränen strömten ihm über die Wangen.

«Die Ambulanz ist da», meldete Stenström.

Martin Beck fuhr mit dem Aufzug nach oben.

Sie saß in einem Sessel, jetzt in Manchesterhosen und Rollkragenpullover.

Hilflos und unglücklich sah er sie an. «Die Ambulanz ist da. Sie kommen sofort rauf.»

«Ich kann allein gehen», entgegnete sie tonlos.

Im Fahrstuhl sagte sie: «Nun mach mal nicht so ein niedergeschlagenes Gesicht. Das war nicht dein Fehler. Und mir ist ja weiter nichts passiert.»

Er konnte ihr einfach nicht in die Augen sehen.

«Hätte er versucht, mich zu vergewaltigen, wäre ich mit ihm fertig geworden. Aber so ... ich hatte überhaupt keine Chance.»

Er schüttelte sich.

«Zehn oder fünfzehn Sekunden später und ... Oder wenn Kollberg nicht auf die Idee gekommen wäre, dauernd auf die Türglocke zu drücken. Das verwirrte ihn und rüttelte ihn irgendwie aus seiner Starre auf. Gott, es war schrecklich. Ganz schrecklich.» Und als sie zum Krankenwagen ging, setzte sie hinzu: «Armer Kerl!»

«Wer?»

«Bengtsson.»

Wieder eine Viertelstunde später standen nur noch Kollberg und Stenström vor dem Haus in Runebergsgatan.

«Ich kam gerade noch rechtzeitig dazu, wie du ihn fertiggemacht hast. Stand auf der anderen Straßenseite. Wo hast du das bloß gelernt?»

«Ich bin ja immerhin Fallschirmjäger gewesen. Man hat bloß zu selten die Gelegenheit, das Gelernte anzuwenden.»

«Das Eindrucksvollste, was ich je zu sehen bekommen habe. Damit kannst du's mit jedem aufnehmen.»

«Ein Schakal, der im August geboren war, sah auf den Septemberregen im Tal hinunter. So eine Sintflut habe ich noch nie erlebt, schrie der Schakal.»

«Was ist denn das?»

«Ein Zitat», erklärte Kollberg geduldig. «Von einem, der Kipling hieß.»

30

Martin Beck blickte auf den Mann mit dem bandagierten Arm, der ihm im Sessel zusammengesunken gegenübersaß. Er hielt den Kopf gesenkt und starrte auf den Boden.

Sechseinhalb Monate hatte Martin Beck auf diesen Augenblick gewartet. Er beugte sich zur Seite und schaltete das Tonbandgerät ein.

«Sie heißen Folke Bengtsson, geboren am 7. August 1926 in Stockholm, wohnhaft in Stockholm, Rörstrandsgatan. Stimmt das so?»

Der Mann nickte kaum merklich.

«Bitte antworten Sie», mahnte Martin Beck.

«Ja», sagte der Mann, der Folke Bengtsson hieß. «Das ist richtig.»

«Bekennen Sie sich schuldig, die amerikanische Staatsbürgerin Roseanna McGraw in der Nacht vom 4. auf den 5. Juli vorigen Jahres vergewaltigt und ermordet zu haben?»

«Ich habe niemanden ermordet», entgegnete Folke Bengtsson.

«Sprechen Sie lauter!»

«Nein, das tue ich nicht.»

«Sie haben bei Ihrer ersten Vernehmung zugegeben, Roseanna McGraw am 4. Juli des vergangenen Jahres an Bord des Passagierschiffs *Diana* kennengelernt zu haben. Ist das richtig?»

«Ich wußte nicht, daß sie so hieß.»

«Wir haben Beweise dafür, daß Sie am 4. Juli mit ihr zusammen waren. In der Nacht töteten Sie sie in ihrer Kabine und warfen sie über Bord.»

«Nein, das ist nicht wahr!»

«Haben Sie sie in derselben Weise ermordet, wie Sie die Frau in Runebergsgatan ermorden wollten?»

«Ich wollte sie doch nicht töten!»

«Wen wollten Sie nicht töten?»

«Dieses Mädchen. Sie kam mehrmals zu mir. Sie lud mich zu sich ein. Sie meinte es aber nicht ernst, sie wollte sich nur über mich lustig machen.»

«Wollte sich Roseanna McGraw auch nur über Sie lustig machen? Haben Sie sie deshalb getötet?»

«Ich weiß nicht.»

«Waren Sie in ihrer Kabine?»

«Ich erinnere mich nicht. Vielleicht ja. Ich weiß es nicht mehr.»

Martin Beck schwieg und sah den Mann nachdenklich an. «Sind Sie sehr müde?» fragte er schließlich.

«Nicht so schlimm. Eigentlich kaum.»

«Tut der Arm weh?»

«Jetzt nicht mehr. Sie haben mir im Krankenhaus eine Spritze gegeben.»

«Als sie gestern abend zu der Frau hinaufgingen, mußten Sie dabei nicht an die Geschehnisse im Sommer, an die Frau auf dem Schiff, zurückdenken?»

«Das waren keine Frauen.»

«Was soll das heißen? Natürlich waren das Frauen.»

«Ja, aber ... wie Tiere.»

«Ich verstehe nicht, was Sie meinen.»

«Beide waren wie Tiere, ganz ausgeliefert ihren ...»

«Wem ausgeliefert? Ihnen?»

«Sie wollen mich auch nur verhöhnen. Ich meine, sie waren ihren Lüsten ausgeliefert. Ihrer Schamlosigkeit.»

Dreißig Sekunden Stille. «Ist das Ihre ehrliche Meinung?»

«Natürlich. So müssen alle wirklichen Menschen denken – außer den verkommenen, lasterhaften.»

«Sie hielten also nichts von diesen Frauen? Von Roseanna McGraw und dem Mädchen in Runebergsgatan, wie sie nun auch hieß ...»

«Sonja Hansson.» Es war, als ob er den Namen ausspuckte.

«Richtig. Sie hielten also nichts von ihr?»

«Ich verabscheue sie. Ich verabscheute auch die andere. So genau weiß ich es nicht mehr. Ja, merken Sie denn nicht, wie diese ... diese Weibsstücke auftreten? Wissen Sie nicht, was es bedeutet, ein Mann zu sein?» Er sprach schnell und übereifrig.

«Ich verstehe nicht, was Sie damit sagen wollen.»

«Es ist ekelhaft und widerlich. Erst stellen sie ihre Lasterhaftigkeit zur Schau, und dann werden sie obendrein anmaßend und beleidigend.»

«Pflegen Sie ab und zu Prostituierte zu besuchen?»

«Die sind längst nicht so schamlos. Außerdem lassen sie sich bezahlen. Bei denen findet man wenigstens noch eine Spur Ehrauffassung und Aufrichtigkeit.»

«Wissen Sie noch, was Sie geantwortet haben, als ich Sie beim letztenmal das gleiche gefragt habe?»

Der Mann schien verwirrt und ängstlich. «Ich verstehe nicht ...»

«Ich habe Sie bei Ihrer ersten Vernehmung schon einmal gefragt, ob Sie Prostituierte zu besuchen pflegen. Erinnern Sie sich daran?»

«Nein. Haben Sie so was gefragt?»

Martin Beck rieb sich nachdenklich die Nase. «Ich möchte Ihnen helfen», sagte er schließlich.

«Womit denn? Wie sollen Sie mir helfen können? Jetzt, nach alldem, was geschehen ist?»

«Ich will Ihnen helfen, sich zu erinnern.»

«Ach so.»

«Aber Sie müssen sich auch selbst etwas Mühe geben.»

«Ich will's versuchen.»

«Gehen wir also noch einmal zu den Ereignissen auf der *Diana* zurück. In Söderköping sind Sie an Bord gegangen. Das Schiff hatte erhebliche Verspätung, und Sie haben es gerade noch rechtzeitig erreicht. Sie hatten Ihr Angelzeug und Ihr Moped bei sich ...»

«Ja, stimmt. Es war ein herrlicher Tag.»

«Was taten Sie als erstes, als Sie an Bord kamen?»

«Ich glaube, ich hab Frühstück gegessen. Richtig, ich hatte noch nichts gegessen und ging gleich in den Speisesaal.»

«Haben Sie sich mit Ihren Tischnachbarn unterhalten?»

«Warten Sie ... nein, ich war allein am Tisch. Die anderen hatten bereits gegessen.»

«Und dann? Was geschah dann?»

«Dann bin ich, glaub ich, an Deck gegangen. Ja, ich erinnere mich, es war herrliches Wetter.»

«Sprachen Sie mit irgendwelchen Leuten?»

«Nein, ich stand allein am Bug. Dann gab es Mittag.»

«Haben Sie das auch allein gegessen?»

«Nein. Es saßen auch andere Leute mit am Tisch, aber ich habe mit niemandem gesprochen.»

«Saß Roseanna McGraw mit an Ihrem Tisch?»

«Ich kann mich nicht erinnern. Ich habe nicht überlegt, wer da alles gesessen hat.»

«Fällt Ihnen denn ein, wie Sie sie kennengelernt haben?»

«Nein. Ich erinnere mich wirklich nicht.»

«Voriges Mal sagten Sie doch, daß sie Sie etwas fragte und Sie so miteinander ins Gespräch kamen.»

«Ja, stimmt, so war's. Jetzt entsinne ich mich. Sie fragte, wie der Ort hieß, an dem wir gerade vorbeifuhren.»

«Wie hieß er denn?»

«Norsholm, glaub ich.»

«Und dann blieb sie bei Ihnen stehen und plauderte mit Ihnen?»

«Ja, aber ich weiß kaum noch, was sie gesagt hat.»

«Machte sie gleich von Anfang an einen schlechten Eindruck auf Sie?»

«Ja.»

«Warum unterhielten Sie sich denn mit ihr?»

«Sie war einfach aufdringlich. Stand da und redete und lachte. Sie war ebenso wie alle anderen. Schamlos.»

«Was taten Sie dann?»

«Dann?»

«Ja. Gingen Sie nicht zusammen an Land?»

«Ich ging an Land, und sie kam einfach hinterher.»

«Und wovon sprach sie?»

«Daran kann ich mich nicht mehr erinnern. Es war nichts Besonderes, für mich nur eine Gelegenheit, mein Englisch aufzufrischen.»

«Und als Sie wieder an Bord kamen, was geschah dann?»

«Ich weiß nicht. Ich kann mich wirklich nicht erinnern. Vielleicht aßen wir zu Abend.»

«Am selben Tisch?»

«Ich glaub nicht. Ich weiß nicht mehr.»

«Versuchen Sie mal, sich zu erinnern!»

«Ich weiß es wirklich nicht mehr.»

«Und nach dem Essen verbrachten sie den Abend zusammen.»

«Nach dem Essen bin ich wieder aufs Deck gegangen. Es war schon dunkel, und ich stand lange am Bug. Allein.»

«Und dann ist sie zu Ihnen gekommen? Denken Sie mal nach.»

«So muß es wohl gewesen sein. Später saßen wir eine Zeitlang achtern auf einer Bank und unterhielten uns. Dabei störte sie mich nur, ich wollte allein sein. Ich sag ja, sie drängte sich mir regelrecht auf.»

«Und anschließend lud sie Sie in ihre Kabine ein?»

«Nein.»

«Später am Abend haben Sie sie umgebracht, nicht wahr?»

«Nein ... nein, das hab ich nicht getan.»

«Können Sie sich wirklich nicht daran erinnern, daß Sie sie getötet haben?»

«Glauben Sie wirklich, daß ich es getan habe?»

«Ich glaube es nicht – ich weiß es.»

«Warum quälen Sie mich so? Sie sagen so schreckliche Dinge. Ich habe nichts getan.»

«Ich will Sie nicht quälen.»

Sagte er die Wahrheit? Martin Beck wußte es nicht. Aber er fühlte, daß der Mann wieder in die Defensive gegangen war. Er hatte sich wieder in sein Schneckenhaus zurückgezogen, und je mehr man versuchen würde, ihn hervorzulocken, desto beharrlicher würde er sich verschließen.

«Na schön, lassen wir das erst einmal ...»

Der Blick des Mannes verlor das Gehetzte, blieb aber nach wie vor befangen und unstet. «Sie wollen mich nicht verstehen», murmelte er.

«Ich gebe mir die größte Mühe ... Es gibt also Menschen, die Sie ablehnen, die Ihnen widerwärtig sind.»

«Ist das so schwer zu begreifen? Menschen können ekelhaft sein.»

«Das begreife ich sehr gut. Aber weiter ... Hauptsächlich lehnen Sie eine bestimmte Art von Frauen ab, Frauen, die sich Ihrer Auffassung nach schamlos aufführen. Oder wie?»

Der Mann antwortete nicht.

«Sind Sie religiös?»

«Nein.»

«Warum nicht?»

Der Mann zuckte hilflos die Achseln.

«Lesen Sie auch keine religiösen Bücher oder Zeitschriften?»

«Ich habe die Bibel gelesen.»

«Und?»

«Was soll ich dazu sagen. Es sind natürlich viele schöne Worte darin, aber auch viel ... viel ...»

«Ja?»

«Ach, all diese unreinen Dinge.»

«Würden Sie Frauen wie Roseanna McGraw und Fröken Hansson auch als unrein bezeichnen?»

«Das sind sie doch auch – oder finden Sie nicht? Sehen Sie sich doch bloß all das Widerwärtige an, das um uns herum geschieht. Gegen Ende des letzten Jahres habe ich einige Wochen lang Zeitungen gelesen, und jeden Tag waren sie voller neuer Scheußlichkeiten. Woran liegt denn das, Ihrer Meinung nach?»

«Und mit unreinen Menschen wollen Sie nichts zu tun haben?»

«Nein.» Er machte eine kurze Pause und fügte hinzu: «Ganz und gar nichts.»

«Na gut, halten wir also fest, daß Sie derartige Frauen nicht leiden können. Aber es wäre doch vorstellbar, daß sie trotzdem eine gewisse Anziehung auf Sie ausüben ... Man kann diese Art Frauen verachten und im geheimen davon träumen, ihnen nahe zu sein, sie zu berühren ...»

«Seien Sie ruhig! So etwas dürfen Sie nicht sagen.»

«Ihre weißen Glieder zu sehen ... ihre Haut zu berühren ...»
«Reden Sie doch nicht so.»
«Ist Ihnen nie der Wunsch gekommen, diese Frauen zu entkleiden? Sie nackt zu sehen?»
«Nein, nein ... ganz bestimmt nicht.»
«Eine weiche Hand auf Ihrem Körper zu spüren?»
«Schweigen Sie!» schrie der Mann und machte Anstalten, vom Stuhl hochzuspringen. Aber sofort fiel er wieder zurück, die heftige Bewegung verursachte ihm wahrscheinlich Schmerzen in dem verletzten Arm.
«Wieso denn? Daran ist nichts Schlimmes. Eine solche Reaktion ist völlig normal. Mir selber kommen auch ähnliche Gedanken, wenn ich gewisse Frauen sehe.»
Der Mann starrte ihn an. «Und wenn ich nicht so denke wie Sie, dann wäre ich Ihrer Ansicht nach anomal?»
Martin Beck schwieg.
«Es ist also anomal, wenn der Mensch sich noch etwas Schamgefühl bewahrt hat?»
Wieder keine Antwort.
«Ich habe ja wohl noch das Recht, mein eigenes Leben zu leben, nach meinen Vorstellungen ...»
«Aber Sie haben nicht das Recht, andere umzubringen, die anders denken und anders leben. Gestern abend hab ich mit eigenen Augen gesehen, wie Sie beinahe einen Menschen getötet haben.»
«Das stimmt nicht. Ich habe nichts dergleichen getan.»
«Sie können doch nicht abstreiten, was ich selber gesehen habe. Sie waren drauf und dran, die Frau zu töten. Wären wir nicht rechtzeitig gekommen, hätten Sie jetzt ein Menschenleben auf dem Gewissen und wären jetzt ein Mörder.»
Diese Worte übten eine seltsame Wirkung auf ihn aus. Er schien etwas sagen zu wollen, brachte aber keinen Ton heraus. Nur seine Lippen bewegten sich. Nach einer Minute murmelte er: «Sie hat es verdient. Es war ihre Schuld, nicht meine.»
«Entschuldigen Sie bitte, ich hab wohl nicht richtig gehört.»
Der Mann starrte verbissen zu Boden.
«Wollen Sie das vielleicht noch einmal wiederholen?»
Schweigen.
Plötzlich fuhr Martin Beck ihn an: «Sie brauchen sich gar nicht so aufs hohe Roß zu setzen und mit ihrem Schamgefühl hausieren zu gehen. Sie sind ein Lügner.»

Der Mann schüttelte den Kopf.

«Sie haben bei Ihrer ersten Vernehmung angegeben, daß Sie nur Zeitschriften über Sportfischerei kaufen würden. Aber die pornographischen Zeitungen haben Sie nicht erwähnt.»

«So etwas rühre ich auch nicht an.»

«Sie vergessen, daß ich niemals die Unwahrheit sage.»

Schweigen.

«Dann erklären Sie mir bitte, wie die beinahe hundert Hefte dieser Art in Ihren Ofen gekommen sind.»

Die Reaktion war äußerst heftig. «Woher wissen Sie das?»

«Wir haben Ihre Wohnung durchsucht, dabei wurden die Zeitschriften gefunden. Meine Leute haben auch noch etwas anderes im Ofen entdeckt – nämlich die Sonnenbrille von Roseanna McGraw...»

«Sie brechen in meine Wohnung ein und schnüffeln in meinem Privatleben herum. Was soll das bedeuten?» Und nach einigen Sekunden fügte er hinzu: «Ich will mit Ihnen nichts mehr zu tun haben. Ich verabscheue Sie.»

«Warum regen Sie sich so auf? Es ist ja nicht verboten, derartige Hefte zu kaufen; man bekommt sie an jedem Kiosk. Da ist ja nichts weiter dabei. Die Frauen in solchen Heften sehen auch nicht anders aus wie andere Frauen. Kein wesentlicher Unterschied. Wenn nun beispielsweise Bilder von Roseanna McGraw dabei gewesen wären, oder von Sonja Hansson oder Siv Lindberg...»

«Schweigen Sie!» fuhr der Mann hoch. «So dürfen Sie nicht reden, Sie dürfen diesen Namen nicht nennen?»

«Warum nicht? Was wäre schon dabei, wenn Siv Lindberg zu solchen Aufnahmen Modell gestanden hätte?»

«Du verdammter Teufel!»

«Was würden Sie machen, wenn Siv Lindberg tatsächlich in diesen Heften abgebildet wäre?»

«Ich würde sie bestrafen... Ich würde auch Sie umbringen, weil Sie so etwas gesagt haben.»

«Mich können Sie nicht umbringen. Was würden Sie mit der Frau tun? Wie heißt sie noch... ach ja, Siv Lindberg...»

«Bestrafen... ich würde, ich würde...»

«Nun?»

Die Hände des Mannes krampften sich zusammen, öffneten sich und ballten sich wieder zur Faust. «Ja, das würde ich tun.»

«Sie umbringen?»

«Ja.»

«Und warum?»

Schweigen. Dann: «Warum sagen Sie solche Sachen?» Eine Träne rann ihm die Wange herunter.

«Sie haben viele der Bilder zerstört», fuhr Martin Beck ruhig fort. «Sie haben mit einem Messer hineingestochen. Warum?»

«Sie sind in meiner Wohnung gewesen und haben herumgeschnüffelt ...»

«Warum haben Sie die Bilder zerstochen?»

Der Mann blickte gehetzt umher. «Wie soll man leben können, wenn alle ...»

«Warum haben Sie die Bilder mit einem Messer zerfetzt?» wiederholte Martin Beck laut.

«Das geht Sie nichts an!» Die Stimme kippte ihm über. «Du Teufel! Liederliches Schwein!»

«Warum?»

«Bestrafen ... und Sie werde ich auch bestrafen.» Er sank in sich zusammen.

Zwei Minuten Stille. Dann sagte Martin Beck freundlich: «Sie haben die Frau auf dem Schiff getötet. Sie erinnern sich nicht mehr daran, aber ich werde Ihnen helfen. Die Kabine war klein und eng und schlecht beleuchtet. Das Schiff fuhr gerade über einen See ... Wie hieß er noch?»

«Borensee», entgegnete der Mann apathisch.

«Und Sie waren mit ihr in der kleinen Kabine. Sie zogen sie aus ...»

«Nein, sie zog sich ganz allein aus. Sie wollte mich mit ihrer Unsauberkeit anstecken. Sie war widerlich.»

«Und darum mußte sie bestraft werden», sagte Martin Beck ruhig.

«Ja. Sie mußte bestraft werden. Verstehen Sie das denn nicht? Schamlosigkeit muß bestraft werden.»

«Und Sie straften sie, indem Sie sie umbrachten?»

«Sie verdiente zu sterben. Sie wollte auch mich beschmutzen. Sie brüstete sich mit ihrer Schamlosigkeit. Verstehen Sie nicht?» schrie er. «Ich mußte sie töten. Ich mußte diesen unreinen Körper vernichten.»

«Hatten Sie keine Angst, daß jemand Sie durch das Bullauge beobachten könne?»

«Es gab kein Bullauge in der Kabine. Ich hatte keine Angst, ich tat ja nichts Unrechtes. Sie war selber daran schuld. Sie verdiente es.»

«Und als sie tot war, was taten Sie dann?»

Der Mann hob hilflos eine Hand. «Quälen Sie mich doch nicht so.

Warum müssen Sie die ganze Zeit davon reden? Ich entsinne mich nicht.»

«Traten Sie aus der Kabine, als sie tot war?» Martin Becks Stimme war weich und sanft.

«Nein. Doch. Ich weiß es nicht mehr.»

«Sie lag nackt auf dem Bett – so war es doch, oder? Und Sie hatten sie getötet. Blieben Sie in der Kabine?»

«Nein, ich ging raus. Ich weiß es nicht.»

«Wo lag denn die Kabine auf dem Schiff?»

«Ich weiß nicht mehr.»

«Lag sie unter Deck?»

«Nein, sie lag weit hinten ... ganz weit achteraus auf dem Deck.»

«Was taten Sie mit ihr, als sie tot war?»

«Lassen Sie mich doch in Ruhe», entgegnete er verdrießlich wie ein kleines Kind. «Es war nicht meine Schuld. Es war ihre.»

«Über die Schuldfrage können wir uns später noch unterhalten ... Sie haben also zugegeben, daß Sie es getan haben. Jetzt möchte ich wissen, was Sie mit der Leiche machten?» Martin Becks Stimme klang ruhig und interessiert.»

«Ich warf sie in den See», schrie der Mann. «Ich hielt es nicht aus, sie so da liegen zu sehen.»

Martin Beck sah ihn an. «Und wo befand sich das Schiff zu dem Zeitpunkt?»

«Was weiß ich? Ich warf sie einfach über Bord.» Er sank in sich zusammen und begann zu weinen. «Ich hielt es nicht aus, sie so zu sehen. Ich hielt es einfach nicht aus.» Seine Stimme klang monoton, Tränen rannen ihm die Wangen herab.

Martin Beck stellte das Tonbandgerät ab, nahm den Telefonhörer und ließ den Gefängniswärter kommen.

Als der Mann, der Roseanna McGraw getötet hatte, abgeführt wurde, steckte Martin Beck sich eine Zigarette an. Er saß regungslos da und starrte vor sich hin.

Seine Augen brannten, und er bearbeitete sie mit dem Daumen und dem Zeigefinger.

Dann nahm er einen Kugelschreiber aus der Schale auf dem Schreibtisch und schrieb:

GOT HIM. CONFESSED ALMOST EMMEDIATELY IMIDIA EMED...

Aber schon nach dem ersten Satz legte er den Kugelschreiber zurück, knüllte das Papier wieder zusammen und warf es in den Papierkorb. Er würde Kafka morgen anrufen – aber erst mußte er ausschlafen.

Martin Beck zog den Mantel an, nahm seinen Hut und verließ das Büro. Am frühen Nachmittag hatte es angefangen zu schneien, und nun lag schon eine dicke Schneedecke auf den Straßen. Die Flocken waren feucht und groß. Das dichte Schneetreiben dämpfte alle Geräusche, man konnte kaum die Hand vor Augen sehen, und alle Konturen lösten sich auf. Endlich hatte der richtige Winter begonnen.

Roseanna McGraw hatte eine Ferienreise nach Europa gemacht. Bei einem Ort, der Norsholm heißt, war sie einem Mann begegnet, der seine Ferien in Bohuslän verbringen und dort Berglachse fangen wollte. Hätte das Schiff nicht Maschinenhavarie gehabt und hätte das Restaurantpersonal sie nicht an einen anderen Tisch gesetzt, wäre sie ihm nie begegnet und vielleicht noch am Leben. Aber ebensogut hätte sie auf Kungsgatan überfahren oder sich auf der Hoteltreppe das Genick brechen können.

Eine Frau, die Sonja Hansson hieß und die mit der ganzen Sache überhaupt nichts zu tun hatte, würde vielleicht nie im Leben mehr ungestört und traumlos schlafen können, mit den Händen zwischen den Knien, wie sie es von klein auf getan hatte.

Sie alle, in Motala und Kristineberg und Lincoln, Nebraska, hatten einen Mörder gejagt und gefunden. Aber auf eine Art und Weise, die jegliche Veröffentlichung verbot. Sie würden sich immer daran erinnern, aber kaum mit Stolz ...

Mit krummem Rücken, leise vor sich hinpfeifend, ging Martin Beck durch die weißen Straßen zur U-Bahn-Station. Die Leute, die ihn sahen, wären wohl verwundert gewesen, wenn sie seine Gedanken hätten erraten können.

Hier kommt der Martin Beck, und es schneit auf seinen Hut. Er singt sich eins, geht mit Musik, hallo, ihr muntren Brüder. Es knarren seine Stiefel, es ist 'ne Winternacht, na, wenn du willst, dann komm doch mit, wir ziehen heim nach Söder. Mit der U-Bahn. Nach Bagarmossen und Vantör.

Er war auf dem Weg nach Hause.

Sjöwall / Wahlöö

«Man konnte zwar schon 1963 die zunehmende Versumpfung der schwedischen Sozialdemokratie voraussehen, aber andere Dinge waren völlig unvorhersehbar: die Entwicklung der Polizei in Richtung auf eine paramilitärische Organisation, ihr verstärkter Schußwaffengebrauch, ihre groß angelegten und zentral gesteuerten Operationen und Manöver... Auch den Verbrechertyp mußten wir ändern, da die Gesellschaft und damit die Kriminalität sich geändert hatten: Sie waren brutaler und schneller geworden.»
Maj Sjöwall

Die Tote im Götakanal
(thriller 2139)
Nackte tragen keine Papiere. Niemand kannte die Tote, niemand vermißte sie. Schweden hatte seine Sensation...

Der Mann, der sich in Luft auflöste
(thriller 2159)
Kommissar Beck findet die Lösung in Budapest...

Der Mann auf dem Balkon
(thriller 2186)
Die Stockholmer Polizei jagt ein Phantom: einen Sexualverbrecher, von dem sie nur weiß, daß er ein Mann ist...

Endstation für neun
(thriller 2214)

Alarm in Sköldgatan
(thriller 2235)
Eine Explosion, ein Brand – und dann entdeckt die Polizei einen Zeitzünder...

Und die Großen läßt man laufen
(thriller 2264)

Das Ekel aus Säffle
(thriller 2294)
Ein Polizistenschinder bekommt die Quittung...

Verschlossen und verriegelt
(thriller 2345)

Der Polizistenmörder
(thriller 2390)

Die Terroristen
(thriller 2312)
Ihre Opfer waren Konservative, Liberale, Linke – wer aber die Auftraggeber der Terrorgruppe ULAG waren, blieb immer im dunkeln. Jetzt plant ULAG ein Attentat in Stockholm...

Die zehn Romane mit Kommissar Martin Beck
10 Bände in einer Kassette
(thriller 3177)

«**Sjöwall/Wahlöös** Romane gehören zu den stärksten Werken des Genres seit Raymond Chandler.»
Zürcher Tagesanzeiger

Per Wahlöö

«Der Schwede **Per Wahlöö** hat sich mit einem umfangreichen Werk als einer der markantesten europäischen Erzähler des dritten Viertels unseres Jahrhunderts profiliert.» *Jörg Fauser*

Per Wahlöö (1926–1975) studierte Germanistik, arbeitete als Korrespondent in Spanien. 1956 von Franco ausgewiesen, reiste er durch die halbe Welt, lernte 1962 Maj Sjöwall kennen und begann mit ihr gemeinsam, den Kommissar-Beck-Zyklus zu schreiben.

Foul Play
(thriller 2588)
«Der Blick, den Wahlöö auf die schweißgetränkte, dreckige Fußballposse in dieser hinterletzten Weltgegend wirft, ist so ungetrübt, daß wir uns alle in ihm spiegeln können.» *tip*

Unternehmen Stahlsprung
(thriller 2539)
«... die Horrorvision einer Gesellschaft, die selbst zum Verbrechen wurde und schließlich untergeht. Per Wahlöö war vielleicht noch nie so gut.» *Norddeutscher Rundfunk*

Libertád!
(thriller 2521)
«Der beste Polit-Thriller zum Thema Südamerika ist bereits vor 25 Jahren geschrieben worden: Libertád!» *taz*

Das Lastauto
(thriller 2513)
Spanien zur Zeit der Franco-Diktatur.

Mord im 31. Stock
(thriller 2424)
«Dieses Buch ist eines der seltenen Fälle, in denen ein Kriminalroman weit über sich hinauswächst.» *Frankfurter Allgemeine Zeitung*
Wolf Gremm drehte mit Rainer Werner Fassbinder in der Hauptrolle nach diesem Buch seinen Film «Kamikaze 1989».

Von Schiffen und Menschen
Stories
(thriller 2889)
«... eignet sich wunderbar zum Lesen an Bord.» *Segeln*

Das Lastauto. Libertád! Die Generale
(thriller 3222)

rororo thriller werden herausgegeben von Bernd Jost. Ein Gesamtverzeichnis der Reihe finden Sie in der *Rowohlt Revue*. Jedes Vierteljahr neu. Kostenlos in Ihrer Buchhandlung.

Janwillem van de Wetering

«Seine Helden sind eigensinnig wie Maigret, verrückt wie die Marx Brothers und grenzenlos melancholisch: Der holländische Krimiautor Janwillem van de Wetering, der mitten in den einsamen Wäldern des US-Bundesstaats Maine lebt, schreibt mörderische Romane als philosophische Traktate.»
Die Zeit

Eine Auswahl der thriller von Janwillem van de Wetering:

Ketchup, Karate und die Folgen
(thriller 2601)
«... ein hochkarätiger Cocktail aus Spannung und Witz, aus einfühlsamen Charakterstudien und dreisten Persiflagen.»
Norddeutscher Rundfunk

Massaker in Maine
(thriller 2503)

Kuh fängt Hase *Stories*
(thriller 3017)

Outsider in Amsterdam
(thriller 2414)

Rattenfang
(thriller 2744)

Der Schmetterlingsjäger
(thriller 2646)

So etwas passiert doch nicht!
Stories
(thriller 2915)

Ticket nach Tokio
(thriller 2483)
«Dieses Taschenbuch macht süchtig: nach weiteren Krimis von Janwillem van de Wetering und nach Japan.»
Südwestfunk

Straßenkrieger
(thriller 3184)

Tod eines Straßenhändlers
(thriller 2464)

Der Tote am Deich
(thriller 2451)

Drachen und tote Gesichter
Japanische Kriminalstories 1
(thriller 3036)

Totenkopf und Kimono
Japanische Kriminalstories 2
(thriller 3062)

Blut in der Morgenröte
Japanische Kriminalstories 3
(thriller 3075)

De Gier im Zwielicht
(thriller 3082)

Sonne, Sand und coole Killer
Erzählungen aus dem Reisetagebuch eines Schriftstellers
(thriller 3129)

Ein Gesamtverzeichnis aller lieferbaren Titel von Janwillem van de Wetering finden Sie in der *Rowohlt Revue*. Kostenlos in Ihrer Buchhandlung.

rororo thriller